本书为北京印刷学院资助项目"责任伦理视域下大学生生命观教育研究"（Ed202104）研究成果

# 责任伦理视域下
# 大学生生命观教育研究

杨利利 著

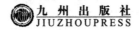
九 州 出 版 社
JIUZHOUPRESS

**图书在版编目（CIP）数据**

责任伦理视域下大学生生命观教育研究／杨利利著
. -- 北京：九州出版社，2021.12
ISBN 978-7-5225-0806-1

Ⅰ.①责… Ⅱ.①杨… Ⅲ.①生命哲学—教学研究—
高等学校 Ⅳ.①B083

中国版本图书馆 CIP 数据核字（2022）第 014248 号

**责任伦理视域下大学生生命观教育研究**

作　　者　杨利利　著
责任编辑　陈文龙
出版发行　九州出版社
地　　址　北京市西城区阜外大街甲 35 号（100037）
发行电话　（010）68992190/3/5/6
网　　址　www.jiuzhoupress.com
印　　刷　唐山才智印刷有限公司
开　　本　710 毫米×1000 毫米　16 开
印　　张　16
字　　数　193 千字
版　　次　2022 年 4 月第 1 版
印　　次　2022 年 4 月第 1 次印刷
书　　号　ISBN 978-7-5225-0806-1
定　　价　95.00 元

# 序

　　党的十九大报告不仅对当前社会主要矛盾作出了重大判断，指出社会主要矛盾已转变为"人民日益增长的美好生活需要和不平衡不充分的发展之间的矛盾"，而且强调了"人民健康是民族昌盛和国家富强的重要标志"。[①] 在这里，无论是"美好生活需要"还是"人民健康"都映射出党中央对人的生命存在与发展的高度关注和重视。生命观是个体对有关生命的认识与理解，直接影响着个体的生命实践，个体的生命存在与发展离不开科学生命观的指导。而伴随着科技的迅猛发展，经济水平得到显著提升，在人们不断满足其物质生活需求的同时，生命领域也渐渐出现一些理论上亟需关注和实践中亟待解决的问题。这尤其体现在大学生这一群体上，如个别大学生漠视生命、随意践踏生命、抗挫能力不强、生命情感降低、生命理想缺失、生命价值失落、生命意义迷失等。大学生在对待生命问题上发生的一系列观念偏差，揭示出其生命观亟须关注。大学生生命观这一问题的凸显，在一定程度上折射出时代发展下的物质生活与人们精神世界状况之间

---

[①] 习近平. 决胜全面建成小康社会 夺取新时代中国特色社会主义伟大胜利——在中国共产党第十九次全国代表大会上的报告[M]. 北京：人民出版社，2017：11，48.

的内在矛盾。一方面，经济的不断发展为人的生命发展创造了良好的物质条件；另一方面，人又在发展中出现了不同程度的生命懈怠、生命异化等问题。马克思说："问题是时代的格言，是表现时代自己内心状态的最实际的呼声。"① 大学生生命观问题的生成，是当下中国社会生活精神层面问题的重要反映。可以说，大学生生命观问题是作为"时代格言"和"时代呼声"而出现的问题，是当下社会中不容忽视、也不容小觑的问题。在人的生存意义诉求日益凸显的时代境遇中，生命观这样一个历久弥新的话题将随着时代的发展不断被赋予新的时代内涵，成为未来一段时期内理论探讨和实践探索的重点。

大学生生命观问题不仅在一定程度上反映出当下大学生生命观教育实效性亟待提升，也不禁引发我们思考：这一教育实践的推进应当由谁来承担责任？应当承担怎样的责任？从学科落脚点上看，这一重担必然要落到作为培养人的实践活动的思想政治教育上。党的十九大报告指出，要以培养担当民族复兴大任的时代新人为着眼点②，这意味着我们要培养的人才是具有责任担当意识的时代新人。为此，应当通过大学生生命观教育的开展，增强大学生的生命责任意识，拓展思想政治教育的研究视域和具体内容。反过来，思想政治教育也应在不断深化改革中，促进大学生生命观教育更为有效地实施。为推动大学生生命观教育的开展，党中央、国务院相继颁布了一系列相关文件，并对此作了重要论述。《国家中长期教育改革和发展规划纲要（2010—2020 年）》中明确提出"学会生存生活"，"重视安全教育、生命教育、国防教育、可持续发展教育"③，这标

---

① 马克思恩格斯全集：第 1 卷[M]. 北京：人民出版社，1995：203.
② 习近平. 决胜全面建成小康社会 夺取新时代中国特色社会主义伟大胜利——在中国共产党第十九次全国代表大会上的报告[M]. 北京：人民出版社，2017：42.
③ 国家中长期教育改革和发展规划纲要工作小组办公室. 国家中长期教育改革和发展规划纲要（2010—2020 年）[A/OL]. 中华人民共和国教育部网站，2010-07-29.

志着生命教育被高度重视，已提升到国家战略层面，并以教育改革的形式被正式提出来。生命观教育彰显了对受教育者的生命关怀，是推进大学生心理建设的体现。党的十九大报告指出，要"加强社会心理服务体系建设，培育自尊自信、理性平和、积极向上的社会心态"①。习近平总书记强调："要坚持不懈促进高校和谐稳定，培育理性平和的健康心态，加强人文关怀和心理疏导，把高校建设成为安定团结的模范之地。"② 这些都体现出党中央对大学生人文关怀和生命健康发展的重视。

从根本上而言，大学生生命观教育体现为一种责任过程，涉及家庭、学校、社会以及个体等多元责任主体。每一具体的责任主体在教育实践中都肩负一定的伦理责任，从而赋予了大学生生命观教育以责任伦理意蕴，其有效实施就是多元教育主体践履责任的实践过程。从责任伦理的视角审视，大学生生命观教育实效性不强，关键在于思维层面的责任伦理思维缺失，主体层面的责任伦理不足以及实践层面的责任落实不到位等。因此，如何增强各主体的伦理责任意识，并促使其积极承担及践履相应的责任，直接关系到大学生生命观教育的具体成效。同时，如何基于责任伦理的视野，对大学生生命观教育目标、教育内容等进行重新确立和完善，以使其适应当下社会发展和大学生生命发展的要求，是责任伦理带来的对大学生生命观教育理论探讨与实践探索的深刻反思。同时，作为责任主体的各教育主体，如何通过主体责任行为规范以促进其更为有效地承担并践履教育实践中的责任，以实现责任共担与责任分担的统一，也成为大学生生命观教育研究中的重点所在。

① 习近平.决胜全面建成小康社会 夺取新时代中国特色社会主义伟大胜利——在中国共产党第十九次全国代表大会上的报告[M].北京：人民出版社，2017：49.
② 习近平.习近平谈治国理政：第2卷[M].北京：外文出版社，2017：377.

　　责任伦理视域下大学生生命观教育是基于责任伦理的研究视角，采用文献研究、历史与逻辑相统一、理论与实际相结合、比较分析等研究方法，综合伦理学、教育学、心理学等多学科知识对大学生生命观教育中的问题进行综合考量和研究的过程，助益于强化教育主体的责任伦理实践，丰富和完善教育内容，以推动大学生生命观教育实效性的提升。

　　责任伦理视角下的大学生生命观教育，目的在于通过对学校、家庭、社会以及个体在教育实践中的伦理责任的研究，探究影响教育实效性的因素，并通过主体行为规范促进主体责任承担和践履，以增强大学生命自觉意识，促进其生命责任自觉承担。根据责任伦理的理论内涵，大学生生命观教育主体不仅对自己的行动负有道德上的责任，还要对应当采取行动而实际上没有采取行动所导致的伦理后果承担道德责任。本书在内容上，不仅深入阐释了大学生生命观教育主体责任实践行动的道德价值，而且分析了教育过程中各主体的伦理责任承担以及责任缺失，有助于把大学生生命观教育中的责任落实到相应的主体，推动各方教育合力作用的发挥。因此，基于责任伦理的视角来研究大学生生命观教育问题，彰显出重要的理论意义与现实价值。

　　本书遵循大学生生命观教育责任伦理研究视域的逻辑，整体呈现了这一教育中所涉及的多元责任主体及其责任伦理。在对大学生生命观教育现实问题进行把握的基础上，从责任伦理的视角分析了问题产生的原因。同时，基于对责任伦理内在要求的把握，从应然层面提出了大学生生命观教育的目标追求、内容完善以及主体实践的逻辑理路。在实践逻辑方面，分别从理念确立、原则遵循、方法运用三个维度探讨了教育实施的基本要求。在此基础上，从不同维度进一步探讨了主体践行责任伦理的实践路径，以推动大学生生命观教育的实践开展。总之，本书针对大学生生命观教育中的责任问题展开了深入、系统的分析，在理论层面与实践层面都进行了探索，并尝试提出了解决问题的新对策。

# 目　录
## CONTENTS

# 第一章　责任伦理与大学生生命观教育概述

## 第一节　责任伦理阐述

责任伦理的提出与发展经历了一个过程，其内含的伦理特点不仅契合了大学生生命观教育的伦理诉求，而且在这一教育中凸显出独特的应用价值。历史地看，无论是中国传统社会，还是西方社会，对有关生命观教育的责任伦理都有探讨，这为我们从责任伦理的视域研究大学生生命观教育提供了理论基础。

### 一、责任与伦理

纵观中外思想史，"责任"都作为一个重要概念规范着人的行为实践。在西方，责任最早应用于宗教领域，意指对上帝指令的接受或是拒绝，"人行善就是指他充当应上帝召唤而负责的人……就我们回答上帝对我们的启示而言，我们的行为是自由的……因此人的善总是在于责任。"① 从词源分析来看，西方"责任"一词，源自拉丁文 respindo，是对行为及其后果的责任，但有时也包括对其他问题，诸如法律、道德等的责任。② 英语中，"责任"的应用范围虽然广泛，表达形式也多种多样，如 responsibility、duty、obligation 等都承载了相应的意思，但在一定程度上存在语义模糊与不确定性等问题。而在汉语中，最早并无"责任"一词，而是用"责"来代替"责任"的意思。在《辞海》中，"责"大致蕴含了义务、质问、责备与要求等不同含义。"任"则不仅内含任命、信任等意思，还体现承担、担当等方面的内涵。因此，"责任"在发展初期内在地蕴含了两方面意思：一是表示臣民对君主、帝王对"天"的主动尽职和效忠；二是表示个人应对自身选择的行为所产生的不良后果和过失负责。③这与当代语境中的责任内涵基本上一致。根据《现代汉语词典》中的解释，责任可以有两层含义：一是"分内应做之事"，二是"没有做好分内应做的事，因而应当承担的过失"。④

从责任本身来看，其包含多维度内容，且根据不同的分类标准，其内容不同。如按性质划分，包括政治、文化、经济、社会等领域的具体责任等；根据主体不同，则可分为政府责任、企业责任、个体责任等。总之，责任范畴十分广泛，其含义应从广义和狭义来理解。广义的责任是指在政治、道德或法律等方面所应为的行为的程度和范围；狭义的责任则指违反某种义务（政治的、道德的或者法

① 米切姆. 技术哲学概论[M]. 殷登详，等译. 天津：天津科学技术出版社，1999：93.
② 王其和. 大科学时代科技主体责任伦理研究[M]. 南京：南京大学出版社，2013：39.
③ 谢军. 责任论[M]. 上海：上海人民出版社，2007：24.
④ 中国社会科学院语言研究所词典编辑室. 现代汉语词典（修订本）[M]. 北京：商务印书馆，2014：1627.

律的）所应承担的后果，这种后果往往与谴责、惩罚联系在一起，因而是不利的后果。① 责任的内涵拓展经历了一个发展过程，18世纪，责任在西方主要局限于法律意义上的应用与呈现。而现在，责任的维度不断拓展，体现为具有丰富伦理意蕴的概念。

伦理作为一种关系范畴，经历长期的历史发展，形成了丰富的内涵。古今中外，都对这一问题进行了深入探讨。在英文中，伦理（ethics）从古希腊的 ethos 一词衍生而来，内含了道理、风俗等意蕴。在西方，思想家们对伦理进行了多维度探讨，如亚里士多德从政治关系的角度对伦理进行了分析，黑格尔认为伦理是客观的，"伦理性的东西就是自由，或自在自为地存在的意志，并且表现为客观的东西，必然性的圆圈"②。这一认识深刻揭示了伦理的基本特征，即伦理是对客观关系的反映。在中国，对伦理的认识也更多地体现出其客观性所在，伦理中的"伦"，代表了人伦关系，即人们之间的纲常或辈分关系，"伦谓人群相待相倚之生活关系也"③。显然，这种关系是客观存在的。"理"则含有规律、道理的意蕴，这里的规律不仅指事物客观的规律，还指向事物应然的规律，"理即当然之则也"④。"伦"与"理"连在一起组成"伦理"，《伦理学大辞典》对这一概念作出界定，"伦理是一定社会的基本人际关系规范及其相应的道德原则"⑤。由此可见，在传统社会中，伦理关系主要是指人们相互间的伦理，伦理规范是协调人际关系的道德准则。

① 王成栋. 政府责任论[M]. 北京：中国政法大学出版社，1999：5.
② 黑格尔. 法哲学原理[M]. 范扬，张企泰，译. 北京：商务印书馆，1961：165.
③ 黄建中. 比较伦理学[M]. 济南：山东人民出版社，1998：24.
④ 黄建中. 比较伦理学[M]. 济南：山东人民出版社，1998：25.
⑤ 朱贻庭. 伦理学大辞典[M]. 上海：上海辞书出版社，2002：20.

## 二、责任伦理的提出

责任伦理的提出与发展经历了一个过程。其不仅在对传统信念伦理批判的基础上实现了变革，而且契合了当代社会发展的伦理诉求。本书通过对责任伦理的发展历程进行分析，并结合当下中国的实际特点，提炼出责任伦理的涵义及其一般特征，并在此基础上，对责任伦理与传统伦理进行比较，以对二者的联系与区别进行有效把握。

责任伦理具有一般意义上的普遍内涵，是判定责任行为的道德合理性与规范性的伦理范畴。责任体现出主体对客体的义务要求，责任行为的发生源于作为主体的人具有主观意志和一定自由选择的能力，因而蕴含着某种价值取向与伦理选择。作为具有自主选择、自主行动能力的人，其行动实践决定着行为后果，并承担一定的伦理责任。责任伦理强调主体内在的道德意识与伦理自觉，因而对主体行为起到"软性"约束作用。任何责任行为的践履都必然要以责任伦理为价值底蕴，通过责任伦理的建设，可以对主体行为起到有效的规约。历史地看，对责任的伦理问题进行相关探讨的论述古已有之。中国传统社会文化思想中包含了丰富的责任伦理思想，其涉及国家责任伦理、家庭责任伦理、人际责任伦理以及自然责任伦理等诸多方面。例如，中国古代的"先天下之忧而忧""达则兼济天下，穷则独善其身""天下兴亡，匹夫有责"等体现出传统的国家责任伦理；"老吾老以及人之老，幼吾幼以及人之幼""士不可以不弘毅，任重而道远"等体现出社会责任伦理；切勿"竭泽而渔"与"斧斤以时入山林"等体现出人类对自然的责任伦理。这些传统的伦理思想折射出不同的责任理念和伦理价值取向，并指导着人类的行为实践，实现行为合乎规律、合乎目的与合乎德性的统一。在西方，有关责任的相关伦理问题也得到广泛探讨。如理性主义的责任观、神正论的责任观、契约论的责任观、存在主义代表萨特的责任观①。

伴随时代的发展，责任在现实生活中的地位与作用越来越凸显。人们开始从多维度对自身的生存环境、社会生活以及个体行为实践进行责任反思与伦理关怀。"责任伦理"作为一个正式概念是由马克斯·韦伯（Max Weber）在其所作的《以政治为业》中率先提出的，但其应用范围仅限于政治社会学领域。随着责任伦理应用广泛性的提升，其逐渐从政治社会学领域延展开来，并逐渐延伸到哲学、伦理学。韦伯指出："真正能够令人深深感动的是：那种现实且真诚地意识到了对行为后果应负的责任、按照'责任伦理'行事的成熟的人（无论年纪大小）在任何关头都会说'我只能如此，这就是我的立场。'这才是真正符合人性的、令人感动的表现。"② 在这里，韦伯将人性与责任关联起来，认为责任是人性的真正体现，而非后天的刻意选择。一个人只有意识到了其被赋予的责任，并且积极践行这种责任时，才是真正实现了作为人的本性。而这种先天具有的责任属性，是每个人都无法拒绝的。在韦伯的"责任伦理"中，正是因为重视意念和目的的重要性，才使其成为既包含意念伦理的合理之处，同时又克服了意念伦理的缺陷，被视为"能够让政治安栖其中的伦理之地"③。

故此，通过《以政治为业》中的逻辑和事实分析，可以对韦伯的"责任伦理"的内涵作如下理解：其认为行为之伦理道德善恶不仅取决于行为本身所遵从的意念是否符合行为者所肩负的责任的要

---

① 燕道成. 传媒责任伦理研究[D]. 长沙：中南大学，2010.

② 韦伯. 学术与政治[M]. 冯克利，译. 北京：生活·读书·新知三联书店，1998：116.

③ 高湘泽. 一种可能作为比较纯正的规范伦理的原义"责任伦理"纲要[M]. 武汉：武汉大学出版社，2015：8.

求——是否旨在"尽责"的意念，而且更根本地取决于行为之可预见的后果是否符合行为者为尽其应尽之责所应有的实际后果；当且仅当一个行为不仅其所遵从的意念符合行为者所肩负的责任的要求亦即是尽责的意念、而且其行为之可预见的后果也是行为者为尽其应尽之责所应有的后果的时候，这个行为才是善的行为。①

尽管韦伯对"信念伦理"与"责任伦理"进行了严格划分，并对二者的关系进行了阐述，但是韦伯仍未脱离信念伦理的窠臼，因为二者的区别仅仅是"激进温和的政治家，只知追求一个目标和知道在众多目标之间求得平衡的人，或者孤注一掷和转移风险之间的区别"。② 因此，关于责任伦理韦伯并未带给我们更多启示。即便如此，韦伯对责任伦理的提出与阐释仍具有重要的建设意义。实际上，在马克斯·韦伯倡导责任伦理之后，责任伦理在其后的发展中得到进一步补充与完善，并形成三个基本观点：第一，它以行为后果的考虑作为道德正当性的主要判断；第二，它要求有科学或知识的预测，作为道德判断的必要条件；第三，它主张只有在现实世界中具有可应用性的行动规范，行动才具有有效性。③

对责任伦理真正进行论述和阐明的是伦克（Hans Lenk），这体现在他的《应用伦理学导论——责任与良心》一书中。关于责任的概念，伦克还对其进行了定义，将责任的基本要素，责任主体——某人、责任客体——某事、责任监督——某一主管、责任标准——某项标准、责任活动空间——某一行为范围都包括进来。在此基础上，他进一步指出，就责任伦理的一般要求而言，行为主体对自己

① 高湘泽. 一种可能作为比较纯正的规范伦理的原义"责任伦理"纲要[M]. 武汉：武汉大学出版社，2015：8.
② JONAS H. The imperative of responsibility：in search of an ethics for the technological age[M]. Chicago：University of Chicago Press，1985：235-236.
③ 唐宜荣. 中国城市反贫困责任伦理问题研究[D]. 长沙：湖南师范大学，2004.

的行为后果在下述情况中必须承担责任：一是该后果是由自己的行为直接引起的；二是该后果与自己的行为有着某种关联；三是该后果是可以预见的；四是该后果本来是可以避免的。①

对责任伦理的意义论证和理论建构作出最大贡献的则是德国哲学家汉斯·约纳斯（Hans Jonas）。1979年，其著作《责任原理——工业技术文明之伦理的一种尝试》的发表在学界产生了重要影响。其中，约纳斯提出了一种新伦理——责任伦理。在他看来，传统伦理学建基于人类中心论基础之上，但是"他们在技术的无目的性的庞大力量面前显得束手无策、贫乏和无能为力，它们的那些崇高的道德价值随着技术时代里传统形而上学的中介和上帝之死而彻底崩溃"②。约纳斯提出的责任伦理区别于传统伦理，建构在自然本体论基础之上，把人类行为导致的可能性后果考虑在内，即"你的行为必须是行为后果要考虑到承担起地球上真正的人的生命持续的义务"③。也就是说，责任伦理强调了主体行动的未来性，即要对自然以及人类的未来负责。

责任伦理拓展了传统伦理的责任维度，把人类生活的全球环境和未来生活都纳入考虑范畴，始终把人类的存在作为关注的核心。约纳斯认为，责任伦理体现出适应科技时代发展的新特征，是区别于传统的信念伦理的新伦理。他指出，责任最基本的条件是因果力量，包括：行为影响世界；这种行为要受行为者的控制；行为者在一定程度上能预见行为的后果。④ 显然，约纳斯把责任的三要素即责

① 甘绍平. 应用伦理学前沿问题研究[M] 南昌：江西人民出版社，2002：120-123.
② 约纳斯. 奥斯维辛之后的上帝观念[M]. 张荣，译. 北京：华夏出版社，2002：154.
③ JONAS H. Eine naturphilosophische Begründung der ethik ［C］//A Hügli & P. Lübcke philosophie im 20. Jahrhundert. Hamburg：Reinbek Verlag，1996：36.
④ JONAS H. The imperative of responsibility：in search of an ethics for the technological age[M]. Chicago：University of Chicago Press，1985：90.

任行为主体、责任行为对象、行为后果都纳入进来，并且把责任对象的范围进行了进一步地扩大，即把整个世界（自然界和人类社会）都纳入在内。约纳斯的"责任伦理"理论以"新伦理学"自称，在于其认识到传统伦理学在技术时代的人类行为面前所体现出的不适应，并提出了新的责任原则。"责任原则应当说是解决当代人类面临着的复杂课题的最适当最重要的一个原则，而责任伦理这一概念，又恰如其分地体现了当代社会在技术时代的巨大挑战面前所应有的一种精神需求与气质。"①

### 三、责任伦理的涵义与特征

责任伦理在对传统信念伦理批判的基础上产生，其在何为责任、如何尽责、谁要负责等方面进行了新的阐述，从而完成了对传统信念伦理的变革。西方责任伦理思想的提出与演进，为当下构建符合中国实际特点的责任伦理提供了有益的借鉴。

### （一）责任伦理的涵义

随着科技的革新与发展，新的社会问题不断衍生，亟待人们进行深层次的伦理反思。以义务论、功利论为代表的传统信念伦理虽然在实践中具有重要的现实价值，但仍面临着新的困境。如义务论将动机作为行为道德判断的准则，认为行为的正当性体现在依照某种原则去行动。作为义务论的重要代表，康德（Immanuel Kant）认为，义务就是"行为纯然出于尊重实践法则的必要性"②，"善的意志是唯一无条件善的"③，康德把善良意志作为义务的来源，认为一

---

① 甘绍平. 应用伦理学前沿问题研究[M]. 南昌：江西人民出版社，2002：103.
② 康德. 道德形上学探本[M]. 唐钺，译. 北京：商务印书馆，1957：15.
③ 康德. 道德形上学探本[M]. 唐钺，译. 北京：商务印书馆，1957：8.

切行为都是出于善的考虑，而非其他目的。他指出，一种行为是否体现善良意志，必须基于行为动机进行考虑，即是否是出于责任。那么，责任源于何处？责任源于对道德进行约束的必要性，由此产生三个道德命题：只有出于责任的行为才具有道德价值；一个出于责任的行为，其道德价值不取决于它所要实现的意图，而取决于它所被规定的准则；责任就是由于尊重规律而产生的行为必要性。① 虽然义务论主张行为要遵循理性法则，但由于对行为后果不予考虑，因而在实际中容易出现动机与行为结果的不一致。

功利论与义务论相反，把幸福、快乐作为善的追求，以行为结果的实际功效作为道德判断标准，而动机本身的出发点则无所谓，认为行为若是能够产生积极有益的结果，则认定行为为"善的行为""好的行为"。"那些倾向或被人们相信要产生为人类希望的效果的行为，被看作是善的或正当的，被规定为责任，而与它们对立的行为则受到谴责和禁止。归根到底，那给予一个行为以道德价值的，正是它倾向要实现的效果或目的、目标。"② 在当下社会中，不确定因素越来越多，风险的爆发不仅难以预测，其结果也更加具有严重性和不可控性，因而功利论在应对现代风险时呈现出一定的滞后性。同时，功利论虽然倡导社会公正，但更多指向的是同代人的公正，而忽略了对代际公正的考量。

义务论与功利论虽然侧重点各有不同，但其都着眼于人类行动的一般问题探讨，或什么样的行动在道德上是正确的，并一致认为是出于责任、义务或符合原则，才符合道德行为要求。然而，虽然两种理论都体现出一定的合理性，但都不可避免地具有其内在的片

① 康德. 道德形而上学原理[M]. 苗力田，译. 北京：商务印书馆，2002：15-16.
② 梯利. 伦理学导论[M]. 何意，译. 桂林：广西师范大学出版社，2002：80.

面性，即割裂了伦理行为中的"动机"与"后果"之间的辩证关系。

责任伦理把对行为道德的考量定位于行为动机，而聚焦于最终的结果，突破了传统伦理"义务论"与"后果论"的各自局限性，把行为动机与行为结果进行有效结合，实现了责任在行为前、行为中、行为后的有效贯穿。因此，责任伦理体现为一种新的责任形态，尤为强调对科技后果与未来人类命运的深刻反思与积极预测，具有前瞻性和关切性的伦理特点。然而，作为一种"新伦理"，责任伦理自身又存在明显的局限性，即"新伦理"之责任概念和责任对象，始终仅局限于"技术时代人类行为与自然界生物圈之长远未来的可持续生存条件的关系"这一较为具体的人类行为方面之中，由此导致的"责任伦理"本身的使用范围比较局限。因此，从这个意义上来说，"责任伦理"本身因缺少较为普遍的适用性而不能称为比较纯正的"规范伦理"。① 此外，学界对"责任伦理"的运用存在一定的界定不清、应用混乱等现象，即凡是体现"责任原则"的行为，都可以进行行为道德善行的评价，而不管这种所谓的"尽责"的标准究竟是基于"动机尽责"还是"结果尽责"，抑或是"动机与结果都尽责"。这样，就混淆了传统伦理与责任伦理的边界，模糊了二者的区分点。为致力于倡导和建立一种区别于传统信念伦理，并符合马克斯·韦伯倡导、汉斯·约纳斯发展的"责任伦理"的原义，学者高湘泽在这方面进行了有益的探索，在其著作《一种可能作为比较纯正的规范伦理的原义"责任伦理"纲要》中，尝试给"责任伦理"进行了界定。他认为所谓"责任伦理"，即"当且仅当一种行

---

① 高湘泽. 一种可能作为比较纯正的规范伦理的原义"责任伦理"纲要[M]. 武汉：武汉大学出版社，2015：181.

为既出于行为者自觉尽责的意念、又按其一般内在倾向来说具有与行为者为尽其应尽之责所应有的实际后果相一致的可预见的后果的时候，才是可以允许的即善的行为"的伦理。① 由此可见，这样定义的"责任伦理"，不仅秉承了马克斯·韦伯和汉斯·约纳斯所倡导的"责任伦理"的原义，而且又赋予了"责任伦理"新的意义特点。

高湘泽认为，这样定义的责任伦理有其内在的特殊性和优势。第一个特点在于：这样给出的"责任"概念，拓展了"责任伦理"思想中责任的使用范围，即责任范围能够包含各个时代一切人所有方面的行为；第二个特点在于：对于"可预见的后果"进行了限定，也就是增加了"按其一般倾向来说"。因而，这样定义的"责任伦理"既能够对一切行为进行有效的规范，从而使得"责任伦理"成为了真正意义上的"规范伦理"。同时，在对"信念伦理"与"责任伦理"进行区别时，降低了"责任伦理"实践中的践行难度，从而有助于"责任伦理"在现实中的推行。

本书所研究的责任伦理，正是沿着这样一种视角切入的，认为责任伦理的应用范围不仅仅局限于科技时代，而是对所有时代具有普遍性。同时，责任伦理立足于中国当代社会发展的实际，在对中国传统责任伦理思想继承的基础上，以马克思辩证唯物主义和历史唯物主义为指导，对西方责任伦理思想进行借鉴。结合以上分析，可以对责任伦理作出如下界定：责任伦理是对主体责任行为进行道德判断和考量的理论范畴，其包含了对主体行为动机、行为结果、行为手段的全面考量，把责任关系、责任基础、责任原则、责任归

---

① 高湘泽. 一种可能作为比较纯正的规范伦理的原义"责任伦理"纲要[M]. 武汉：武汉大学出版社，2015：208.

因等统筹在内，既体现为一种新的责任形态，同时也表征为一种伦理范畴，是区别于传统信念伦理的新型伦理。

## （二）责任伦理的特征

责任伦理不仅弥补了传统信念伦理的内在缺陷，而且在责任思维范式、责任行为道德判断标准、责任承担方式等方面实现了变革，契合了新的时代背景对责任的伦理诉求。综合来看，责任伦理的特征主要体现在以下方面。

第一，责任思维范式的非线性化。责任伦理突出强调了责任的聚合性与整体性，突破了传统责任模式中以单个行为主体为导向的线性责任思维范式。"旧的责任模式是聚合性的，以个体行为为导向；而新的责任模式则是发散性的，以许多行为者参与的合作活动为导向。"[1] 在责任伦理的视域内，责任主体具有复合性，其相互间的责任界域存在一定的模糊性，责任的承担具有整体性，这是责任伦理面临新的时代境遇所作出的正确认知。在西方传统伦理中，义务、责任等都是与理性个体的生活与行为实践有关。这是因为，"强调道德良心的伦理理论更注重个体对自己行为的责任感，每个人的每一行为都通过自由意志和内心的道德律而起作用，机关个体的行为在道德上只有在与他人和社会的关系中才得以体现。"[2] 可见，在传统伦理学中主体是作为原子化的个体而存在的。而随着现代社会的发展，主体行为的复合性越来越明显，个体之间的合作越来越密切，整个社会越来越成为一个由众多个体相互协作、共同活动组成的网络系统。单个个体的力量越发体现出其有限性，"我们每个人所

① 甘绍平. 忧那思等人的新伦理究竟新在哪里？[J]. 哲学研究，2000（12）：53.
② 李谧. 风险社会的伦理责任[M]. 北京：中国社会科学出版社，2015：99.

做的事，在活动家、行动人员的巨额的总账单中几乎等于零。……在最后结果中，我们大家都有份，即便在单纯的消费中甚至什么事都没有做"①。作为单个的主体，都在不同程度上参与了整体行为的实践，并影响了行为结果的生成，因而每一个个体都理所当然地成为了责任主体。但与此同时，责任主体的复合性也影响了责任追究的精准性。从严格意义上说，每一个参与行为实践的主体都应当承担相应的责任，很难准确地判定具体的个体究竟在多大程度上承担了怎样的责任。在这里，"我们"取代了"我"，整体取代了个体，有组织的团体的行为取代了自由个体的行为，决策都将"成了集体政治的问题"②。因此，责任越来越体现出整体性，责任追究必然要实现线性思维向非线性思维的转换。

第二，责任行为道德判断标准强调目的善与结果善的统一。在责任伦理的价值视域内，一种责任行为的道德性判断，不仅在于其目的之善，还体现在结果的善。换言之，单纯的目的之善或是结果之善并不能对主体行为是否尽责进行判定，只有实现二者统一的行为才算真正意义上负责的行为。因此，行为的真正意义上的尽责标准在于"出乎责任"与"合乎责任"的统一。在这里，需要对"善"进行正确理解，也就是对"何为尽责"进行理解。马克思辩证唯物主义认为，责任作为一种伦理观念，必然产生于一定的生产关系之上。恩格斯指出："人们自觉地或不自觉地，归根到底总是从他们阶级地位所依据的实际关系中——从他们进行生产和交换的经济关系中，获得自己的伦理观念。"③ 可见，责任伦理必然以现实的

---

① 约纳斯．技术、医学与伦理学：责任原理的实践[M]．张荣，译．上海：上海译文出版社，2008：273．
② 约纳斯．技术、医学与伦理学：责任原理的实践[M]．张荣，译．上海：上海译文出版社，2008：275．
③ 马克思恩格斯选集：第3卷[M]．北京：人民出版社，2012：470．

物质关系为依托，建基于一定的利益基础之上。因而，主体行为是否尽责的标准就在于是否为他人、为集体、为社会带来最大化的利益。

第三，责任承担注重前瞻性与追溯性的互促。在传统伦理中，责任承担体现为一种过失性（追溯性）责任追究，其特点在于往往等到行为发生并产生明确的后果后，责任才开始承担。责任伦理作为一种"新"的伦理，其责任形态发生了明显改变。"旧的责任模式代表着一种事后责任，它专注于过去发生的事情，是一种消极性的责任追究。新的责任模式代表着一种事先责任，以未来要做的事情为导向，是一种积极性的行为指导。"[①] 责任伦理要求每一个责任主体在行为选择时既要关注动机的纯正性，也要重视动机的可能结果，从而审慎地选择主体行动，从而保证善的结果。因此，责任伦理强调的是一种前瞻性的责任或预防性责任，要求行为主体适当引入预测知识，对尚未发生的事进行预先判断和考量，旨在不仅要对已经发生的事情负责，还要对未发生之事进行提前负责，彰显了责任伦理的事前追问，从而实现了目的善与预防恶的统一。可见，道德行为的根本不在于"实践一种最高的善（这或许根本就是一件狂傲无边的事情），而在于，阻止一种最大的恶"[②]。但是，责任伦理在强调前瞻性责任的同时并没有否定追溯性责任，因为，这两种责任并非截然分开的，而是体现了责任的一体两面性。二者相互支撑、相互关联，前者的无效承担导致了后者的产生，后者的承担为前者提供经验基础。

第四，责任行为规约凸显自律性。责任伦理中的伦理责任对于

---

① 甘绍平. 应用伦理学前沿问题研究［M］. 南昌：江西人民出版社，2002：113.
② 甘绍平. 应用伦理学前沿问题研究［M］. 南昌：江西人民出版社，2002：112.

主体的行为约束和规范，具有鲜明的自律性。要使伦理道德责任由客观彼岸过渡到主观此岸，除了依托于外在的约束和规范外，责任伦理更强调了主体的自觉和自律。其要求行为主体具备高度的伦理自觉性，这主要源于实践主体对自身作为伦理实践活动主体所应当肩负责任的自觉性和责任承担的无条件性。责任主体在自由意志的基础上，立足于自我发展、社会和谐与人类进步的整体价值关怀和道德考量之上，根据客观世界和主体的发展规律进行自主选择，并对责任主体的行为可能导致的后果积极承担相应的责任。这表明，行为主体责任伦理的选择是自愿自觉的，体现了行为主体践履责任的伦理自觉性和自主性。

第五，责任视野的拓展性。责任伦理将视野进行了拓展，从而实现了责任的跨时空性超越。从时间上看，责任伦理突出地强调了以未来为导向的价值取向，在纵向上延伸了其研究视野，指出人们不仅要对过去、当下所做的事负责，还要考虑到自身的行为对未来人类以及人类的未来生活所产生的可能性影响，这也就无形中把那些尚未出生的未来人、尚未发生的未来事都纳入到要考虑的道德对象范围之内。从空间上看，责任伦理在横向上突破了传统伦理的范围，强调不仅要对自身负责，还要对他人、对全人类、对其他生物乃至整个地球负责。这样，责任伦理的研究范围就从人类扩展到了整个生物圈。

第六，责任履行的持续性。责任伦理是一种在实践中不断推进的伦理。在责任伦理的视域中，生命是跨越不同代际的持续性存在，整个人类存在就是由不同年龄阶段的生命个体组成的完整系统。生命本身的连续性要求责任的持续性，即为了生命的存在和发展要持续不断地尽职尽责。"持续性"指责任行为不可中止，"因为客体的生命时时刻刻都不间断地有新的要求"①。因此，无论是父母对子女的责任，还是政府对公众的责任，都是不断延续和推进的。推而论之，作为责任主体的人（一切人），都应当对自身的行为持续性地负责（也就是对一切生命负责），以确保主体责任的真正践履。

## 四、责任伦理与传统信念伦理的比较

责任伦理与传统信念伦理作为一对关系范畴，二者相互联系，相互区别。对二者之间的内在关系的有效把握，助益于深化对责任伦理的理解。

### （一）责任伦理与传统信念伦理的区别

通过前面论述，我们认识到责任伦理与信念伦理最先是由韦伯提出来的一对概念。责任伦理与信念伦理对应存在，韦伯对二者进行了区分，认为二者之间存在着深刻的对立。他指出，"恪守信念伦理的行为，即宗教意义上的'基督行公正，让上帝管结果'，同遵循责任伦理的行为，即必须顾及自己行为的可能后果，这两者之间却有着极其深刻的对立"②。他认为，一切伦理要么以信念伦理为依据，要么以责任伦理为根据。信念伦理认为，信念是衡量行为价值的根本准则，而不是从后果进行考量，因而行动者不需要对行为后果负责，在一个由上帝统御的世界里，对后果的考虑应是由上帝负责的事。对信念伦理和责任伦理二者作出明确区分的是洛克。他认为，在传统社会中，良知是由上帝来主管的，其在主体行为决策过

---

① JONAS H. The imperative of responsibility: in search of an ethics for the technological age[M]. Chicago: University of Chicago Press, 1985: 105.

② 韦伯. 学术与政治[M]. 冯克利, 译. 北京: 生活·读书·新知三联书店, 1998: 107.

程中起着十分重要的作用。从这个角度可以说，上帝承担着行为主体的最终责任。然而，在一个祛魅化显著的现代社会，这种逻辑理路显然是行不通的。

义务论、功利论都属于传统信念伦理的范畴，尤其是康德的义务论伦理更是信念伦理的典型代表。责任伦理则认为，衡量一种行为是否具有道德价值的标准不仅在于行为的动机如何，还要根据行为的具体后果或实际影响来判断。"责任伦理是实践的，它不只是专注于'良知'，而更强调行动及后果……我们的行动常常导致无法控制的结果，因而更应该增强对后果的自觉。"[1] 由此，衡量行为道德与否的关键就在于，对各种行为可能导致的后果能否预先作出科学判断，进而以可预见性的"行为后果"负责地、恰如其分地规制自己行动的方向，确定自己行动的计划，并且勇于为自己行为后果承担责任。[2] 也就是说，责任伦理是既"出于责任"又"合乎责任"的伦理。由此，可以看出责任伦理与传统伦理存在显著的区别。

信念伦理认为行为的伦理道德价值取决于行为主体所遵循的意图、动机以及意念本身所体现的伦理道德价值，而对动机的结果则不予考虑。在信念伦理看来，只要动机是"善"的，则行为便具有了道德意义。如果由"善"的动机引发了不良后果的产生，那么罪责的承担者并不是行为者本身，而应当是身外的某些客观因素（如上帝）。但是，韦伯以及其后的伦理学家如伦克、约纳斯等人都进一步指出，责任伦理虽然强调了行为者要对行为的可预见性后果负责，但却不只是注重对后果负责而忽视对善的意念负责，而是既要强调对可预见后果的负责，也要重视善的意念的指导作用。显然，对行

---

① 朱葆伟. 科学技术伦理：公正和责任[J]. 哲学动态，2000（10）：11.

② 唐爱军. 现代政治的道德困境及其出路——马克斯·韦伯的"责任伦理"思想[J]. 人文杂志，2017（5）：50.

为者的行为进行善恶判断，即是说行为者要对其遵循的意图、动机和信念负责：如若它们在道德上是善的和纯洁的，则行为者的行为就被判断为"善"；反之，则行为者的行为则被认为是"恶"。也就是说，一个对其行为的意念、动机和意图不负责任的人，不可能称之为"善"。因此，不能说信念伦理不讲责任，只不过是仅仅对意念、动机和意图负责任。

而责任伦理强调对行为结果的重视，要求行动者对行为的可能性后果进行预测并对其承担相应的责任。但是，"责任伦理"不是"唯后果论"，并非只在乎行为的后果而忽略了对导致后果产生的意念、动机和意图的考量。相较于传统的信念伦理而言，责任伦理无论是在广度方面还是深度方面都进行了拓展，实现了个人伦理向集体伦理、从自律伦理向结构共识伦理、从近距离伦理向远距离伦理的不断延伸。① 按照责任伦理行事，则是要求主体对可能性后果负责，这就要求在行动之前必须对可能影响结果的各种因素进行评估与预测。然而，鉴于影响因素的多样性和复杂性，行为后果并不能获得必然的保证。因此，责任伦理更为强调外部因素对结果的影响以及行为主体的行为控制。

更进一步分析，可以发现由于传统信念伦理的栖身之所仅局限于人类内部的道德领域，其视野范围及时空维度都仅局限于同时代的近距离性的人际关系范围内，而在主体的行动后果的视域内，道德伦理是没有立足的空间和价值的。而责任伦理则克服了传统伦理的弊端，其视野范围超越了同时代、近距离性、局限的人际关系，延伸到人类行为可能触及的一切关系范围及未来，从而赋予了责任伦理跨时空性、远距离性和未来导向的伦理特征。这样，人类实践

---

① 唐宜荣. 中国城市反贫困责任伦理问题研究[D]. 长沙：湖南师范大学，2004.

活动就通过责任把现实行动与未来后果连接起来，确保动机善与目的善的统一。责任伦理区别于传统的信念伦理的另一重大体现在于责任、责任感在其中居于核心地位。"所有'传统的伦理学'的一个共同特点，就是'责任'和'责任感'在其中都不居于核心地位。"① 其主要原因在于，"责任仅仅是知识和力量的函数，从前它们是如此有限，以致不管什么样的后果都交给了命运和永恒的自然规律，全部注意力都集中在做好现在不得不做的事情"②。

此外，我们还应认识到，传统信念伦理的"责任"与责任伦理中的"责任"存在明确区分。二者除了在责任的时空维度方面的不同外，还主要体现在责任性质方面的差异。就前者而言，其责任是一种"形式"责任，即针对以往的行为而言的责任，是一种追溯性（过失性）责任。而在责任伦理中，伦理责任作为责任伦理的核心范畴，是研究责任伦理的关键所在。伦理责任是早已有之的概念，是与政治责任、经济责任等既相关联又存有区分的一种责任类型，体现了对责任性质的内在规定。伦理责任不仅在责任伦理中居于统筹地位，而且体现为当代应用伦理学的核心问题。这种责任更为强调一种"实质性"责任，着眼于行为的未来发展，对行为的可能性后果负责，体现为责任的前瞻性或行为的预防性。与传统的信念伦理相比，责任伦理在价值取向上更为强调对行为后果善的考量，并把这种后果善作为衡量行为道德性的重要依据。在这种判断标准的约束下，人们的行为得到有效规范，并自觉承担相应的后果责任，确保结果善的实现。约纳斯指出，责任最基本的条件是因果力量，包

---

① 高湘泽．一种可能作为比较纯正的规范伦理的原义"责任伦理"纲要[M]．武汉：武汉大学出版社，2015：94．
② 米切姆．技术哲学概论[M]．殷登祥，等译．天津：天津科学技术出版社，1999：101．

括：行为影响世界；这种行为要受行为者的控制；行为者在一定程度上能预见行为的后果。① 因此，相比较传统的信念伦理中的责任而言，责任伦理中的责任具有明确的未来导向性，不仅体现为一种消极的责任追究和事后责任，更体现出行为层面的实践指导，因而代表了一种事先责任。

## （二）责任伦理与传统信念伦理的联系

传统的信念伦理与责任伦理不是完全对立，而是彼此补充。当今社会，科学的彻底性正逐渐摧毁一切神圣东西的存在，单纯的信念伦理无论是在理论上还是在实践中越发体现出内在的不足。学者高湘泽认为，责任伦理是顺应时代发展的必然选择，但其也只是基于"道德善恶"、何谓"尽责""尽责与否"等角度来阐述人类行为之善所应当具有的客观普遍之理。因此而言，责任伦理以其合理性和必要性只能判定为规范伦理中的重要组成部分，而非穷尽了一切伦理的道德考量视角进而能够排除或取代诸如"功利伦理""美德伦理"等其他规范伦理。因而，仅靠责任伦理，是无法解决所有伦理问题的。事实上，在韦伯看来，信念伦理是责任伦理产生的基础，所以在这个意义上来说，责任伦理与传统的信念伦理之间并非绝对对立，而是相互促进、相辅相成，"它们结合在一起才能造就真正的人，即能够担当使命去从事政治的人"②。这是因为，责任伦理并非乏味的理论思辨，而是在道德情感、意志与人类理性的综合作用下，所形成的主体内在责任感。因此，任何一种信念，唯有当它与责任

---

① JONAS H. The imperative of responsibility: in search of an ethics for the technological age[M]. Chicago: University of Chicago Press, 1985: 90.

② 高湘泽. 一种可能作为比较纯正的规范伦理的原义"责任伦理"纲要[M]. 武汉: 武汉大学出版社, 2015: 9.

伦理结合在一起时，才可能是有效的，责任伦理与信念伦理相结合，为坚守抽象的信念奠定现实的基础。①

## 第二节　大学生生命观教育主体及其责任伦理

### 一、大学生生命观教育概述

#### （一）生命

"生命"，是一个古老的话题。古今中外，不同学科都对此进行了不同的阐释，并形成了不同的理解。生物学认为，生命是生物体所表现的自身繁殖、生长发育、新陈代谢、遗传变异以及对刺激产生反应等的复合现象。② 医学上的生命从三种角度来理解，一是活着的状态，由新陈代谢、生长、繁衍以及对环境的适应所表现出来的特征，动植物器官能完成其所有或部分功能的状态；二是有机体的出生或发端到死亡之间的时期；三是将生命物体（动、植物）与非生命、非有机体的化学物或已死的有机物区别开来的特征总和。③ 教育学认为，生命是能够自觉到自我成长的有机体，教育就是积极促成个体生命自觉地自我成长的活动，使人的生命不断丰富、提升、不断趋于完善的活动。④ 由以上分析可以看出，虽然不同学科对生命理解的角度不同，但都认为生命的形成与发展是一个过程，有其内在的规律。而至于生命究竟是什么，尚未形成统一的规定。恩格斯

---

① 王玉明. 论责任政府的责任伦理[J]. 黑龙江社会科学，2011（2）：20.
② 欧阳平凯. 生物科技辞典[M]. 北京：化学工业出版社，2004：568.
③ 黄应全. 死亡与解脱[M]. 北京：作家出版社，1997：14-15.
④ 朱永新. 拓展生命的长宽高[N]. 光明日报，2015-07-21（15）.

在《自然辩证法》中指出："生命是蛋白体的存在方式，这个存在方式的本质要素在于和它周围的外部自然界的不断的新陈代谢，这种新陈代谢一停止，生命就随之停止，结果便是蛋白质的分解。"① 可见，生命本身是一个开放的系统，有其内在的平衡。其在生成发展中既需要与外界保持联通，进行物质、能量的交换。同时，其内部各要素之间也相互关联，并不断进行着物质的更替。

从以上对生命不同角度的阐释中，可以看到生命的内涵涵盖了广义性理解与狭义性理解两个方面。广义上而言，一切有生命的有机体的存在（包括人、动物、植物、各种微生物等）都是生命存在。狭义理解来看，生命就是特指人的生命。本书所指的生命即是狭义意义上理解的生命，即人的生命。基于不同的角度来解读生命，可以对生命有着深入的理解。整体而言，生命的特征主要体现在以下方面。

### 1. 生命的整体性存在

人的生命是一种整体性存在，马克思指出："工人自己的劳动使工人离开的那个共同体是生活本身，是物质生活和精神生活、人的道德、人的活动、人的享受、人的本质。人的本质是人的真正的共同体。"② 可见，马克思基于共同体视角对人的实质性问题进行了探讨，表明了人的生命在物质性、社会性以及精神性方面所具有的统一性。生命是自然界最为普遍的现象，人的生命与其他生命是一种共生性的存在。自然性是所有生命的共性，是生命的最基本特征。生命源于自然，依靠自然而存在。马克思指出："我们连同我们的肉、血和头脑都是属于自然界和存在于自然界之中的。"③ 生命的自

---

① 马克思恩格斯全集：第 26 卷 [M]. 北京：人民出版社，2014：747.
② 马克思恩格斯全集：第 3 卷 [M]. 北京：人民出版社，2002：394.
③ 马克思恩格斯选集：第 3 卷 [M]. 北京：人民出版社，2012：998.

然性意味着生命具有遗传繁殖、新陈代谢等自然属性。人来源于自然，自然界是人获得生命存在的基本前提。人的生命首先表现为一种自然生命，自然生命存在是生命最基本的存在形式，是一切生命存在形式的基础和原点，也是其他一切生命存在和活动的前提，因此，"第一个需要确认的事实就是这些个人的肉体组织以及由此产生的个人对其他自然的关系"①。可见，认识生命首先要认识到其本身具有的自然性，如果忽略了这一点，就会陷入生命唯心主义的抽象理解中。

自然生命存在体现了人的物种属性，然而这种存在又不等同于动物式的完全被动性的自在存在，而是包含人的主动性、创造性在内的自为性生命存在。劳动是把人与动物的自然存在相区别的重要标志，现实的人生活在一定社会中，通过劳动实践结成各种社会关系，"一方面是自然关系，另一方面是社会关系"②。人在改造自然的过程中确证生命的自然存在，同时又通过各种社会关系的形成以彰显生命的价值和意义，从而确立生命的社会存在形式。人的生命实践活动是在意识的支配下进行的，实践中结成的各种社会关系不仅形成了人的本质，而且决定了人的生命的根本特点。因此，生命的社会性特点是由生命的本质决定的，马克思认为，这种本质既不是纯粹性的精神存在，也不是孤立的单个原子式的存在，而是"在其现实性上，它是一切社会关系的总和"③。生命的社会性反映了生命不仅作为一种孤立的个体存在，更是一种与他人"共在"的社会存在，因而每个生命体的发展都与他人以及社会相关联。个体生命只有在社会中才能确证自身的存在，社会给人的生命发展提供了广

---

① 马克思恩格斯选集：第1卷[M]. 北京：人民出版社，2012：146.
② 马克思恩格斯选集：第1卷[M]. 北京：人民出版社，2012：160.
③ 马克思恩格斯选集：第1卷[M]. 北京：人民出版社，2012：139.

阔的空间。因此，社会生命存在本质上是一种类存在，是人与动物相区别的重要特征。

此外，人的生命还表现为一种精神生命存在。人通过自由自觉的、有意识的劳动把自身与动物区别开来，不仅在实践中实现人的本质力量的对象化，而且使劳动成为体现人的意志的生命活动。通过劳动，人既从自然界获得了生命生存需要的基本物质资料，又通过意识的对象化形成了各种价值关系、审美关系等等。"动物不把自己同自己的生命活动区别开来。它就是自己的生命活动。人则使自己的生命活动本身变成自己意志的和自己意识的对象。……仅仅由于这一点，他的活动才是自由的活动。"① 这样，有意识的劳动对于人而言就不再仅仅只是一种维持生命存在的本能，还是发展生命、丰富生命形式的生命自由表达。"主体的存在意义以自由理想的方式规约和范导着个体的存在过程，关联着人对自身有限存在状态的认知和追求永恒、无限的渴望。"② 自然生命通过理想的方式彰显着对于无限和永恒的诉求，并通过世俗生活中主体性精神的彰显而得以体现生命的价值。因此，自由理想呈现出了特色的生命意义，说明人不仅可以掌控自己的命运，更可以通过精神生命的追求突破自然生命的有限，以创造生命的更多可能性，并以此作为召唤指引着主体的价值追求。换言之，个体生命正是在既定性与可能性的交互碰撞中，超越生命内在的限制，实现生命的超越，从而使自由得以复归。正如冯契先生所言："自由就在于化理想为现实，而理想就是现实的可能性和人的要求的结合。"③ 由此可见，精神生命是人的生命

① 马克思恩格斯选集：第 1 卷[M]．北京：人民出版社，2012：56.
② 吴伟花．生命存在：责任意识的哲学内蕴[J]．佳木斯大学社会科学学报，2010（5）：15.
③ 冯契．人的自由和真善美[M]．上海：华东师范大学出版社，1996：25.

存在的重要体现，说明了人的生命是受理性制约的有意识存在。

2. 生命的有限性与无限性

生命的有限性，使得生命在其限度内不断追求生命的价值与意义。这种有限性主要体现在：一是生命时间的限度。人的寿命是有限度的，都会经历生老病死，尤其是在一些生物、社会等外界因素的影响下，其生命就会更加有限，因而要在有限的生命内尽可能大地实现生命的价值。生命的有限性使得人愈发珍惜有限的生命时间，因而生命弥足珍贵。二是生命的不可重复性。生命是唯一的，每一个生命的存在和发展都是不可重复的，这种不可重复性决定了生命发展的限度。三是生命的不完整性。刚诞生的生命是不完整的，需要在实践中不断得以丰富和发展，这种发展不是生命孤立的发展，而必须要依赖于其他生命、借助于其他生命而存在和发展。生命的不完整性决定了生命的有限性，在由不完整走向完整的过程中生命的价值得以彰显。

人是有意识的生命存在，生命的有限性决定了生命发展的必然性，也就意味着生命本身的持续性发展，正是在这种不断发展的推动下，生命摆脱了肉体存在的有限性，而在精神领域获得发展的无限性。生命动态性的发展是在实践中得以完成的。从生命个体来看，个体通过实践不仅确证了自身的生命存在，而且在实践中使生命各方面得以丰富和充盈，使生命由不完整逐渐趋向完整，由未完成性走向完成状态，从而实现生命的日渐完善与发展。从生命整体来看，个体生命的实践性推动作为整体生命存在的人类实现由低级到高级的发展，整个社会随着生命的无限发展而得到不断进步和发展。

3. 生命的既定性与超越性

生命是一种既定的存在，这种存在是生命作为一种客观现象所具有的内在属性。人生活于一定的社会，其所存在的现实基础决定了生命的既定状态。生命的既定性决定了自生命诞生起,生命本身就携带了内在的生命因子,因而生命在发展过程中呈现出一定的必然性。然而,生命作为一种存在,但又不局限于当下的存在,生命发展的目的在于实现人类生命的不断超越。从发生学的角度看,生命作为一个过程展开,需要经历不同的阶段才能获得生命的发展。既然是一个过程,这就意味着生命具有无限可能性和内在超越性。人作为体现自由意志的主体,能够通过发挥生命内在的能动性,突破现实世界的种种制约而使其存在获得开放和不断生成的性质,从而超越动物那种闭塞、宿命、被动的生命状态,实现生命的发展。在这一过程中,生命每获得一次提高与进步,都意味着完成了一次超越。从整个生命发展历程来看,个体生命正是在既定与超越的对立统一中处于动态发展中的,可以说,人是宇宙间唯一"能够'是其所不是'和'不是其所是'的存在物,除人之外的一切存在物都'是其所是'地存在着"①。因此,德国哲学家马克斯·舍勒(Max Scheler)把超越性看作人的生命本质,并指出:"人,只有人倘使他是人本身的话能够自己作为生物超越自己。"②

　　人的生命的超越性主要体现在四个方面,一是由"种"到"类"的超越。人来源于动物,具有一般动物的本能和冲动,其存在首先是一种"种"存在。但人又不同于动物,与动物最明显的区别在于其意识性,因而使其本能冲动能够得到有意识的支配。"意识代替了他的本能,或者说他的本能是被意识到了的本能"③,从而实现由"种"到"类"的超越。二是由有限到无限的超越。作为现实存

---

① 褚惠萍. 当代大学生生命教育研究[D]. 南京:南京师范大学,2014:18.

② 舍勒. 人在宇宙中的地位[M]. 陈泽环,沈国庆,译. 贵阳:贵州人民出版社,1989:34.

③ 马克思恩格斯选集:第 2 卷[M]. 北京:人民出版社,2012:161-162.

在的生命个体，现实性本身直接限定了个体生命的发展，也即体现出有限性。但人作为一种具有内在追求的目的性存在物，其追求是无限的。正是在不断追求的推动下，个体生命突破了固有的限定，实现生命由有限到无限的超越。三是由恒定到可能的超越。社会关系是变化的，是在生产实践中得以形成的。因而，人的本质也并非一成不变，是在实践中不断生成的。从这个意义上而言，生命个体既是当下的，又是直面未来的，"存在绝不是现在，而是不断运动着的未来"①。正是对未来的期盼和追求，使人的生命超越了现存的恒定状态。四是由现实到自由的超越。人生活在既定的社会环境，并被赋予了不同的社会角色，必须要适应社会要求、按照一定的规约行事才能获得安身立命之本。但作为具有主观能动性的生命个体，人并非被动性地适应环境，其在接受环境塑造的同时也对环境予以改造，为实现自我、超越自我、获得自由创造着条件。由此可见，超越性是人的生命的内在规定性，正是在这种动力的推动下，生命实现从实然状态向应然的突破。

（二）生命观

"观"是指主体对某一事物的观点、认识与看法。生命观，顾名思义，即是有关生命的认识、理解与看法。具体说来，其内涵理解包括这样几个方面：一是生命观作为一种思想观念，对生命实践活动起着重要的指导作用，即有什么样的生命观即会有何种生命实践。积极的生命观有利于人们对生命形成正确的认识，并促使人们通过实践积极践行生命的意义与价值。二是生命观受社会历史文化环境

---

① 麦基. 思想家——当代哲学的创造者们[M]. 周穗明，翁寒松，等译. 北京：生活·读书·新知三联书店，2004：95.

的影响较为明显，不同个体、不同时代的生命观都表现出明显的不同。如东西方文化中的生命观、不同历史时期的生命观、不同群体的生命观都表现出巨大的差异性。三是生命观既受物质经济条件等因素的影响，同时也促进或阻碍社会的进步和发展。社会是人的社会，社会的进步发展是在广大人民群众的实践活动推动下实现的。生命观作为一种社会意识，必然基于一定的社会条件基础之上形成。反过来，其同样作用于社会的发展。一个社会所形成的正向生命观，指引着人们的生命实践活动，并积极推动整个社会的前进。反之，社会中的不良生命价值取向则对生命实践起到负向的阻滞作用，从而制约社会的发展进程。

从内容上看，生命观内在地包含了自然生命观、社会生命观和精神生命观三个方面。其中，自然生命观就是对生命自然存在的具体认识，如生命起源、形成和衰亡等问题；社会生命观是对生命社会存在的有关认识，主要包含了对生命的社会关系、生命价值、生命责任、生命幸福等深层次问题的理解与看法；精神生命观则是对作为精神生命存在的生命的有关认识，即对作为形而上的生命的内在把握，如对生命意义、生命理想、生命信念等问题的认知。

### （三）大学生生命观教育

学界虽然对有关生命教育与生命观教育问题进行了广泛探讨，但大多数学者对这两个概念都没有进行明确区分，尤其是国外大多称为"生命教育"而非"生命观教育"。故此，本研究对生命观教育概念的梳理很多也是源自国内外对生命教育的有关阐释，在对二者进行区分的基础上，尝试对生命观教育进行界定。

目前，学界对有关生命教育与生命观教育的区分并不严格，甚至在一定程度上二者是通用的。生命教育是一个舶来品，最早源起于 20 世纪初法国生物学家 Elie Metchnikoff 倡导的死亡学（Thanatology）的概念。学者郑晓江在考察了生命教育在东西方的发展历程后认为，西方生命教育兴起的原因主要是毒品、艾滋病、暴力等泛滥引起了政府对生命教育的重视，台湾地区生命教育兴起的背景主要在于青少年暴力现象的频发与凸显，而大陆生命教育的兴起则主要是学生安全事故的层出不穷，亟待对学生开展生命安全与健康方面的教育。[1] 在香港，大学生生命观教育源于频发的大学生生命伤害事件。随着社会压力的增大，香港的自杀问题也日益严重。大学生自杀、药物滥用等现象成为高校面临的重要问题，因而亟待加强对大学生的生命教育。[2] 由生命教育兴起的背景可以看出，生命安全教育是其组成的重要内容，尤其是一些高校实行"学生安全事故问责制"，就更容易使生命教育沦为单纯的安全意识教育。

从当前高校大学生的自杀、他杀等案例分析来看，表面上是对生命的漠视，但其背后的本质问题在于生命观的偏颇，主要体现在生命理想、生命信仰的弱化以及生命价值的认识误区等方面。由此可见，单纯地开展生命安全教育而不进行更为深层的正确生命价值观的矫正与引导并不能达到理想的效果。因此，生命价值观教育应当是生命观教育的核心问题。另外，知识的灌输并不能等同于生命观念的改变与重塑。若只在生存论层面进行理论知识的宣传讲解，而不涉及对生命的深入探讨，也并不能达到生命观教育的目标。因此，这就要求在生命教育过程中加强对大学生生命观的正确引导，

---

[1]　郑晓江. 从生命教育兴起的背景看中国生命教育的特色[J]. 思想理论教育，2007（20）：8.

[2]　晋银峰，胡海霞，陈亚茹. 我国大学生生命教育研究十六年[J]. 黑龙江高教研究，2018（11）：42.

不仅使其辩证地认识生命，更要通过实践涵养正确的生命观，从而能够指导其生命实践活动的积极开展。可见，生命观教育侧重于对教育对象生命观的引导，旨在探讨引发生命问题的深层次观念问题，以从观念层面引导教育对象形成对生命的正确认知，进而积极健康地生存、生活，在实践中实现生命价值，并不断超越生命、促进生命的健康持续发展。

综合生命教育与生命观教育的对比分析，本书对大学生生命观教育作出如下界定，即通过专门化、系统化教育的实施，对大学生进行有关生命存在、生命价值、生命责任和生命发展等方面的教育渗透，以帮助其形成正确的生命认知、涵化生命情感和锻造生命意志等，并促进其积极地进行生命实践，以推动大学生生命获得更好的发展。

## 二、责任主体与责任伦理

谈及责任，就必然要涉及相应的责任主体，离开主体谈责任毫无意义。在责任分析的语境中，无论是法律意义上的责任，还是道德意义上的责任，都离不开特定的行为实践主体，即"对谁负责，谁是负责人"。由此，责任追究也必然要落实到对应的责任主体身上。有关"主体"的探讨早已有之，可以从不同的视角加以分析。认识论上的主体与客体对应而存在，意指从事认识与实践活动的行为担当者。人的主体性正是在主体从事认识与实践的活动中得以生成，客体存在于主体的某种需求之中，"客体是存在于主体以外，作为主体——人的活动的一切对象的东西……客体是包括人自身在内的人所生活的世界的总体"①。可见，作为主体的人，其在认识与实

---

① 高清海. 高清海哲学文存：第 5 卷[M]. 长春：吉林人民出版社，1997：229.

践活动中不断获得对象化的满足，从而塑造、建构、不断生成着自我。因此，人的主体性是具体的、现实的，从抽象角度上谈论人的主体性没有任何意义。因而，主客体及其关系存在并体现于一定的认识与实践活动之中。换言之，人只有在特定的实践活动中才能彰显人之为人的主体性。主体与客体在实践中相互作用，并在一定条件下实现转化。

本体论上的主体则不是与客体进行逻辑关联，而是与自身内在的属性特征相联系，是指属性、关系、状态、运动变化等的基质、载体和承担者，类似于"实体"等概念，性质、状态、关系、活动等是从属于这个基质、主体的。① 在哲学上，主客体关系是用来概括人与世界之间的内在关系的哲学范畴。对于"主体"一词，《现代汉语词典》中将其解释为：（1）事物的主要部分；（2）哲学上指有认识和实践能力的人。② 在西方思想史上，对主体问题也进行了深入探讨。如古希腊时期的普罗泰戈拉认为，"人是万物的尺度，是存在者存在的尺度，也是不存在者不存在的尺度"③。这一命题反映了主客体之间的关系，表明了在理解客体中对主体的重视，肯定了主体能动性的发挥。此后的哲学家笛卡尔、黑格尔、费尔巴哈等人都对主体问题进行了相关阐述。他们在肯定人的主体性的同时，也存在着明显的理解弊端，即脱离人的实践活动去理解主体，由此导致的主体理解必然是抽象的。马克思主义哲学认为，主体是进行有目的的实践活动的现实的人，其体现为具有意识性和能动性的人。就主体的存在形态而言，其既包括了个体主体，也包含了作为组织形态

---

① 赵琴. 学校教育与家庭、社会教育[M]. 广州：广东高等教育出版社，2000：28.

② 中国社会科学院语言研究所词典编辑室. 现代汉语词典[M]. 北京：商务印书馆，1979：1497.

③ 北京大学哲学系外国哲学史教研室. 古希腊罗马哲学[M]. 北京：商务印书馆，1982：138.

的集团主体与社会主体。

责任伦理是主体的责任伦理。那么，责任伦理的生成就必然与主体相关。是否所有的责任主体的行为都能够用责任伦理进行评判，这是值得深思的问题。事实上，并非所有的责任主体行为都可以基于责任伦理的角度进行行为善恶的评价。因为，责任伦理的产生具有一定的条件性。责任伦理建立在主体的自由意志、责任能力、责任感和角色确立的基础之上。

## （一）自由意志

责任伦理中的主体是具有自由意志的人，自由意志是责任伦理生成的前提。意志自由作为一个哲学问题，是哲学家们重点关注与探讨的对象。费尔巴哈指出，"从来没有一个问题像意志自由这个问题这样费脑筋，这样难于断然地加以肯定或否定；这种情形乃是对象本身的性质所造成的，同时也是哲学用语、甚至日常用语的任意性和歧义性所造成的"①。意志自由是一种内在自由，从属于自由这一范畴之中，是自由得以获得的前提，"离开了思想，离开了意欲，离开了意志，就无所谓自由"②。自由就是主体根据自己的意志进行自由的选择，如果不能，则意味着自由的丧失，意味着主体行为道德性的丧失，恰如卢梭所认为的，"取消了自己意志的一切自由，也就是取消了自己行为的一切道德性"③。人正是在自由意志的支配下具有了道德选择的自由，因而才应当对其道德行为承担相应的责任。换言之，一个人之所以要对其行为负责，就在于其自由意志的存在。

---

① 费尔巴哈. 费尔巴哈哲学著作选集：上卷[M]. 荣震华，等译. 北京：商务印书馆，1984：410.
② 洛克. 人类理解论[M]. 关文运，译. 北京：商务印书馆，1958：208.
③ 卢梭. 社会契约论[M]. 徐强，译. 北京：商务印书馆，1980：16.

人一旦丧失了意志自由，便无法对事物的必然性进行正确认知，就意味着其行为只能处于生理或心理因素的支配下或者处于外界的强制之下，因而不能对其行为进行有效控制，也就难以对行为的后果承担相应的责任。因此，自由意志是责任生成的前提，责任由责任主体的自由意志所设定。

（二）责任能力

责任伦理中的主体必须是具有一定责任能力的人。所谓责任能力，"就是主体在意志自由的前提下能够承担责任的主体条件"①。意志自由是责任生成的前提，而责任能力则是责任承担的必要条件。意志自由决定着行为的可为性，而责任能力则直接决定着主体行为能否发生。因此，主体必定是人，但并非所有的人都属于责任伦理中的主体，只有具备一定的责任能力，并通过责任实践践行这种能力，才能称其为真正的责任主体。如丧失责任能力的精神病人、尚未长大成人的婴幼儿等，都不具备相应的责任实践及责任承担能力，因而不属于责任伦理主体的范畴。就属性而言，责任能力体现为人的本质能力。人作为一种社会性的存在，体现为其所具有的社会关系总和。因此，作为主体的人不仅是物质关系的承担者，还肩负着建立在物质关系基础之上的包括道德关系在内的一切社会关系。动物作为生物性存在，不承担各种社会关系，因而也不具备相应的道德选择与责任能力。

（三）责任感

责任能力决定了人能够成为责任的主体并在实践中践行责任伦

---

① 谢军．责任论［M］．上海：上海人民出版社，2007：193．

理，但这还不足以说明人必然会产生相应的责任行为，还需要具备责任感这种动力来支撑。"责任感是责任主体面临客体时对客体内在要求所产生的要去负责的情感，是一种将要行动的强烈的责任意识。"① 可见，责任感作为一种内在动力，对行为具有激励、鼓舞等作用。行为主体只有在具备了责任感的情况下，才能积极主动承担起相应的责任。换言之，责任感是推动主体自觉践履责任的前提，体现出主体内在的行为自律性。从责任感的形成来看，其经历了由他律到自律的实现过程。但只有体现自律性的责任感，才是出于并合乎主体的"内心法则"，因而才是真正意义上的责任感，才能体现主体本身对责任的自觉认同。责任伦理与传统伦理的重要区别就在于其强调行为的自律性，这主要源于行为主体对行为后果的自觉体认与伦理自觉。可见，责任伦理内在地要求主体必然要具备一定的责任感，以实现对主体行为的自觉约束和促进主体责任的自觉践履。

## （四）角色

角色与责任相伴而生，责任实质上就是社会对责任主体所扮演角色的角色期待。人处在特定的社会关系之中，与他人、集体、国家乃至世界形成了各种伦理关系，这些作为个体的人以及由人所形成的各种社会关系便构成了社会。人的关系无处不在，人处在不同的社会关系中便形成了特定的角色，角色是责任生成的逻辑起点。从词源上分析来看，"角色"原是作为一个专业名词，出现在戏剧中，指代演员饰演的某一特定人物。20 世纪 30 年代，"角色"逐渐

---

① 方秋明. 为天地立心，为万世开天平——汉斯·约纳斯责任伦理学研究[M]. 北京：光明日报出版社，2009：115.

成为一种理论得到学界研究。美国社会学家乔治·H·米德（George Herbert Mead）把这一概念应用于社会学之中，并将其作为社会学重要范畴，用以表征我与他人之间的角色关系和个体在社会中的身份地位。具体而言，社会学中的"角色"是指"与人们的社会地位和身份相一致的一套权利和义务的规范和行为模式，它既是指人们对具有特定身份的人的行为期望，又是构成社会群体或组织的基础"①。处于一定社会关系中的责任主体究竟具有哪些责任，则要取决于其在实践活动中扮演的角色。换言之，角色的定位决定了主体的责任承担。作为特定实践活动的主体，无论其是以个体的身份存在，还是以集体、组织等身份存在，都在其中扮演某种"角色"。因此，角色是主体在实践关系中的特定坐标，因而也就理所当然地成为了研究责任伦理的逻辑起点。

从深层意义上进一步来探讨角色作为责任伦理研究逻辑起点的缘由，可以从两个维度来进行把握。其一，责任往往依附于一定的角色而存在。正如齐格蒙特·鲍曼（Zygmunt Bauman）所言："责任依赖于角色，而不是依赖于完成任务的人。"② 如没有教师，也就没有教师责任的存在。离开家庭而谈家庭教育责任也只能是一句空话。其二，角色是人们认识责任的媒介。角色先于责任或与之同时存在，但往往要通过角色才会认识到责任的存在。角色关系一旦解除，与之相对应的责任也就消失了。而履行与角色无关的责任，则被视为多此一举、多管闲事。责任的大小也与角色的重要性直接相关，即所谓的"位高权重"。因此，主体对责任的自觉体认与践履就必然要建立在对自身所扮演角色的正确认识之上。

---

① 郑杭生. 社会学概论新修[M]. 北京：中国人民大学出版社，2003：107.
② 鲍曼. 后现代伦理学[M]. 张成岗，译. 南京：江苏人民出版社，2003：22.

### 三、大学生生命观教育主体的责任伦理

作为一种责任实践过程，大学生生命观教育涉及多元主体参与，每一主体在其中扮演不同的角色，并承担相应的责任伦理。分析这一教育中的多元责任主体及其责任伦理，是基于责任伦理视角开展大学生生命观教育研究的基础。

就大学生生命观的形成来看，其本身是一个在多重因素影响和作用下的复杂过程。尤其是随着社会的不断发展，大学生接触信息的渠道越来越广泛，教育与各种影响因素间的博弈越来越激烈，任何单方面的教育力量能起到的作用越来越有限。如随着现代社会的开放程度越来越大，教育社会化的趋势越来越明显，高校不再仅仅作为一个"象牙塔"而存在，社会因素在大学生生命观教育中扮演的角色愈发重要。同时，大学生的主体意识得到提升，其不再仅仅局限于被动性的接受状态，其对教育活动的参与、本身所具有的对生命的责任意识程度高低直接影响到生命观教育中的实效。此外，家庭教育在大学生生命观教育中的作用开始受到重视。总之，大学生生命观教育的推进涉及多元责任主体共同参与，是一种蕴含高度使命感与责任感的实践活动，更是一个需要充分调动大学生的能动性与主动性、使其内在生命责任意识得到有效唤醒和激发的过程。结合责任伦理的理论特质与大学生生命观教育的实践及其影响因素，可以明确大学生生命观教育主要涉及学校、家庭、社会和个人等多元主体，各主体在其中根据其角色定位分别承担着不同的伦理责任，体现相应的责任伦理，其主体构成关系如图1-1所示。

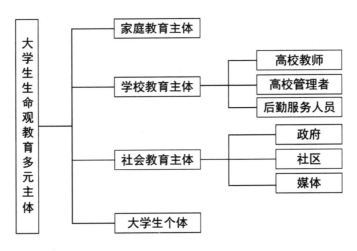

图1-1 大学生生命观教育中的多元主体构成图

## （一）家庭及其责任伦理

作为一个历史范畴，家庭的演化与发展经过了不同的历史阶段。作为家庭成员生活的基本场域，家庭内在地包含了父母与子女、兄弟姐妹之间的多重角色关系。马克思恩格斯在《德意志意识形态》中对家庭进行了界定，指出家庭"是夫妻之间的关系，父母和子女之间的关系"[①]。他们认为人本身具有社会性，不是处于离群索居的状态，需要相互依存，而家庭就是人们聚集在一起的一个共同体。两性之间基于爱情建立家庭，并由此衍生出多重家庭关系。《中国大百科全书·社会学卷》中将家庭界定为："家庭是由婚姻、血缘或收养关系所组成的社会生活的基本单位。"[②]《现代汉语辞典》中对家庭的规定为："以婚姻和血统关系为基础的社会单位，包括父母、子

---

① 马克思恩格斯选集：第1卷[M]. 北京：人民出版社，2012：159.
② 中国大百科全书·社会学卷[M]. 北京：中国大百科全书出版社，1991：102.

女和其他共同生活的亲属在内。"① 通过以上分析可以看出，依托家庭，父母与子女的情感得以维系，其他成员之间也形成相应的伦理关系，因而家庭关系得以形成，家庭成员之间的一切社会活动的开展都必然要通过家庭关系得以反映，并在家庭关系中得以实现。家庭作为一个伦理实体，其内在地包含了婚姻、家庭财产与子女教育。其中，对子女的教育体现了一种伦理关系，表现为父母对象化"定在"的实现。子女在家庭中获得父母的教育，在延续其生命的同时也发展成为另外不同的生命。值得注意的是，黑格尔所强调的"爱"是以血缘为基础，但这种爱并非溺爱，而是蕴含子女"成人"期待的真正之爱。

　　在探讨家庭责任伦理问题之前，必须先明确家庭责任伦理的主体，即由谁来承担大学生生命观家庭教育的伦理责任，这需要从家庭教育概念的切入着手。《教育大辞典》中对其进行了界定，即"家庭成员之间的互相影响与教育，通常是指家长对儿女辈进行的教育"②。马克思恩格斯对家庭教育问题进行了深入探讨，认为在亲子关系中，父母应当履行对子女的教育责任。而这种教育，从本质上而言是一种促进其生命全面发展的多维度教育。广义而言，家庭教育是父母对家庭中的其他成员以及家庭中的年长者对年幼者所实施的教育。从狭义来看，所谓的家庭教育，就是指父母对子女的教育。本研究对家庭教育责任的理解基于狭义的角度，认为是处于家庭关系核心地位的父母应该履行的伦理义务，并对自己的行为承担相应的责任。

　　中国人的家庭关系在纵向上以父子关系为轴心，因而奠定了父

---

① 刘振铎．现代汉语辞典：上[M]．长春：北方妇女儿童出版社，2002：430.
② 顾明远．教育大辞典[M]．上海：上海教育出版社，1998：381.

母在传统家庭中的核心地位，父母在家庭生活中承担的角色决定了其应当履行的责任。作为生物性选择结果的为人之父、为人之母，在家庭中扮演着重要的角色，就应当为这种选择负责，并自觉承担角色本身所赋予的伦理责任。父母在家庭教育中所扮演的角色和承担的责任是其他角色无法代替的，这一角色决定了父母在子女生命观教育中的伦理义务。习近平总书记指出，父母是孩子的第一任老师……家长特别是父母对子女的影响很大，往往可以影响一个人的一生。① 在中国传统文化中，父母对子女的成长与发展有着直接性的义务，《三字经》中指出，"子不教，父之过"，而对于中国父母教育责任的评价也有"教子有方""家教不严"等等。父母应当明确在家庭教育中的责任，明确自身不同于其他任何角色的角色期待与责任要求。父母有关生命的认知、理解与追求往往通过言传身教直接对子女的生命观的形成起到潜移默化的熏陶与教化。作为家庭教育核心成员的家长有责任、有义务对子女进行生命观教育，并善于创造教育的外部环境。

大学生生命观教育家庭责任伦理不仅关注作为教育主体的家长在践履其角色义务时所体现出的责任认知和责任行为，而且对当下大学生生命观教育面临的伦理困境，以及由各种内外部因素所导致的未来的、不可预知的家庭教育伦理问题进行责任实践指导。家庭责任伦理是基于整体性的视角来研究家长与孩子生命发展之间的责任关系，其有效践履能够推动家长更好地践行其在子女生命观教育中的责任，促进孩子生命观的健康形成。概而言之，家庭责任伦理就是基于对家庭教育的伦理反思，对大学生生命观教育领域的责任问题进行理性的伦理追问。家庭责任伦理体现出责任伦理的一般特

①　习近平. 习近平谈治国理政：第 2 卷 [M]. 北京：外文出版社，2017：354-355.

征。首先，整体性特征。家庭教育要求作为主体的家长注重子女的整体性发展，通过家庭教育的全方位实施，促进生命个体获得全面发展。其次，连续性特征。家庭教育贯穿于生命个体的整个生命成长与发展历程之中，在推动个体形成生命认知和塑造其生命价值观念中始终发挥作用。再次，未来性特征。家庭教育着眼于个体的生命长远发展，要求责任贯穿于教育行为的整个实践之中，以发挥家庭教育之于生命个体成长与发展的长效作用。

## （二）学校及其责任伦理

学校（高校）作为大学生生活实践与学习的主要场域，是对大学生进行生命观教育的主阵地。其本身蕴含了丰富的教育资源，为系统性教育的开展提供了可能与前提，学校教育在大学生生命观教育中发挥主导作用。学校作为专门化的教育场所，其在大学生生命观教育中扮演重要角色，具有其他教育形式所不具备的显著优势。

首先，学校为大生生生命观教育提供主阵地。高校内在的属性特点，决定了其无疑成为大学生生命观教育的主阵地。就资源方面来看，高校不仅拥有丰富的教学资源，可以通过专业课程的设置、理论讲座等形式为大学生灌输有关生命观的理论知识，使其形成对生命的基本认知。而且，高校可以依托社团等组织形式开展多种实践活动，促进大学生在实践中增强对生命的领悟，形成正确的生命观。另外，校园文化作为外部环境，是大学生日常生活实践的基本场域，在推动大学生生命观的形成中作用凸显。良好的校园文化环境可以作为一种隐性教育，在潜移默化中影响着大学生的生命认知、生命态度以及生命价值取向等，因而可以通过净化环境、营造良好的校园文化氛围以推动大学生正确生命观的形成。

其次，学校为大学生生命观教育提供主渠道。思想政治教育理论课作为高校教育的重要组成部分，是开展大学生生命观教育的主渠道。高校可以充分利用这一渠道的优势特点，充分发挥其功能，以引导大学生确立正确的生命观。就内容实施方面，可以根据不同科目的特点合理设置生命观教育的内容。高校思想政治理论课蕴含了丰富的生命观教育资源，充分挖掘这些课程资源，有助于多维度开拓生命观教育的研究视域，全面推进大学生生命观教育的实施。就教育形式而言，可以通过多种形式推进。思想政治理论课不是纯粹性的理论灌输，而是具有较强的实践性和应用性。通过挖掘、利用红色革命根据地、烈士陵园等资源，思想政治理论课实现了由课堂向生活的拓展，在推进实践教学的过程中，提升大学生生命观教育的实效性。

最后，学校为大学生生命观教育提供保障。高校作为实施大学生生命观教育的主要场域，以其内在的资源优势，为这一教育的推进提供有力的教育保障。在目标保障上，高校通过制定明确的教育目标，为生命观教育提供价值导向。相比于其他形式的教育而言，高校的教育组织形式更为专门化，其在培养人方面具有更为明确的目标指向。生命观教育作为人才培养的重要方面，通过颁布相关专门性的指导文件，在宏观上有效地指导大学生生命观教育的推进。在组织保障上，高校能够通过运用多种手段、动员多方力量以保障生命观教育的推进。在人才保障上，高校不仅拥有专门的教师、研究人员等强大的教学师资力量，还拥有众多的管理人员，这些都是大学生生命观教育的重要推动力量。通过充分动员这些力量，发挥其协同育人的功能，能够为大学生生命观教育的推进提供雄厚的人才保障。

学校责任伦理的有效践行，是大学生生命观教育取得实效的关键所在。在探讨学校责任伦理之前必然先明确其所关涉的责任主体。

在高校内部，一切参与到大学生生命观教育过程中的主体都属于大学生生命观教育主体的范畴。因此，学校教育主体实际上包含了众多的主体于其中，如高校教学者、管理者、服务者等，他们相互协作，共同推动大学生生命观教育的实践。《中共中央、国务院关于进一步加强和改进大学生思想政治教育的意见》明确指出："大学生思想政治教育工作队伍主体是学校党政干部和共青团干部，思想政治理论课和哲学社会科学课教师，辅导员和班主任。"[①] 大学生生命观教育作为思想政治教育的一部分，其主体也涵盖了这些主体在内。首先，高校教师是这一主体的主要组成部分。邓小平指出："一个学校能不能为社会主义建设培养合格人才，培养德智体全面发展、有社会主义觉悟有文化的劳动者，关键在教师。"[②] 高校教师主要通过课堂教学、言传身教等方式向大学生传递生命观的理论知识和生命价值认知等，以促进其形成正确的生命观。其次，高校管理者是高校大学生生命观教育主体的必要组成部分。这一主体在学生日常管理中，密切关注着学生的思想动态和行为表现，在管理工作中有意识地将生命观教育内容渗入其中，从而实现对大学生生命观的有效引导。最后，后勤服务人员是高校大学生生命观教育的重要组成部分。高校不仅是大学生学习知识技能的场所，也是其生活的主要场域。因此，对大学生生命观产生影响的就不仅仅局限于专门的教师以及管理人员。后勤服务人员不仅是校园文化环境的影响者，而且在日常生活中与大学生发生频繁接触，其实践活动在潜移默化中影响着大学生的生命观念和生命实践，是大学生生命观教育主体的重要组成。

---

① 中共中央文献研究室. 十六大以来重要文献选编：中册[M]. 北京：中央文献出版社，2006：187.
② 邓小平文选：第2卷[M]. 北京：人民出版社，1994：108.

通过以上分析可以看出，学校在大学生生命观教育中扮演重要角色，其责任伦理实践是研究大学生生命观教育责任伦理问题的重点所在。概而言之，学校责任伦理是对学校在大学生生命观教育中所应承担责任与履行义务的伦理反思与追问，并体现出整体性、远距离性、关护性等特征。学校责任伦理面向学生的未来发展与整体性发展，对现实教育中出现的责任困境及由学校行为可能引发的各种未来不确定性问题提供伦理层面的价值指导。学校责任伦理的确立，不仅为学校在大学生生命观教育中的责任行为实践提供了原则遵循，同时也为责任的前瞻性追究与过失性追溯提供了理论层面的依据。

（三）社会及社会责任伦理

大学生作为社会中的人，既是独立存在的个体，也是社会主义建设的未来生力军，其生命观的状况不仅决定着个人生命的微观实践活动，还决定着其社会价值的宏观实现方式，从而影响到未来社会的发展。积极的生命观可以起到反哺社会的正向作用，而消极的生命观则对社会的发展进程起到抑制作用。可见，在大学生中开展生命观教育，帮助大学生确立正确的生命观不仅有利于大学生这一群体的健康发展，而且关乎整个社会未来的、长远的发展状况。因此，大学生生命观教育不只是学校、家庭的责任，社会亦应承担相应的责任。那么，社会这一责任主体是什么？其应当包括哪些主体在内？这需要基于社会教育的内涵分析入手。

目前，有关社会教育的定义主要有广义和狭义两种理解方式。就广义层面而言，社会教育内含了家庭、学校以及社会上的各种形式的教育，泛指影响全体成员发展的一切社会实践活动。而从狭义上来看，社会教育则是指在家庭和学校之外的教育领域中，由社会实施的有目的、有组织、有计划的教育。① 就社会教育的实施而言，可以通过组织化、规范化的教育形式得以实现，其既可以体现明确的教育目的，也可以融入具体的社会实践。同时，也可以通过非组织化的形式来实现，其涵盖了社会舆论引导、社会环境建构等方面。因此，从一般意义上看，社会教育可以理解为"是人类教育活动的一种，是在历史中产生发展起来的，社会教育反映着教育活动的本质特征，遵循着教育活动的普遍规律，同时也具有自身的特征与规律"②。本书所指向的社会教育正是基于狭义的角度开展的，是与家庭、学校教育相并行的教育实践形式。社会教育的主体具有多元性，从范围上讲，其包含了整个社会在内，"包括政府、机关、单位、团体、私人等各类社会组织与个人"③。《中华人民共和国教育法》中指出，"国家鼓励企业事业组织、社会团体、其他社会组织及公民个人依法举办学校及其他教育机构"④。在这里，实质上阐述了社会教育的实施，也规定了社会教育主体的教育职责。大学生生命观教育作为高等教育的重要组成部分，社会教育在其中承担着重要责任伦理，其实施主体也是多元的。本书根据不同社会教育主体在这一实践过程中承担责任的重要性，主要探讨政府、媒体以及社区在这一教育过程中的责任伦理。

从内涵上来看，社会责任伦理是对大学生生命观教育中社会主体所肩负义务与承担责任所作出的应然层面的伦理考量与反思。由于社会教育实践的广泛性、内容的丰富性以及社会责任主体的多元性，社会责任伦理所涉及的内容十分广泛，其不仅涉及具体

① 王雷. 社会教育原理[M]. 北京：中国社会科学出版社，2015：36.
② 王雷. 社会教育原理[M]. 北京：中国社会科学出版社，2015：37.
③ 王雷. 社会教育原理[M]. 北京：中国社会科学出版社，2015：32.
④ 国务院法制办公室. 中华人民共和国常用法律法规规章司法解释大全[M]. 北京：中国法制出版社，2015：619.

教育实施方面的责任，还包括了教育环境的优化、教育外部保障的夯实等多方面、多维度的责任。可见，社会责任伦理是基于宏观的视野来对大学生生命观教育中的社会责任问题进行研究。其立足点在于促进大学生生命的全面性、未来性发展，旨在通过社会主体责任的有效践履，为大学生生命观教育的推进提供切实保障，以促进大学生形成积极、健康、裨益于个体成长、社会发展的生命观。

（四）个体及其责任伦理

个体是大学生生命观教育中的基础单元，在这里，个体是指作为教育主体的大学生。在大学生生命观教育共同体中，作为生命个体的大学生是最基本的责任主体，处于共同体的核心位置。教育的推进是内外部因素综合作用的结果。马克思辩证唯物主义认识论认为，内因作为根本性的动力，外因效应的体现必然要通过内因作用的发挥来实现。教育的关键在于唤醒教育对象的自觉意识，实现主体的自我教育。在大学生生命观教育中，无论是作为教育主体的家庭、学校抑或是社会所实施的教育责任，都属于教育的外部推动力量，为生命观教育起到推动作用，而生命观教育是要通过这种外部推力的激发来使作为主体的大学生增强对生命的责任意识。因此，大学生不仅应当积极参与到这一教育之中，更应该自觉践履对生命的责任伦理，承担起对于生命存在与发展的责任担当。从个体与生命的关系来看，生命作为一种自然性存在，首先是属于个体本身的，对生命负责是个体安身立命的基础。生命本身就体现为一种责任，作为生命个体而存在的个人，就有责任、有义务对生命负责。任何伤害生命、破坏生命的行为都是不道德的。个体责任伦理即是对个体在生命应然尽责方面的伦理问题进行反思与追问。个体责任伦理体现出生命责任的完整性和全面性，即对主体自身的生命责任和作为客体的他者存在的生命责任。

一方面，对自我生命负责。马克思指出，"凡是有某种关系存在的地方，这种关系都是为我而存在的"①。因此，大学生生命观教育中的个体责任伦理首先是对自我生命的负责，这不仅意味着对当下生命的存在负责，还意味着对生命的长远发展负责，这体现出个体责任伦理的未来性、远距离性等特征。另一方面，对他者生命负责。人的活动直接指向客体存在，主体在关注对自身负责的同时，就必然也要关注对其他主体的责任，主体的我为性的体现就在于在与他者的关系中承担起相应的责任。作为完整生命个体而存在的人，其基本属性表现为自然性、社会性和精神性的内在统一，正如马克思所指出："人以一种全面的方式，就是说，作为一个完整的人，占有自己的全面的本质。"② 可见，人的生命是在与自然、社会的联系与互动中得以确证和发展的。个体生命从自然与社会中获得生命赖以生存的物质基础和精神养料，相应地，个体生命也应对自然、社会负有一定的伦理责任。这既体现了生命关系的互动性，也彰显了权利与义务的统一性。人正是在对他者生命负责的过程中满足自我生命的需求，从而实现对自我生命的责任。

总之，个体责任伦理不仅包括对自我生命负责，也包括对他人生命、他类生命的负责。个体责任伦理不仅体现在个体之于生命的职责及义务，还表现为个体应对自己的行为及其可能性的后果负责。个体承担与践履生命责任的过程，既是人类生命发展和社会进步的过程，也是探索正确处理自我生命与他人和他类生命关系的过程。

---

① 马克思恩格斯选集：第 1 卷[M]. 北京：人民出版社，2012：161.
② 马克思恩格斯文集：第 1 卷[M]. 北京：人民出版社，2009：189.

生命个体应树立正确的生命责任观，主动承担起对于自然性生命、社会性生命和精神性生命的责任。

# 第三节　大学生生命观教育的责任伦理理论溯源

从理论上探究生命观教育的责任伦理理论渊源是本书进行深入研究的理论基础。中国传统生命观教育中的责任伦理思想、西方生命观教育中的责任伦理思想、马克思恩格斯有关生命教育责任伦理的论述为本书提供思想理论借鉴。

## 一、中国传统生命观教育中的责任伦理思想撷英

儒家、释家与道家思想是中国传统文化的重要组成部分，其中蕴含着丰富的生命观，形成了中国传统生命观的典型代表。中国传统生命观包含丰富的内容，其中内含了有关生命的责任伦理思考，除了儒释道三家的生命观外，还包括墨家、法家、名家等诸多流派的生命观，但鉴于其影响较小，本书在这里主要对儒释道三家的生命观教育中的责任伦理思想进行深入阐释。

### （一）儒家生命观教育中的责任伦理思想

儒家思想内涵丰富，在中国传统文化中具有重要地位，其中蕴含了对生命的有关认知、理解以及生命责任的深刻认识，在形成和发展过程中形成了丰富的生命责任伦理思想。

首先，强调对自然生命的责任。生命过程包含着生与死两个维度，生死问题是生命观的基本问题。在生的方面，儒家对生命的责任体现在十分珍视生命，体现了贵生精神。正是由于人具有伦理道

德意识，所以人贵于物。首先，儒家主张对一切生命负责，即尊重和敬畏生命。"天地之性，人为贵。"[①] 性，即生，是指生命。人的生命是高贵的，应该得到珍惜。因此，孔子教导弟子要珍爱生命，"暴虎冯河，死而无悔者，吾不与也"[②]。他反对这种对待生命的冒险式的、不负责任的态度与行为。从伦理道德的角度，儒家把对生命的珍惜与爱护上升到孝的伦理高度。"身体发肤，受之父母，不敢毁伤，孝之始也。"[③] 儒家认为，孝在善中占有首要地位，对自身生命的基本责任就是爱护生命，也就是对父母最大的孝。

儒家对自然生命责任的强调不仅体现在人的生命上，主张对一切自然生命都怀有敬畏感。生命源于自然，人应当对自然生命负责。追寻生命的本原，是儒家生命哲学中的重要追问，体现了对世界本原和生命本原的终极价值关怀，也体现了责任的维度拓展。儒家对生命责任本源的探寻首先体现在对生命孕育过程的思考上。儒家坚持"仁""德"，并以此来认识广阔的生命世界，认为天地创造了生命世界，世间的生命万物都源于天地化育。天地自然在经历漫长的积累之后，产生了草木万物、鱼鳖蛟龙等生命万物。而生命繁衍生息是一个永不停歇的过程，天地自然对生命的创造生生不息。天地自然创造了万物，但却是一种悄无声息的创造。因而，天地自然是无私的、道德的、仁慈的，这体现了天地的宽广胸襟以及谦逊的美德。宋明理学把这种永不停止的生生创造称之为"道体"，程子曰："此道体也，天运而不已，日往则月来，寒往则暑来，水流而不息，物生而不穷，皆与道为体，运乎昼夜，未尝已也。"[④] 在这里，"道

---

① 胡生平. 孝经译注 [M]. 北京：中华书局，2009：19.
② 杨伯峻. 论语译注 [M]. 北京：中华书局，2012：96.
③ 汪受宽. 孝经译注 [M]. 上海：上海古籍出版社，2007：1.
④ 朱熹. 四书集注 [M]. 南京：凤凰出版社，2008：109.

体"即道出了宋明理学对于生命本原的思考，即天地自然是孕育生命万物的本体。作为天地孕育产物的人，应当担当起对衍生生命万物的自然的责任。在儒家看来，一个具有仁爱之心的人，对所有的生命都应当怀有生命责任意识。孔子提出的"钓而不纲，弋不射宿"①，孟子提出的"见其生，不忍见其死，是故君子远庖厨也"②等，都体现了对自然界的生命责任。

其次，重视对社会生命的责任。人与动物的重要区别在于人具有责任意识，责任心使人能够克服动物本能欲望的控制，按照善的原则行事，以追求道义上的善，实现对生命的负责。作为现实的人，就要积极承担生命的责任。"仁"是社会责任伦理的核心，进行社会责任伦理承担的表现就在于具有仁爱之心，因而孔子指出，"鸟兽不可与同群"③。孟子的"四端"说体现了仁义礼智之善端，这是人区别于动物的根本。荀子认为人有气、生、知、义等德性，是天地万物中最为高贵的生命。"力不若牛，走不若马，而牛马为用，何也？曰：人能群，彼不能群也。人何以能群？曰：分。分何以能行？曰：义。"④ 人有义，才能合群，才能实现对动物生命的超越，承担起相应的社会责任。基于对人的生命责任的认识，孔子主张以"成仁"来践履生命的社会责任。"志士仁人，无求生以害仁，有杀身以成仁。"⑤ 可见，"仁"在某些特殊情况下内含了生命的内在责任冲突，因而，在必要时，就可以通过牺牲性命来予以"仁"的实现。孟子对孔子的这一观点进行了继承，倡导"舍生取义"。在孟子看来，生命诚然可贵，但"义"更加具有可贵性。死亡虽被人们所厌恶，但

---

① 杨伯峻. 论语译注 [M]. 北京：中华书局，2012：103.
② 杨伯峻. 孟子译注 [M]. 北京：中华书局，2012：16.
③ 杨伯峻. 论语译注 [M]. 北京：中华书局，2012：270.
④ 张觉. 荀子校注 [M]. 长沙：岳麓书社，2006：95.
⑤ 杨伯峻. 论语译注 [M]. 北京：中华书局，2012：228.

相比而言，"不义"更为人们所厌恶、唾弃和鄙视，因此人们宁愿选择死亡也要逃避人之所恶，这反映出人们对履行社会责任所具有的内在崇敬感。当生命存在与道德责任出现矛盾且难以协调时，儒家倾向于以牺牲自然意义上的生命来完成生命的社会责任，比如"杀身以成仁""舍生取义"等，正如王夫之所言："生以载义，生可贵；义以立生，生可舍。"① 可见，对道德责任的关注与追逐是儒家生命意义与价值的中心内容，也是衡量生命价值大小的重要标准。换言之，生命个体的社会责任实现程度，即是个体生命社会价值的实现程度。

受其生命观的影响，儒家生命观教育形成了丰富的内容，并具有浓厚的责任伦理道德色彩。在生命观教育目标上，追求圣人、君子、大丈夫等具有高度责任感的理想人格的培养；在生命观教育内容上，强调珍爱生命，并把"仁"作为生命观教育的核心，即注重社会责任培养的教育内容建构。

### （二）道家生命观教育中的责任伦理思想

在对生命问题的认识上，儒家和道家在很多方面都呈现出截然相反的态度。"自然"是老庄思维活动的轴心，是老庄认知体系中的参照系，任何事物只要一进入他们的思维视野，就会被置于同自然的关系中去观照和评判。② 因此，道家生命观中所蕴含的生命责任伦理的主题必然也是围绕生命与自然进行展开的。

第一，在如何对生命负责问题上，强调顺应自然、坦然对待生命。道家认为"道"是一切生命的本源，强调"道法自然"，其主

① 王夫之. 船山全书：第2册[M]. 长沙：岳麓书社，1988：363.
② 李霞. 道家生命观的主题嬗变[J]. 社会科学战线，2004（6）：28.

张主要体现为"自然无为"的生命法则以及"柔弱不争"的生存法则。在道家看来，生命的本性是自然，生死是自然界的普遍现象。所谓"道生万物"，即"道"是派生一切的母体，自然包括人的生命。死则如同生一样，都是"道"所赋予的客观自然现象，即"死生，命也。其有夜旦之常，天也。人之有所不得与，皆物之情也"①。"道"本身是处于变动之中的永恒存在，是超越生死的"谷神不死"②，其衍生的万物包括人的生命在内则是有生有死，"天地尚不能久，而况于人乎"③？生死问题有其内在的客观必然性，这是人所不能干预和改变的，就像昼夜转换现象，其自有内在的自然规律。既然生死是自然所赋予的自然现象，那么人就应当以顺应的生命态度自然面对，顺而从之，这就是对生命最大的负责。老子认为，看似柔弱的生命，其实内含着生命的发展潜能。而看起来富有活力与旺盛的生命，却已经在日益强大中逐渐消耗了生命的能量。因此，这样的生命表面上看起来强大，其实则预示着衰败和死亡。对生命负责，就必须要遵循这种生命内在的发展规律。也就是要顺应自然而生，尊重生命的本真状态，以守住柔弱而养生，避免违背自然规律而过度养生。

生与死都是自然赋予生命的现象。生命本身，体现为一种"至乐"，回归生命的本然状态，是"至乐"的一种。既然生是一种乐事，那么死也应是一种乐事，庄子在《至乐》中对死亡的意义进行了阐述，认为死亡使人摆脱现实中的各种束缚与约束，能够实现生命的超脱。可见，庄子的死亡观是通向"至乐"的，这样就赋予了死亡特殊的意义与价值。而且死亡的生命意义具有普遍化特征，这

---

① 庄子[M]．孙通海，译注．北京：中华书局，2007：121.

② 张松辉．庄子译注与解析[M]．北京：中华书局，2011：341.

③ 董京泉．老子道德经新编[M]．北京：中国社会科学出版社，2008：273.

是与儒家的死亡观明显不同的地方。在道家生命思想中，无论是生还是死都有其自然所赋予的价值和意义。对生负责，就是顺应自然而生，那么，对死负责，也是顺应自然而为，这种顺其自然、尊重生命的态度是对生命负责的最大体现。

第二，在生命负责的态度上，重生贵身。儒家将人的生命责任放在社会关系中予以考量和研究，这是与道家截然不同的地方。道家认为，对于生命责任的探讨，应当置于人与自然的关系中。老子曰："道大，天大，地大，人亦大。域中有四大，而人居其一焉。"① 在这里，老子把人与"道"、天地相提并论，由此可见他对人的生命的重视。在道家看来，功名与利禄等外在东西都是次要的，只有生命才是最为珍贵和重要的，对生命负责就是对生命本身负责。老子认为，"名与身孰亲？身与货孰多？得与亡孰病？甚爱必大费，多藏必厚亡。故知足不辱，知止不殆，可以长久"②。在这里，身重于物的生命责任态度明显可见，在身体与名利等身外之物的比较中，老子更注重对身体的养护，倾向于对"身"的责任。贵生是在顺应自然规律的基础上爱惜生命，而不是背离自然界的客观规律以追求生命的永恒。庄子对这一生命责任观进行了继承、丰富与发展，并对当时社会出现的"重物轻身""重利轻身"等进行了批判，认为这是丧失人性的表现，体现了对生命的极为不负责任。"小人则以身殉利，士则以身殉名，大夫则以身殉家，圣人则以身殉天下。故此数子者，事业不同，名声异号，其于伤性以身为殉，一也。"③ 显然，庄子否定了外在价值高于生命价值本身的实践做法，认为这样违背了对生命真正意义上负责的要求，从而体现了他对生命本身的负责

---

① 董京泉.老子道德经新编[M].北京：中国社会科学出版社，2008：58.
② 董京泉.老子道德经新编[M].北京：中国社会科学出版社，2008：332.
③ 张松辉.庄子译注与解析[M].北京：中华书局，2011：167.

态度。继老庄之后，这一生命责任观得到了后来的大多道家学派的继承与发展，如"拔一毛利天下而不为"① "道之真，以持真"② "所谓自得者，全其身者也。全其身，则与道为一矣"③ 等。

道家对生命的重视与负责还体现在其生命观教育的开展上，在长期的发展过程中，形成了独具特色的生命观教育理念、教育方式。首先，提出珍惜和养护生命的教育责任理念。道家有关生命教育的理念大多体现在对生命自然形体的养护上，这是对生命最为基本的责任。其目的在于告诫人们珍惜生命、善待生命。同时，庄子倡导"无用之用"的生命保全法，来最大限度地实现生命保全，达到对生命的有效负责。关于养生，庄子倡导养形、养气、养身等方法以实现对生命的负责。节制欲望是养形的重要手段，"一曰五色乱目，使目不明；二曰五声乱耳，使耳不聪；三曰五臭熏鼻，困惾中颡；四曰五味浊口，使口厉爽；五曰趣舍滑心，使性飞扬。此五者，皆生之害也"④。不加节制的欲望，对生命本身造成严重伤害。因而，在满足基本需求的基础上，要对一切不合理的欲望进行节制。"圣人深虑天下，莫贵于生。夫耳目鼻口，生之役也。耳虽欲声，目虽欲色，鼻虽欲芬香，口虽欲滋味，害于生则止。在四官者不欲，利于生者则弗为。由此观之，耳目鼻口，不得擅行，必有所制。譬之若官职，不得擅为，必有所制。"⑤ 由此可见，是否有利于"生"自然成为欲望是否节制的重要参考。道家注重养气，依靠养气来实现对生命的负责，主张依据阴阳的变化，引导阴阳之气进行自然调和。除此之外，道家还注重通过养身来对保全生命、养护生命尽责，认为应通

---

① 王力波. 列子译注[M]. 哈尔滨：黑龙江人民出版社，2003：181.

② 吕氏春秋[M]. 陆玖，译注. 北京：中华书局，2011：41—42.

③ 淮南子[M]. 陈广忠，译注. 北京：中华书局，2012：43.

④ 张松辉. 庄子译注与解析[M]. 北京：中华书局，2011：247.

⑤ 吕氏春秋[M]. 陆玖，译注. 北京：中华书局，2011：38.

过"打坐"等方式方法来进行养神，以达到精神宁静、和谐的状态。所谓养神，即养护生命的精气之神，在养身中处于关键地位。值得一提的是，道家虽然注重养身，但并不主张在违背自然规律的情况下过度养生，"夫人之所以不能终其寿命而中道夭于刑戮者何也？以其生生之厚。夫惟能无以生为者，则所以修得生也"①。人在生命发展中之所以出现夭折，就在于过度追求养生而一味摄取优厚条件，在物欲追逐的过程中引发生命之祸，对生命造成重大损失。在道家看来，这种物欲驱使下的生命实践，是对生命本身的极为不负责任。

其次，道家主张"法自然""顺其自然"的生命责任教育方式。道家主张在生命教育中应回归生命的"本真"状态，因而适当的教育和规范约束是必要的。这种生命的本真教育，目的在于追求身心和谐、自由、自然的状态，培养圣人、神人、真人、至人的理想责任人格。道家强调生命自然意义上的价值，认为对生命负责任即是遵循顺应自然的法则，即"道法自然"，不能任意违背自然界的规律，更不能刻意地强求生命长生，而应保持谦虚谨慎的态度，通过培养生命的韧性来保全自身，实现对生命的责任。在生命教育上，顺应生命的本性，"即以顺任自然的态度去处理事务"②，按照生命的自然本性去教育。庄子认为，"道"的特征就是自然无为，由"道"而派生的世间万物（包括人的生命）也都按照无为的方式进行运作。"天地有大美而不言，四时有明法而不议，万物有成理而不说。圣人者，原天地之美而达万物之理。是故至人无为，大圣不作，观于天地之谓也。"③ 同时，道家认为柔弱中蕴含着生命的发展潜力，应降低生命姿态，避免锋芒毕露，以实现对生命的负责。

---

① 淮南子[M]. 陈广忠，译注. 北京：中华书局，2012：343.
② 陈鼓应. 老子注释及评价[M]. 中华书局，1984：73.
③ 张松辉. 庄子译注与解析[M]. 北京：中华书局，2011：428.

### （三）释家生命观教育中的责任伦理思想

释家经过不断发展，对中国经济社会产生了深远影响。释家思想中包含着许多有关生命的认识和理解，形成了独特的生命观，其中蕴含着丰富的责任伦理思想。

首先，生命责任生成的基础在于生命自由。自由与责任作为一对关系范畴，在释家生命观中得到很好的诠释，并通过对生命起源的探讨得以体现出来。在生命起源问题上，释家与大多数宗教表现出明显的不同，不仅否定了生命的神创说，而且反对神对人类的掌控，并提出了生命起源的"五蕴"说和缘起说。释家认为一切生命现象都需要依赖于外部条件而获得生存和发展，是五蕴（色、受、想、行、识）伴随一定的因缘发生与消失。"现在的存在是过去已灭的某种条件（因）的果，又是未来某种存在的因，一切现象都处于生灭相续、因果连环的生死变化过程中。"[1] 生命和死亡都是相对的，是虚无的，即"世人性空"[2]。因此，释家提出生命在本质上是"空"的。"若见一切人，恶之与善，尽皆不取不舍，亦不染着，犹如虚空。"[3] "空"并非意味着绝对的虚无，而是无所分别，无所取舍。空不能约束生命，生命本身的存在是自由的。这种自由的存在，决定了生命必然要肩负一定的责任。生命本身所附带的责任又反过来限定着生命的自由，因而生命自由是一种有限的自由。而现实中人之所以不自由，是由"无明"之念所种下的束缚因缘，若要重返自由的生命本性，必须要重新创造因缘以解除束缚。[4] 自由在通过生

---

① 陈兵. 生与死——佛教轮回说[M]. 呼和浩特：内蒙古人民出版社，1998：24.
② 慧广法师. 生命的真相[M]. 广州：花城出版社，1995：15.
③ 六祖坛经[M]. 徐文明，注译. 郑州：中州古籍出版社，2008：16.
④ 慧广法师. 生命的真相[M]. 广州：花城出版社，1995：62.

命创造获得复归的过程中，也就完成了生命责任的践履。

其次，对生命负责的态度在于自然对待生命、接纳生命。释家通过"五蕴说"解释了生命的兴起和衰亡，认为生与死是在六道中"轮回"的自然过程，是生命的基本存在形态，二者并不存在严格的分界，即所谓的"方生方死"，即生与死在生命完结的时刻实现新的交汇。生死作为生命的本然状态，应平常待之，生时不必喜与贺，死时也不必悲与痛。因此，生与死作为生命的两端，对生命负责的态度就是要正确看待生与死。释家认为，生命在本质上表现为缘起性空，人性即表现为"空"，生与死都是虚无的、空的，无存无住。因此，释家基于此提出了"珍生重死"的基本观点，这体现出对生负责的同时也要对死负责。因此，既要珍惜生命，又不回避死亡，对生命过程确立认真负责的态度。

最后，生命的责任实现的关键在于不断超越生命。释家认为，生命的责任体现在生命的不断超越上，而要实现生命的超越首先就要爱惜生命。"凡含灵之性，莫不乐生，求生之路，参差不一。一尔流迁，涂径各异；一念之间，众缘互起；一因一果，内有差忒。好生之性，万品斯同，自然所禀，非由缘立。"① 一切有灵之物都有对生命的追求，这是共同的地方，不同之处在于其追求的具体方式方法不同而已。热爱生命，是生命的自然特性，因此释家将"不杀生"作为正业纳入"八正道"中，"不杀生"蕴含了对生命慈悲的态度，意指对一切生命都不应也不能杀害，体现出生命内在的平等性。"应当说，这是对自然界生物和无生物尊严的确认，是对自然界的敬重、悲切和摄护。"② 释家虽然把生命的底色定性为苦，指引人们走向出

---

① 张怀承. 无我与涅槃[M]. 长沙：湖南大学出版社，1999：146.
② 方立天. 中国佛教哲学要义[M]. 北京：中国人民大学出版社，2002：1215.

世之路，但并非不重视生命，对人生充满厌恶；反而告诫人们对生命要更加珍惜，认为"人身难得，万劫不复"。重视生命，就要注重对生命的养护，"故有志于养生者，生不可轻。如果重生，先养其主。主者谁？主乎生者也。"① 在这里，养生重在养"主"，即对心的养护，并非对物的过度欲求。

虽然珍视生命，但在释家看来，生命最大的责任不在于维护生命形体，而是要专注于修心养性、参禅悟道，进而不断超越生命。构成生命的色、受、想、行、识五蕴都是空的，因而生命本身也是空的。同样，由五蕴组成的外部世界也非真实存在，因此人的生命责任的承担与实现在现实世界中都是空的。但要超越现实，归还生命的本真状态，践履真正意义上的生命责任，必须要在涅槃境界中才得以实现。在对生命责任问题的探讨上，与儒家将其放在生命与社会的关系考量之中、道家将其放在生命与自然关系考量之中不同，释家将其放在今世与来世关系考量之中，认为生命的责任在于通过参禅悟道悟到佛性，以实现生命的不断超越。佛学主张在生命自在的追求中实现对自我生命的责任，达至涅槃的境界。涅槃一词是梵文的音译，意译为圆寂、寂灭，指消除了无明烦恼、断绝了因果轮回后所进入的超越生死、脱离苦难、永恒极乐的精神境界。② 涅槃从四方面界定了层级，声闻、缘觉、菩萨和佛，也就是"四圣"。表面上看，涅槃摆脱了生命的责任，实质上人的生命正是在追求自在的过程中，实现对生命本身的负责。

在具体的生命责任教育实践中，以"无我去累"构成主要内容，即体现为四圣谛和八正道。四圣谛即"苦、集、灭、道"四谛。③

① 张怀承. 无我与涅槃[M]. 长沙：湖南大学出版社，1999：146.
② 董振娟. 中国传统生命教育思想研究[D]. 济南：山东师范大学，2014.
③ 黄复彩. 佛教的故事[M]. 北京：中国书籍出版社，2004：39.

八正道是脱离苦海，实现涅槃的重要修行方法。通过"无我去累"的教化，生命逐渐获得解脱，并完成自我的使命。为促进个体对自我生命责任的完成，释家倡导顿悟和修行的教育方法。顿悟是一种自我教育方法，《坛经·般若品》中对"顿悟"进行了阐释："若起正真般若观照，一刹那间，妄念俱灭。若识自性，一悟即至佛地"，"顿见真如本性"。① 人只要潜心悟道，就能悟出生命的大智慧。"不悟，即佛是众生；一念悟时，众生是佛。"② 通过修行，人逐渐参悟到生命的真谛，从而以正确的态度生活，实现对生命真正意义上的负责。

## 二、西方生命观教育中的责任伦理思想演变

在西方哲学思想中，有着大量的有关生命的思考，形成了西方独特的生命观，通过对不同历史时期、不同流派生命观点的梳理，可以发现其中蕴含的丰富的生命教育责任伦理思想。

### （一）古希腊哲学中的生命观教育责任伦理思想

对生命责任问题的思考和探索一直贯穿于整个古希腊哲学之中。在这一时期，人们通过对自我的认识来把人类生命与自然生命区分开来，开始意识到作为"类存在"的生命体与作为自然存在的生命体的显著区别就在于人类作为自然界的最高理性存在物，有对生命负责的能力。普罗泰戈拉（Protagoras）最先对这一问题进行了确证，他指出人才是世间万物的根本尺度，一切实践都应对人的生命负责。生与死作为生命的自然现象，承担生命的责任，就不仅意味

---

① 六祖坛经[M]. 徐文明，注译. 郑州：中州古籍出版社，2008：18.
② 六祖坛经[M]. 徐文明，注译. 郑州：中州古籍出版社，2008：18.

着要对生负责，也意味着坦然面对死亡。泰勒斯（Thales）认为，"世间万物都有生命，万物都充满神灵，生死也在万物流转中转换"①。德谟克利特（Demokritos）则鼓励人们正视死亡，坦然面对与对待生命的自然发展，"真正的聪明之士，应该按照哲学所提供的好处来安排生活"②。

在生命责任的基本问题认识上，苏格拉底（Socrates）明确表明了自己的立场，他认为对生命最基本的责任就在于维系生命的存在。为此，他公然反对自杀，认为自杀是违背生命意志的表现。在生命责任的深层认识上，哲学家们纷纷强调实现生命的价值和意义，就是对生命最大的负责。苏格拉底认为，每一个生命个体都要严格审视生活，以对自己的生命和人生负责，正所谓"没有经过这种审察的生活是没有价值的"③。只有在对生命进行反思的基础上，才能实现对生命的责任，也才能获得美好的生活，"生活得最好的人是那些努力研究如何能生活得最好的人；最幸福的人是那些意识到自己是在越过越好的人。"④ 在古希腊哲学家看来，追求幸福是生命责任践履的旨归所在。亚里士多德（Aristotle）认为，人作为有理性的存在物，因而能够对生命进行理性把握，追求幸福就是对生命负责的体现，也是生命的目的所在。"生命本身是美好的，宝贵的；活着，好好地活着并感受之，这本身就是我们的存在，就是人的最高幸福。"⑤ 这就为人的生命安身和价值存在提供了合理性的论证。

总之，从古希腊哲学可以看出，其对于生命责任的强调与重视。通过对人的生命的不断认识，在实践中满足自然意义上的生命与社

---

① 冯沪祥. 中西生死哲学［M］. 北京：北京大学出版社，2002：105.
② 冯沪祥. 中西生死哲学［M］. 北京：北京大学出版社，2002：105.
③ 柏拉图. 苏格拉底的申辩［M］. 吴飞，译. 北京：华夏出版社，2007：191.
④ 色诺芬. 回忆苏格拉底［M］. 吴永泉，译. 北京：商务印书馆，1984：186.
⑤ 亚里士多德. 尼各马可伦理学［M］. 包利民，译. 上海：东方出版社，1996：231.

会意义上的生命需求，以达至生命的崇高境界，实现对生命的真正负责。因此，古希腊哲学特别重视人的生命责任教育，并将其视为引导、促进人的生命发展与完善的重要途径。同时，强调对人的生命尊严与价值的尊重，旨在推动每一个生命个体积极践履生命的责任，实现生命的和谐发展。同时，这一时期的教育注重人的精神世界发展，认为教师应当帮助学生发现真理，引导其对生命价值的积极追求，努力践行生命的责任。

## （二）中世纪及近代西方哲学中的生命观教育责任伦理思想

古希腊哲学虽然对人的理念进行了确立，但有关人的生命认识还比较肤浅，对如何对生命负责、负什么样的责任等都还较为模糊。到了中世纪，经院哲学由对生命的自然关注逐渐转移到精神关注上来，并把"原罪说"引入到这种认识之中，从而确立了对生命的认识。"原罪说"认为人的生命是负有"原罪"的，为获得救赎，必须克服一切私欲，通过忍受一切艰难困苦来净化内心，并树立对上帝的虔诚信仰，才能使生命得到救赎。在这种理念的支配下，生命的责任就在于在实践中不断创造生命的价值，完成生命的使命。文艺复兴时期，人文主义破除了束缚人的生命发展的宗教统治与神学压制，使人的自由得以复归。其在宣扬人的主体性的同时，也对生命的责任问题进行了着重强调。同时，人文主义教育强调教育的责任即是顺从人的天性，实施自然的生命化教育，正如蒙田（Michel Eyquem de Montaigne）所认为，"决不要揽起你的孩子天性的责任，让他们凭运气按自然和人类的规律发展吧"①。

17—18世纪，随着理性精神的确立，人类开始进入理性时代。

---

① 冯建军．生命与教育［M］．北京：教育科学出版社，2004：85．

在有关生命的认识上，认为人的生命的独特之处就在于人具有理性，这种理性决定了人具有责任行为能力，并能够对生命行为负责。法国思想家帕斯卡尔（Blaise Pascal）认为，人是能够思想的理性动物。他在《思想录》中写道："人不过是一根苇草，是自然界最脆弱的东西；但他是一根能思想的苇草。"① 正是在思想的支配下，人才能够对生命进行反思，对生命的意义进行追问，通过生命行为实践对生命进行负责。到了 19 世纪，这种理性精神得到进一步发展，对生命的理性认识也更加深入，许多哲学家对于生命的责任都提出了相应的看法。如德国哲学家康德认为，生死本身在逻辑上不具有确定性，但在道德上却具有确定性。因此，他强调生命主体要对生命负责，反对自杀，认为人的存在不是手段，其本身就是目的，所以才有了存在的价值和意义。也正因为此，生命应该被赋予责任，人生应该确定理想追求，唯有如此，精神才会有寄托，生活也才有目标。

在生命教育理念方面，不同哲学家对此形成不同的认识，并主要形成了感性派与理性派的不同观点。感性派把对生命的责任聚焦于生命技能的培养，注重教育中的感性教育。理性派则以提升教育对象的理性认知作为对生命负责的体现，因而强调理性思维的重要性。康德对人的本质问题进行了重新回答，对何为生命负责进行了重新诠释。他指出，人是目的而非手段，"每个人都不能被他人当作纯粹的工具使用，而必须同时当作目的看待"② 。只有在教育中做到以人为中心，才能确保教育对生命是负责的。自然主义教育所蕴含的基本理念也体现出对生命负责的思想，卢梭（Jean-Jacques Rous-

---

① 帕斯卡尔 . 思想录［M］. 何兆武，译 . 北京：商务印书馆，1985：175.

② KANT I. The meta physics of moral［M］. Cambridge：Cambridge University Press，1996：209.

seau）是这一教育思想的重要代表人物。卢梭从自然主义思想出发，强调要对生命负责，就应将生命自然对待。他反对社会化的教育方式，认为这种教育方式导致了人的自然天性的泯灭，是对生命极大地不负责任。因此，卢梭主张人的自然天性的释放，强调要注重对教育对象的潜力进行开发。为此，在教育中他提出了培养"自然人"的目标。在卢梭看来，教育的核心就是要引导儿童，并推动其善良的天性得到激发和发展。这就意味着教育必须要对儿童的生命负责，也就是要引导儿童学会珍爱生命、体悟生命和促进生命发展。因此，他指出，"人们只想保全孩子的生命，这是不够的，他须接受教育怎样在他成长后保护自己的生命，经得起命运的打击……应着重在教他生活而不是重在教他避死"①。

## （三）现代西方哲学中的生命观教育责任伦理思想

在现代西方哲学中，各学派纷纷涌现，有关生命认识的研究更是众说纷纭，其中较具代表性的学派及观点主要为存在主义的生命观。存在主义哲学的生命观强调了对生命的关注，注重在现实中对生命负责。萨特（Jean Paul Sartre）认为，生命的意义就在于自由的选择，"人是自己造就的；他不是做现成的；他通过自己的道德选择造就自己，而且他不能不做出一种道德选择，这就是环境对他的压力"②。正是在生命实践的自由选择中，衍生出了对生命的责任。因为，行为主体的生命实践与行为结果作为一种因果关系，隐含了某种责任在内。那么，责任由谁来承担？显然，其必然是具有生命行为能力和责任能力的生命主体。因为，人作为自由的人，在自由选

---

① 张焕庭．西方资产阶级教育论著选[M]．北京：人民出版社，1993：99.
② 萨特．萨特哲学论文集[M]．潘培庆，译．合肥：安徽文艺出版社，1998：130.

择中必须要对行为负责。可见，萨特的生命责任观衍生于生命的自由。反过来，正是有了生命的责任，自由才是一种有限的自由，进而可以避免生命个体为所欲为，因而人在行使自由权时，必然要有所考虑，"不论我做什么，我都不能在哪怕是短暂的一刻脱离这种责任"①。

海德格尔（Martin Heidegger）则从"本真存在"的角度，论证了生命责任的生成。而所谓"本真存在"是指那些明确知道自己的生存是"向死而生"的生存。② 在海德格尔看来，"存在先于本质"，即死亡是一种存在，人是一种走向死亡的存在。人在迈向死亡的过程中，就是生命获得存在与发展的过程。既然人活着，就必须要承担存在的责任，完成这一责任也就意味着生命的结束，而承担责任就意味着要在有限的生命中活出生命的价值和意义。总之，在存在主义看来，唯有人的生命存在才是真实的，种种生命存在尤其体现在生命的价值和意义的实现上，这一过程正是生命责任践履的过程。

教育的任务就是引导每一个生命个体关注自己的本真生命，正确面对死亡，自觉承担生命的责任，在有限的生命实践中不断履行生命的责任，以丰盈生命、发展生命、实现生命的价值。雅斯贝尔斯（Karl Jaspers）认为教育要立足人的生命的整体性发展，培养具有独立人格、彰显自由本性和具有责任感的真正的"完人"。"所谓教育，不过是人对人的主体间灵肉交流的活动，包括知识内容的传授、生命内涵的领悟、意志行为的规范，并通过文化传递功能，将文化遗产教给年轻一代，使他们自由地生成，并启迪其自由天性。"③ 同

---

① 萨特.存在与虚无[M].陈宣良，译.上海：上海译文出版社，1987：708.
② 刘济良.生命教育论[M].北京：中国社会科学出版社，2004：32.
③ 雅斯贝尔斯.什么是教育[M].邹进，译.北京：生活·读书·新知三联书店，1991：3.

时，他主张在教育中唤醒教育对象的生命责任自觉意识，促进其在现实境遇中自主地进行生命的选择和对生命负责，使生命不断得到充盈。

纵观西方现代生命观教育中蕴含的责任伦理思想可以发现，对于生命责任的关注与重视已经达到了一定高度。就关注的内容范围方面而言，由一般意义上的生存关注逐渐扩展到对人的责任存在的关注，其中内含了生命价值、生命尊严以及生命权力等一系列的深入探讨；就关注的群体范围而言，则从对正常人的生命责任的关注扩展到对不同个体、不同群体的关注；就关注的状态而言，从对人的生命责任的关注辐射到对一切生命负责。从尼采（Friedrich Nietzsche）的"强力意志""主人道德"到柏格森（Henri Bergson）的生命哲学，再到马斯洛（Abraham H. Maslow）、罗杰斯（Carl Ransom Rogers）的人本主义教育，都深刻体现了这一点。

### 三、马克思恩格斯生命观教育中的责任伦理思想探究

系统梳理马克思（Karl Heinrich Marx）、恩格斯（Friedrich Von Engels）的生命哲学思想会发现，其中有很多有关生命教育与责任的思考，这为我们基于责任伦理的视角研究大学生生命观教育奠定了理论基础。在有关生命的责任伦理方面，其着重探讨了生命责任存在的客观性、生命自由与生命责任、生命责任的内容以及生命责任的实现形式。

### （一）生命责任的生成基础

在马克思恩格斯伦理思想中，生命责任是与人的自由关联在一起的。人在追求自由、彰显主体性的同时，必然要承担相应的责任。因而，责任是生命个体主体性的内在体现。自由是生命的本真状态，

其主要表现为两种存在形式：社会自由与意志自由。就前者而言，是指作为人的生命存在场域的社会为人的生命的发展所提供的外部条件。社会生产力水平越高，社会制度越合理，人的自由活动空间就越大；后者是指人的内在的自由选择，其反映出人的主动性和能动性，人可以根据自由意志，在不同的选择中进行自由选择，以使行为本身体现人的意愿性，行为实践活动体现为人的对象化活动。

人正是在这种自由的选择中，承担起相应的生命责任，正如恩格斯所指出，"如果不谈所谓自由意志、人的责任能力、必然和自由的关系等问题，就不能很好地议论道德和法的问题"[①]。因此，自由是责任生成的基础，生命主体正是在自由意志的支配下进行自由选择时，才承担起相应的生命责任。换言之，主体在自由选择中必然要承担相应的责任，主体只有在自由的时候才能有能力负责，因而生命责任反映出生命主体是自由的。而自由作为一种"限定"自由，其本身是有限度的，因而责任也是有限的。客观上而言，主体生命责任是在外部环境提供的可选择性中进行选择；主观上而言，生命责任是在主体主观能力范围之内进行选择，主体的主观能力大小决定了责任承担的大小。

## （二）生命责任的特征

责任来源于现实，现实的物质关系和利益关系是生命责任生成的基础。这决定了生命责任不是随主观意识而随意变动的，而是有其产生的客观性与必然性。因此，客观存在性是生命责任的基本特征。人活着就要承担相应的责任，而这种责任也是客观的，是伴随人的生命存在而存在的，"作为确定的人，现实的人，你就有规定，

①　马克思恩格斯选集：第3卷[M]. 北京：人民出版社，2012：490.

就有使命，就有任务，至于你是否意识到这一点，那都是无所谓的。这个任务是由于你的需要及其与现存世界的联系而产生的"①。在这里，马克思揭示了生命责任产生的前提——生命需要。生命需要是利益关系的反映，是生命责任生成的内在基础，生命需要是生命存在与发展的基础与动力。马克思指出，"在现实世界中，个人有许多需要"②。就需要的层次性方面而言，既包括基础层面的生存需要，还包括生活方面的享受需要和发展方面的发展需要。就需要的内容而言，既涵盖基本的自然需要，也包含人区别于动物的社会需要和精神需要。

作为现实的人的生命需要是研究生命责任的基点，一方面，人需要满足一定的需要才能生存下去，这既包括基本的物质需要，也包括更高层次的社会需要、精神需要等。人满足需要的过程实质上就是享受生命权利的过程，因而必然要承担与之相对应的生命责任。另一方面，生命的发展正是在生命需要的推动下得以实现的，随着需要的不断产生，生命获得无限发展的可能性，并通过生命实践为这种可能性创造条件。人们正是在需要的推动下进行着各种生命活动，而只要进行生命实践，就必然要承担相应的生命责任，"任何人如果不同时为了自己的某种需要和为了这种需要的器官而做事，他就什么也不能做"③。生命的实践过程体现为生命需要的推动过程和生命需要的不断满足过程，也因而体现为生命责任的践履过程。可见，生命需要、生命实践、生命发展、生命责任之间有着内在的统一性。

---

① 马克思恩格斯全集：第3卷[M]. 北京：人民出版社，2002：329.
② 马克思恩格斯全集：第3卷[M]. 北京：人民出版社，2002：326.
③ 马克思恩格斯全集：第3卷[M]. 北京：人民出版社，2002：286.

## （三）生命责任的内容

生命责任源于生命存在，有何种存在便形成相应的生命责任。生命存在是一种整体性存在，因此，生命责任的判定也应从这三个维度予以理解，即生命责任内含了对自然生命负责、社会生命负责和精神生命负责。

首先，对自然生命负责是生命责任的基础内容。人的生命首先表现为一种自然生命，自然生命存在是生命最基本的存在形式，是一切生命存在形式的基础和原点，"全部人类历史的第一个前提无疑是有生命的个人的存在。因此，第一个需要确认的事实就是这些个人的肉体组织以及由此产生的个人对其他自然的关系"①。对自然生命负责，意味着对生命的保存与养护。

其次，对社会性生命负责是生命责任的重要体现，并通过劳动得以实现。劳动是把人与动物的自然存在相区别的重要标志，现实的人生活在一定社会中，通过劳动实践结成各种社会关系，"无论是通过劳动而生产自己的生命，还是通过生育而生产他人的生命，就立即表现为双重关系：一方面是自然关系，另一方面是社会关系"②。通过劳动，人在改造自然的过程中确证对自然性生命的责任，同时又通过各种社会关系的形成来彰显社会性生命的责任。

最后，对精神性生命负责是生命责任的升华。人的生命还表现为一种精神生命存在，通过劳动，人既从自然界获得了生命生存需要的基本物质资料，又通过意识的对象化形成了各种价值关系、审美关系等等。"动物和自己的生命活动是直接同一的。……人则使自

---

① 马克思恩格斯选集：第 1 卷[M]. 北京：人民出版社，2012：146.
② 马克思恩格斯选集：第 1 卷[M]. 北京：人民出版社，2012：160.

己的生命活动本身变成自己意志的和自己意识的对象。……仅仅由于这一点,他的活动才是自由的活动。"① 人在自由的生命实践中,必然要为这种自由负责,承担相应的生命责任。

## (四) 生命责任的实现形式

生命责任包括两方面,即对他人的生命责任和对自我的生命责任。这两种责任不是相互分离的,而是体现了责任的一体两面性。马克思认为,生命的自我责任最终还是依托于为他人负责得以体现。因为,人在本质上是一种关系性存在,这种关系性存在反映了责任的生成逻辑,而"人对自身的任何关系,只有通过人对他人的关系才得到实现和表现"②。责任的为他性,反映了生命的价值性。生命责任的实现往往通过生命价值得以体现出来,生命价值是生命责任的实现形式。而生命价值包含了自我价值和社会价值两个方面,人正是在实现双重价值过程中完成生命责任和使命的。而从人的本质而言,人的社会性是其最根本的体现,这就决定了生命责任主要是通过社会价值的实现完成的。

马克思十分强调并重视通过生命实践体现自身价值和对人类社会的贡献,从而彰显生命的责任意义。早在青年时代,他就提出:青年人"在选择职业时,我们应该遵循的主要指针是人类的幸福和我们自身的完美"③。自我生命价值与社会价值作为价值的两方面,二者统一于生命实践之中。一个人只有在实践中,才能通过劳动进行价值创造。并且,人的劳动贡献越大,价值越大,生命责任就越能得到充分体现。"历史把那些为共同目标工作因而自己变得高尚的

---

① 马克思恩格斯选集:第1卷[M]. 北京:人民出版社,2012:56.
② 马克思恩格斯选集:第1卷[M]. 北京:人民出版社,2012:58.
③ 马克思恩格斯全集:第1卷[M]. 北京:人民出版社,1995:459.

人称为最伟大的人物；经验赞美那些为大多数人带来幸福的人是最幸福的人。"① 在这里，马克思特别强调了生命价值的社会性标准和生命责任的为他性。

对于生命教育责任，马克思恩格斯基于辩证唯物主义与历史唯物主义的视角进行了相关探讨。首先，培养有责任的人是生命教育的目的。教育作为一种体现生命实践性的活动，最终目的在于服务人的发展、推动人的自由实现。而自由作为责任生成的基础，培养自由的人即意味着培养具有责任品格的人。教育所培养的人的生命观，应当是能够体现自由意识、彰显责任品质、适应社会发展要求和需要的。这种责任品格既体现出生命个体对自我负责，也体现出服务社会发展、解放全人类的崇高责任感。

其次，对生命负责是生命教育的重要使命。教育作为服务于人的教育，必须始终围绕着人的生命进行开展，生命教育的推进过程即是对生命负责的过程。这一责任体现为生命教育既要立足于生命的整体性存在，又要关注生命的全面发展。而为实现这一目标，就必然要革除阻碍生命发展的各种障碍。因此，生命发展是实现真正意义上的生命解放，即把生命从各种内外部束缚条件下释放出来，使生命的存在与发展回归原初的本质状态。因此，马克思指出，"任何解放都是使人的世界和人的关系回归于人自身"②。生命教育就是要不断提升人的生命实践能力，以通过实践不断破除各种阻碍因素，推动生命在获得全面发展中实现对生命的责任。可见，生命教育在促进生命存在与发展中实现了对生命的责任，对生命负责是生命教育责任的重要体现。

————————————

① 马克思恩格斯全集：第 1 卷[M]. 北京：人民出版社，1995：459.

② 马克思恩格斯全集：第 3 卷[M]. 北京：人民出版社，2002：189.

最后，在唤醒人的责任意识中促进人的生命实践能力提升是生命教育的重点。教育作为一种社会化的活动，也是人的实践活动。通过实践活动，人把内在的本质力量展示出来，实现生命的对象化。从这个角度而言，教育的重点就是要推动人的实践能力的提升。这种实践能力既包括了改造外部客观世界的能力，也内含了改造个体主观世界的能力。因此，教育需要激发人的自由自觉的本性。人的自由自觉的意识在被唤醒的过程中，必然要形成对自我和他者负责的生命意识，教育正是在这种提升主体内在的生命责任意识的过程中，不断增进主体的实践能力。

## 第四节　责任伦理在大学生生命观教育中的作用

责任伦理以其独特的研究视域和理论价值为研究社会发展问题提供了新的研究视角，开辟了新的研究理路。那么，从教育的角度来看，责任伦理在大学生生命观教育中有什么作用？为什么在大学生生命观教育研究中要尤为注重责任伦理的重要价值及作用呢？这是因为，责任伦理内在的责任意蕴、伦理特点以及鲜明的实践特征等均体现出大学生生命观教育的内在伦理诉求，因而在大学生生命观教育中彰显出重要的应用价值。责任伦理在大学生生命观教育中具有基础性的作用，即责任伦理的价值理念在大学生生命观教育活动中体现出支撑性的重要作用，能够基础性地规范、导向着教育活动的实际运作。大学生生命观教育作为一种教育实践，其包含了教育目标、教育过程、教育内容、教育主体等不同的要素与环节，其所蕴含的责任伦理意蕴，正是通过这几个方面体现出来。因而，探究责任伦理在大学生生命观教育中的作用，必然要从这几个维度予以把握。

### 一、彰显大学生生命观教育目标的伦理意蕴

大学生生命观教育倡导善待生命、发展生命，这就涉及生命道德问题，关系到伦理范畴，因而其教育目标体现出一定的伦理意蕴。教育伦理折射出了教育内部的伦理意义，大学生生命观教育作为一种特殊的教育，其教育目标反映出一定的伦理特性。从伦理层面上看，教育善作为大学生生命观教育的目标追求，体现了教育本身的伦理德性，反映了教育目标的伦理意蕴。"所谓教育善，就是教育要自觉地追求和有效地促进教育对象的全面健康发展的道德价值，也就是说，将教育真正作为促进人的全面发展，置教育于社会主义精神文明、政治文明的大背景下，把教育作为推动社会发展和进步的大背景之中，认识教育的价值。"① 由此可见，教育善基于宏阔的教育视野，不是面向学生的某方面发展，而是面向学生的整体性发展；不是仅仅局限于学生的当下发展，而是立足于学生的未来发展。因此，教育善彰显了大学生生命观教育对于人的真正意义，体现了大学生生命观教育服务于人的全面性、长远性发展的伦理价值，最为生动地体现了大学生生命观教育目标的价值意蕴。正是在这个意义上说，教育善是大学生生命观教育的重要伦理依托，是其实践开展的最终价值落脚点和伦理归宿。

责任伦理蕴含的理念、原则以及鲜明的特征，体现出教育善的内在要求。一方面，责任伦理凸显责任的整体性，强调责任主体对责任客体各方面责任的承担和践履。这就意味着，责任伦理在大学生生命观教育中的引入，有助于推进教育主体对大学生生命全面发展进行负责。另一方面，责任伦理强调责任承担的未来性，注重当

①  赵克平. 社会转型期教育伦理探索[M]. 北京：人民出版社，2010：130.

下行为实践与未来行为结果之间的因果性。因而，基于责任伦理进行大学生生命观教育，推动着教育主体着眼于大学生的长远发展，并通过对行为的有效规范，对行为实践进行合理调控，确保责任的有效落实，助推结果善的实现。可见，责任伦理内在的伦理特性反映出教育善的内在伦理特点，彰显出大学生生命观教育目标的伦理意蕴。

## 二、拓展大学生生命观教育内容的伦理范围

生命个体在其生命实践中，与自然、他人、社会等相互作用，并形成了多种实践关系。人正是在不同的实践关系中，对生命形成了全面认识。因而，生命观内在地体现出立体性，即包含了对多重生命关系的理解在内。对大学生进行生命观教育，就是要引导大学生合理平衡、协调其内在的生命关系，促进生命关系和谐地实现，实现生命的多维度发展。因此，生命观教育内容就不应当局限于传统意义上的自我生命关系、人与社会关系的协调，这样的教育内容是不全面的，也并不能在立足于时代大背景基础上促进人的生命全面性发展。当下，随着人类实践范围的拓展，生命关系无论是在时间上还是在空间上都进行了延伸与拓展。因而，新时期，大学生生命观教育应当立足于新的时代条件，积极丰富与完善教育内容。责任伦理作为适应社会发展的新型伦理，其所蕴含的责任内涵高度契合了这一时代要求。其立足于人类生命的整体性存在，强调人类不仅要对大自然负责，还要对包括全人类在内的整个社会以及遥远的未来负责。可见，责任伦理将伦理责任的视野进行了拓展，其在大学生生命观教育中的应用，凸显了对四种生命关系的综合考量。

一是自我生命关系。生命存在首先是一种为我性存在，生命的存在与发展是立足于自我生命关系之上的。人在生命实践中，必然

要对自我负责，并构建人与自我之间的生命关系。二是人与自然的关系。自然作为人类生存基础的来源，人在进行生命实践中应当肩负起对自然的道义担当，其生命实践的过程即是协调、处理人类生命与自然之间关系的过程。三是人与社会的关系。人生活在特定的社会条件下，其生命关系的形成既离不开社会的支持，同时又是在与社会的交互发展中得以实现的。因而，作为个体的生命应当肩负起相应的社会责任，并在履行社会责任中协调人与社会的关系。四是当下生命与未来生命的关系。人类作为一种整体性存在，生命的存在与发展具有连续性。人正是在不断的生命实践中，实现生命的持续性发展。这就意味着，生命个体不仅应当在实践中对当下社会负责，更要立足于人类生命的整体性，对未来抱有高度的责任意识，正确处理当下生命与未来生命的关系。责任伦理所蕴含的内在伦理特点，体现出宽广的伦理视野。基于责任伦理对大学生进行生命观教育，有助于扩展教育内容的伦理范围。大学生生命观教育内容的建构，应当立足于这四重生命关系，即不仅应当包含对自我生命教育的内容，还应当涵盖人与自然关系教育、人与社会关系教育、代际生命关系教育的内容。

### 三、体现大学生生命观教育过程的伦理诉求

从根本上而言，教育过程是一种责任实践过程，"教育既是一个体现责任意识、灌注责任理念、弘扬高度责任感并以之为前提和基础的人类活动领域，也是一种培养责任主体、生长责任人格的人之成长的过程"①。大学生生命观教育作为教育的一种，亦是如此。一方面，这一过程体现为教育主体责任承担与落实的过程；另一方面，

―――――――――

① 樊浩．教育伦理[M]．南京：南京大学出版社，2000：50．

这一教育过程的目的在于培养具有生命责任意识的责任主体。大学生生命观教育的责任过程本质，体现出责任共担与责任分担的伦理要求。具体而言，就是既要认识到这一实践过程中所涉及的责任的整体性，同时又要认识到作为具体的每一个责任主体在这一过程中应当承担的责任，并通过唤醒主体的内在主体性来促进其自觉地承担责任。只有把责任共担与责任分担统一起来，才能确保教育主体责任的有效落实，也才能推动大学生生命观教育过程的完成。

就责任共担而言，大学生生命观教育是一个涉及多元责任主体参与的实践过程，其中任一责任主体责任认识的偏颇、责任落实的不到位都会影响到大学生生命观教育过程的顺利推进，大学生生命观教育实践实质上就是多元主体整体性责任落实的过程。因而，对于作为系统性的大学生生命观教育而言，其有效开展绝非单纯依靠某一子系统就可以完成，需要各子系统相互配合、协调共进，才能保障教育实践运行的畅通。因此，开展大学生生命观教育必须要联合多方教育和个人的力量，促使各责任主体责任的有效践履。就责任分担而言，则是要把这一过程看成每一责任主体的具体责任落实过程，无论是作为个体的大学生，还是作为组织的学校、家庭、社会都是这一活动的参与主体，其在教育中分别扮演着不同的角色，如个体作为生命观教育的内在力量之源，家庭教育作为基础性力量，高校作为主阵地，社会教育则是生命观教育的有益补充。相应地，各主体在其中承担着不同的教育责任。大学生生命观教育过程的推进，需要不同的责任主体自觉承担起各自所肩负的责任，以彰显其在教育实践中的推动作用。责任伦理蕴含的责任理念，反映出责任共担与责任分担的统一，体现大学生生命观教育过程的伦理诉求。

#### 四、强化大学生生命观教育主体的伦理规范

所谓主体的伦理规范，就是责任伦理所具有的规范和约束责任主体行为的伦理功效。具体而言，是指责任伦理基于一定的道德标准，运用一定的伦理原则和道德规范，使责任主体在责任实践中规范自身的行为，实现责任伦理价值准则由外在的他律向内在的自律进行转化，从而形成责任主体应当具有的道德自觉、道德人格和责任担当。换言之，责任主体在责任伦理的约束下，根据其在社会中所享受的自由与权利，在实践中切实履行其应当承担的相应的义务与责任，以实现权责利的统一。责任伦理规范不仅规定了责任主体应当做什么、应该遵循的伦理规范，同时也规定了其不该做什么，不能做什么的伦理禁区。由是可见，责任伦理明确指出了责任主体应该担当的责任和遵循的道德规范，使责任主体不断实现外在他律的自觉内化转变，从而彰显责任伦理的行为规范价值。

同时，责任伦理中的伦理道德责任对于主体的行为约束和规范，具有鲜明的自律性特征。要使伦理道德责任由客观彼岸过渡到主观此岸，除了依托于外在的约束和规范外，责任伦理更强调了主体的内在自觉和自律。责任伦理要求行为主体对应当承担的责任保持高度的伦理自觉性，这主要源于行为主体对自身作为伦理实践活动主体所应当肩负责任的自觉体认，因而具有无条件性。责任主体根据客观现实和主体的主观意志进行自主选择，并对责任主体的行为可能导致的后果积极承担相应的伦理责任。这表明，行为主体的责任伦理选择是自愿自觉的，是出乎内心法则的，体现了行为主体对责任的认同，因而能够彰显践履责任的伦理自觉性和自主性。责任伦理的自律性规范是责任伦理的本真体现、价值指向所在。

大学生生命观教育的推进涉及多元教育主体，其教育实效的取

得，离不开外在的他律以及教育主体的伦理自觉和责任自觉。作为教育主体的责任主体，不仅意识到生命观教育的价值意义，更意识到自身行为实践所可能导致的后果，并树立强烈的伦理后果意识，以对行为进行有效地规约和调节。也就是说，随着大学生生命观教育这一责任实践过程的推进，责任主体对道德规范的感悟和认同能力不断得到提升，其不仅愈发清醒地认识到依照责任伦理要求行事的重要性与必要性，而且促使这种规范、原则逐渐成为主体的内在需要，进而推动主体责任感的自觉形成。因此，伦理责任对责任主体而言就不再是一种外在于主体的伦理规范和要求，而成为责任主体自觉践履的一种内在自觉意识，责任主体的自律性规范因而也就得以形成。恰如皮亚杰所言："当心灵认为必须要有不受外部压力左右的观念的时候，道德自律便出现了。"① 在责任伦理之于大学生生命观教育主体的行为伦理规范中，个体良心在其中发挥着关键作用。良心是伦理责任生成的基础，也是责任伦理实践的"调节器"。良心反映了责任主体对其所承担责任与义务的认知，具有行为自我调控和调节的作用。在教育行为发生前，良心对行为动机起着规制作用；在行为中，对行为进行监督调控；在行为后，则对行为结果进行伦理评价。总之，责任伦理所彰显的伦理要求，强化了教育主体践履生命观教育中的责任的外在规范性和内在伦理自觉性。这就意味着，责任伦理内含的伦理规范可以对主体进行有效的约束，以使其行为合乎责任规范的道德要求。因此，责任伦理为大学生生命观教育主体提供了有效的伦理规范，唤醒了其内在的责任自觉，从而在实践中对其行为进行调控、规约，使其严格按照责任伦理的内在要求承担、践履大学生生命观教育实践中的伦理责任。

---

① 皮亚杰. 儿童的道德判断[M]. 傅统先，等译. 济南：山东教育出版社，1984：233.

# 第二章　责任伦理缺失与大学生生命观教育问题凸显

大学生生命观教育经过多年的探索与实践，已经成效显著，并通过大学生的生命观得以体现出来。近年来，有关这一问题的研究与日增多，并在实证调研方面取得了大量研究成果，这为我们分析当下大学生的生命观现状提供了一手资料。通过对目前实证调研成果的分析，可以看出当前我国大部分大学生都确立了积极的生命态度、生命价值观、生命理想等，这符合社会主义核心价值观的主流发展方向。2017 年，有学者通过对东西部、中部等 34 所高校 2158 名大学生进行调研，并通过数据分析得出，"当代大多数大学生能够正确把握生命的价值和意义，持有积极的、正确的生命价值观"[①]。2018 年，有学者通过对北京市 6 所高校 633 名大学生进行调查，发现大学生生命观整体上呈现出积极向上的一面，能够感知生命的意义，尊重生命价值，注重生命责任和甘于生命帮扶。[②] 大学生生命观教育虽然已取得了一定的成效，但仍有许多不足之处，如大学生生

---

① 段善君. 大学生生命价值观教育研究[D]. 福州：福建师范大学，2017.

② 张萌，黄莹. 大学生生命观现状及其教育[J]. 黑龙江高教研究，2018（9）：130.

命观教育重视不足、教育合力缺乏、大学生生命自觉意识匮乏、教育运行不畅等。这些问题反映出责任伦理在大学生生命观教育中的缺失，并主要在思维层面、主体层面以及实践层面体现出来，即责任伦理思维缺失、责任主体协同不够、大学生责任意识弱化、责任实践规范不足。

## 第一节　大学生生命观教育重视度低的责任伦理审视

就目前大学生生命观教育实施的主要方式而言，一种是专门化的生命观教育，如专业教师来开展专门性的课程教学，另一种是依托高校思想政治理论课和心理咨询机构来进行开展，即把生命观教育融入思想政治教育或者心理健康教育之中。近年来，虽然越来越多的学者呼吁把生命观教育纳入高校思想政治理论课，但政治教育、思想教育、道德教育、法治教育等仍然是思想政治教育的主要内容，生命观教育所占的比重依旧不高。就专门的生命观教育课程来说，只有少数高校开设了相关课程，大部分高校尚未设置专门的独立性教学课程，没有把生命观教育作为高校教育的一项重要内容提升到应有的重要地位。大部分高校目前仍未开设专门性、组织化的生命观教育课程，尚未形成全国统一的生命观教育实施体系。此外，家长对生命观教育不够重视，责任失衡现象严重。大学生生命观教育重视不足的问题与责任伦理思维在大学生生命观教育中的缺失密切相关。责任伦理思维对责任行为起着重要的导向作用，有什么样的责任伦理思维就会有何种责任实践。责任伦理思维缺失主要体现在责任理念滞后、责任理解错位、责任认知偏差等方面。

**一、责任理念滞后**

责任伦理强调责任理念的前瞻性特征，也就是要在责任行为实践中进行前瞻性责任的积极承担。在大学生生命观教育中，学校、家庭、社会等责任主体承担的责任伦理具有前瞻性特征，这种前瞻性凸显在行为发生之前的责任承担，而非仅仅是行为发生后的责任追溯。因为，生命本身的可贵性意味着不可能采取"亡羊补牢"的方式来强化生命观教育，而是要善于发现学生的心理问题和思想观念偏差，加强对大学生心理危机的预防和干预，帮助其及时纠正错误的生命认知倾向以及防止伤害生命事件的发生。教育主体对前瞻性责任的有效承担与积极践履能够推动其在生命观教育中密切关注大学生的心理状态和思想观念，及时发现问题所在，并对自身的责任行为实践进行规范和调整。可见，教育主体前瞻性责任的承担有助于促进教育主体责任的落实，助推大学生良好社会心态的养成，形成积极、健康的生命观，从而对生命问题的发生起到重要的预防作用。因此，在大学生生命观教育实践中，教育主体应当增强风险意识。风险意识的增强，意味着教育主体立足于大学生的成长与发展，提高对大学生生命风险的警惕性，在实践中提升对大学生生命观教育的重视度。当下，大学生生命观教育中的风险意识不强，这反映出教育主体对于大学生生命长远发展的忽视，从而在实践中导致大学生生命观教育的重视度不足。因此，在大学生生命观教育中，为防止大学生生命问题的产生以及蔓延，必然需要树立风险意识，强化前瞻性责任的承担与践履，即体现为对大学生进行积极的生命观教育。

而事实上，责任理念的滞后导致了这种前瞻性责任在实践中往往得不到应有的重视。很多情况下，在频发的校园伤害事件以及学生心理问题的倒逼下，高校才不得不重视并加强对大学生的生命观教育。可见，这种"事后补救"的方式，往往建立在惨重的代价之上。同时，这也在一定程度上反映出由于大学生生命观教育无法得到及时关注，许多本该在前期阶段通过大学生生命观教育得以干预与解决的问题无法得到有效控制，从而导致危机的后续蔓延，造成无法挽回的后果。如部分大学生开始只是出现了相应的心理问题和思想观念发生了一定的偏差，由于得不到充分的重视、发现，以及通过生命观教育进行有效地疏导和纠正，在长期压力的刺激下，这些问题就会不断恶化和扩大化，有些人最终可能因无法承受生命之重而选择轻生。如2018年6月12日，在毕业生论文答辩之日，武汉大学一名大四学生坠楼身亡。该生自入校伊始就存在心理问题，在毕业前的心理评估中证实具有自杀倾向，校方针对其存在问题采取了一定的措施，并将这一情况告知家长。但是，在这一惨痛的生命伤害事件的案例中可以发现，无论是学校还是家长的风险意识都不够强，对生命观教育的重视不足，从而没有对其生命观起到有效的引导和塑造，最终导致了这一伤害生命事件的发生。

## 二、责任理解错位

责任伦理强调对生命进行关怀，也就是要求责任主体对生命积极负责。因此，关怀性是责任伦理思维的重要表现。高校在教育责任落实中，应始终立足于大学生的生命存在与发展，并将其作为责任行为道德判断的重要标准。关怀性责任伦理思维的缺失，导致了责任理解的错位，教育之于生命个体成长与发展的责任遭到削弱，大学生生命观教育无法得到应有的重视。高校作为培养人才的重要机构，其教育的责任集中体现在服务社会发展与育人两方面，即为社会输出人才和促进人的全面发展。就社会层面的责任而言，高校应紧密结合社会需求，并以此为导向来进行人才的培养，为社会源源不断地输出所需人才，它"首先是用来实现某一社会目的的一个社会手段，社会需要借助这一手段保证自身的生存"①。就育人责任而言，高校不仅向其灌输学业有关的知识，更要通过对教育对象生命世界的关注以帮助其形成健全的人格。人作为存在于社会中的主体，其通过生命实践活动构建社会关系，因而社会体现出由人的关系组建的共同体。从社会与个体的关系来看，社会为人的发展提供了必要的基础和前提，人的生命获得发展是社会发展的最终目的。反过来，人的发展必然又将促进社会实现不断发展。而教育，尤其是学校教育，是实现二者发展统一的桥梁，这正是教育的社会作用的重要体现。正如弗洛姆所言，"教育的社会功能是使个人具备在以后的社会生活中起到应起的作用的资格，也就是说，把他的个人个性塑造得极为接近社会个性，使他的欲望符合他所扮演的社会角色的需要"②。

然而，高校责任错位的产生，导致了教育异化的产生，"一方面它确实需要培养有能力有教养的专门科技人才，但同时又存在着使人工具化、奴隶化的陷阱与危险"③。这种教育责任错位突出地表现为教育的内在价值让位于功利主义价值，即片面强调教育的服务社会发展责任而忽略了教育中的育人责任。而"教育是帮助被教育的人，给他能发展自己的能力，完成他的人格，于人类文化上能尽一份自己的责任；而不是把被教育的人造成一种特别器具，给抱有他

---

① 涂尔干. 道德教育[M]. 陈光金，沈杰，朱谐汉，译. 上海：上海人民出版社，2006：357.
② 弗罗姆. 对自由的恐惧[M]. 许合平，朱士群，译. 北京：国际文化出版公司，1988：203.
③ 于伟. 终极关怀性教育与现代人"单向度"性精神危机的拯救[J]. 东北师范大学学报（哲学社会科学版），2001（1）：93.

种目的的人去应用的"①。因此，教育实践中在一定程度上出现对人的忽略，教育逐渐沦为"见物不见人"的教育，进而引发高校教育中的人文关怀的缺失。人文关怀是一种符合时代发展要求的现代教育理念和价值取向，指对生命的关爱、对人性的关怀，其核心在于以人为本。② 教育中的人文关怀不仅体现了教育对个体生命世界的关注，而且是顺应时代发展要求和促进人的全面发展的现实诉求。人文关怀的缺失反映出工具理性在教育中逐渐僭越了价值理性，教育逐渐脱离大学生的生命世界，教育目标的设定、教育内容的选择、教育方法的运用等都一味地强调服务社会发展需求，体现为以社会发展为导向的教育实践。这使得高校教育逐渐沦为片面服务经济发展、获取短期利益的工具，教育的工具理性表露无遗。因而，教育往往打着"好心主义"的口号，而实际上并未考虑到最终的结果是否真正实现了促进大学生的生命发展的目的。这种"好心主义"反映出传统的信念伦理在教育中的支配地位，所谓的"好心主义"是指一切打着"为了学生好""为了孩子好"的幌子，实质上却罔顾行为结果，并没有实现真正意义上的"好"，是一种短视的逐利行为，是对教育对象不负责任的表现。这容易造成学生生命异化的产生以及生命意义感、价值感乃至生命信仰的降低与缺失，最终威胁到教育在服务人的发展中的价值存在合理性。在这种环境下，作为对人的生命进行观照的大学生生命观教育，无形中被置于边缘化地位。

---

① 张汝伦. 人文主义的大学理念与现代社会[M]. 上海：上海三联书店，1999：602.
② 高艳青. 人文关怀：高校思想政治教育的核心价值[J]. 国家教育行政学院学报，2009（4）：56.

### 三、责任认知偏差

责任伦理凸显责任的整体性，强调责任主体对责任客体方方面面的责任，责任伦理思维具有整体性特征。教育责任体现责任伦理的内在要求，呈现出整体性特点，即教育者肩负着促进教育对象生命成长与全面发展的责任。因为唯有如此，才能培养具有真正健全人格的生命个体，才能体现教育善的伦理诉求。可见，教育主体责任的整体性践履程度，直接关乎着大学生的未来发展。这意味着，教育者不仅肩负着促进大学生成才的责任，更肩负着培养其成人的责任。成才责任与成人责任的统一，体现为责任的完整性。在这里，"成才"责任意味着以知识教育为主的教育责任落实，"成人"责任意味着以德性教育为主的教育责任承担。然而，现实中，整体性责任伦理思维的缺失，导致了高校责任认知偏差的产生，以至于对众多责任关系无法形成整体性的认知，高校责任承担与践履存在一定的片面化。教育责任认知的片面化表现为对知识教育的过分重视，忽略了德性教育的实施，从而导致了大学生生命观教育的不受重视。

同时，在学习至上价值观的主导下，家庭教育责任出现失衡。即家长过分关注于子女的成才教育而忽略了对个体的生命观教育。孩子的童年生活被成人世界过早地挤占，其生命发展历程中应有的生命体验和感知淹没于大量的枯燥学习之中。许多家长认为只有顺利通过应试教育考上好的大学才能获得广阔的发展前景，因而要求子女只要成绩好就可以，并不重视对其生命价值、生命意义等方面的引导。因而，在某种意义上说，当下大学生的生命观问题与家庭教育责任的认知偏差密不可分。事实上，考上好大学并非意味着一定能够拥有幸福的生活和成功的人生。近年来，名牌大学生出现心理问题与自杀现象的案例频繁发生。一方面，这与他们生活的压力环境有关；另一方面，也与这种家庭教育失衡有关。在2002年清华大学生刘某"硫酸泼熊"事件中，会发现刘某的行为与其家庭教育不当具有一定的内在关联。刘某自幼生活在单亲家庭之中，在其成长过程中不仅缺少必要的双亲关怀与亲子陪伴，而且缺少有效的生命价值引导。母亲一心关注其学习，迫切盼子成才，而忽略了对其内在的心理和价值倾向的关注，从而在一定程度上导致了他冷漠、自私的心理倾向。在2019年"北大学子弑母"案件中，也能折射出当事人吴某的家庭教育问题所在。吴某的母亲是名中学教师，从小对孩子管教严格，过于注重成绩，让儿子力争第一，将其培养成了考试机器。然而，她却忽略了对儿子生命世界的关注，从而导致其生命受到长期的压抑并出现心理问题。这些虽然都是个案，但却在一定程度上反映出家庭教育责任的不平衡所导致的生命观教育被忽视问题。

## 第二节　大学生生命观教育合力缺乏的责任伦理考量

责任伦理理念凸显责任主体的复合性和整体性，强调主体责任实践中的责任共担。责任伦理理念的缺失，使得大学生生命观教育中的整体性观念没有确立，三种教育形式孤立存在，各自为政，主体间缺乏必要的联系与合作，教育力量无法得到有效凝聚与整合，从而使这一教育实践面临着教育合力匮乏的困境。责任伦理理念在大学生生命观教育中的缺失主要表现为学校责任缺位、社会责任不足、家庭责任转移。

**一、学校责任缺位**

高校以其自身的内在优势，在与家庭沟通、社会联络中发挥主导作用，在大学生生命观教育合力形成与推动中凸显功能优势。然而，高校在推动教育合作方面存在一定的责任认知不足，尚未形成教育合作的大局观念，进而弱化了其在教育合力形成中的功能发挥。责任认知的缺乏，导致高校在践履相应责任中，往往基于外在政策和制度等方面的压力而被动实施，缺少承担责任的积极性和主动性。这种现象映射到现实中，就集中体现为高校的责任缺位，即高校在大学生生命观教育合力推动中本应承担和践履的责任处于缺失状态。

首先，主体联络责任缺失。学校作为人才培养的专门化机构、系统性场所，在大学生生命观教育中处于主导地位，因而其能够与家庭和社会保持密切的联系，从而实现家校合作、校社合作以及家校社合作。换言之，无论是在哪一种教育合作形式中，学校都处于主导地位，承担着主体联络的责任。目前，不同教育主体存在联络不足的问题，多元主体缺乏必要的沟通与交流，其在有关学生思想观念动态、生命行为实践等方面的信息共享不充分。家长对大学生在校的表现、高校对学生成长的家庭环境和社会环境等往往缺乏有效的掌握。一方面，家校合作在大学生生命观教育中的作用不凸显。家校合作的构建，有助于推动学校和家庭之间的沟通交流，促进二者在大学生生命观教育中的合作和互补。而在现实中，家庭、学校之间合作不畅，彼此间的合力作用无法得到有效发挥。这主要源于学校联络责任的缺失。具体而言，学校缺乏与家庭联系的积极性、主动性，家庭对于大学生在校的表现往往无法得到及时的了解与掌握。纵观近年来诸多大学生自杀的案例可以发现，对于学生在校期间的表现，大部分家长往往处于"不知情"状态，因而就不可能及时地配合学校实施相关的生命观教育。另一方面，学校与社会之间的联络不足。大学生生活在一定的社会之中，社会不仅为其生命成长提供了条件与支持，而且反映了其生命的成长过程。学校与社区、学生实习单位等方面的联系不积极，缺乏了解大学生生命成长环境的主动性，学校教育与社会教育的合力作用难以彰显。

其次，主体联合责任缺位。校内教育与校外教育存在一定程度的脱节，教育主体联合不够，学校在这一过程中的责任落实不到位。一是教育导向不足。大学生生命观教育的推进，需要坚持正确的价值导向，以确保教育的正向发展。而对于家庭和社会教育而言，由于教育主体自身知识、能力的局限性和外界环境的复杂性，使得其在大学生生命观教育中的价值导向功能呈现不足。相对而言，高校作为专门化、系统性的教育场所，有着鲜明的价值导向和教育规定，因而能够在大学生生命观教育主体合作中发挥教育导向作用。而由于高校责任意识不强，对自身功能认识不清等问题的存在，高校在这一过程中往往不能有效凸显这一价值功能。这就使得三种教育在合作中缺乏明确的价值导向，出现教育目标、内容等方面的分离，进而影响到教育合力的形成。二是资源整合不足。教育合力的形成，需要建立在教育资源有效整合的基础之上。资源整合，就是把家庭、学校以及社会中有关大学生生命观教育的资源进行充分挖掘和利用，并发挥不同资源的教育价值。资源整合需发挥学校的主导优势，以实现各种资源的利用价值。目前，学校在资源整合中的责任没有得到有效落实，即过于注重理论知识的灌输，缺乏利用实践资源强化教育的实践推进，对家庭、学校以及社会所蕴含的生命观教育资源整合不足，不同资源优势难以实现互补，从而弱化了多元教育主体联合作用的发挥。

最后，主体联动责任缺位。从根源上看，主体联动不足源于相互间的利益关系缺乏有效的协调。教育作为一种社会活动，从根本上而言，其发生的内在动力源于物质利益的推动。而作为三种不同教育形式的家庭、学校与社会教育，其背后的利益驱动不同，必然会在实践中产生一定的矛盾。如家庭所开展的生命观教育，往往具有一定的功利性，其在教育目标制定、教育内容选择等方面都体现功利化的目的。社会对大学生进行生命观教育，则在于推动作为社会个体的大学生能够适应社会化的要求和社会发展的需要，以培养社会所需人才。高校所开展的大学生生命观教育，则首先要立足于人的全面发展，遵循教育育人的基本价值理念，在对人的生命问题研究的基础上，推动人的生命获得真正意义上的发展。可见，在不同动力的驱动下，家庭、学校与社会生命观教育在教育理念、目标、内容等方面呈现出一定的偏差。因而，在其相互合作中，彼此间的矛盾与冲突也往往不可避免。学校作为联系家庭与社会的中介角色，在教育矛盾与冲突化解中肩负一定的责任。而在现实中，学校往往淡化这种责任意识，不能有效践履其作为协调者的责任，出现责任缺位现象，从而影响了不同教育主体之间的利益协调和矛盾化解。

### 二、社会责任弱化

社会不仅是大学生生命实践的重要场域，也是大学生生命观教育的主体，在这一教育实践中肩负着不可推卸的教育责任。社会责任主体具有多元性，其在教育实施中发挥不同的作用，体现不同的教育职责。就教育合力推动方面而言，无论是政府，还是媒体、社区等都发挥重要作用。政府责任的弱化、媒体责任的缺失、社区责任的淡化影响了大学生生命观教育合力的形成。

### (一) 政府责任不足

作为一项系统性工程，大学生生命观教育需要协调家庭、学校以及社会各方力量，共同推动这一教育的开展，其相互间的协同就需要借助一定的中介或平台。政府自身所具有的社会管理者角色特点决定了其作为协调者的身份属性，能够在教育力量整合、构建教育共同体等方面发挥重要作用。政府作为一种社会管理组织，其存在源于维护不同群体的公共利益的需要，并通过采用暴力等手段作为治理支撑。就政府与国家的关系而言，政府既是国家的重要组成要素，同时也体现国家的意志，是国家行使权力的政治机器。政府有广义和狭义理解之分，广义而言，政府是国家权力机构的行政机关，本研究所采用的正是这一广义概念，"政府就是在臣民与主权者之间所建立的一个中间体，以便两者得以互相适合，它负责执行法律并维护社会的以及政治的目的"①。在我国，政府是行使人民的意志的机构，并通过借助一定的法律、政策等宏观调控以及一些具体的行政手段来实现。西方发达国家十分重视政府在推动大学生生命观教育中的社会动员作用的发挥。在政府的推动下，学校、社区、家庭以及社会媒体等形成强大的教育网络，共同致力于推动大学生形成正确的生命观。

在我国，在政府的推动下，社会各界通过合作促进了生命观教育的实践发展。如 2013 年 12 月，成立了中国陶行知研究会生命教育专业委员会；2016 年 4 月，成功举办了第五届海峡两岸大学生命教育高峰论坛。然而，相比国外政府在大学生生命观教育中的主体动员力度而言，我国政府在这一教育中的作用发挥空间仍有待拓

---

① 卢梭．社会契约论[M]．何兆武，译．北京：商务印书馆，2003：72.

展。由于政府的角色认知不足、重视程度不够、制度安排缺失等，政府在教育力量整合中的责任履行不足。一方面，政府有关大学生生命观教育的宣传力度不够，家庭、学校以及社会对这一教育的重视度以及合作意识不强。另一方面，在政策与制度层面缺少对相关教育主体在大学生生命观教育中的责任有效划分和细化，这就容易导致各教育主体在实践中出现责任推诿和责任推卸，进而影响到主体责任共担的实现。此外，政府在推动大学生生命观教育主体合作中的人财物等方面的支持力度不够，主体合作的保障有待于进一步提升。这些问题都反映出政府责任的不足，并在一定程度上制约着大学生生命观教育中的多元主体协同作用的实现。

（二）媒体责任弱化

现代社会，随着互联网的发展，媒体的功能得到逐步延伸，并开始触向社会的各个领域。在这里，媒体不仅是指传统的大众媒体，还包括伴随网络发展而出现的各种类型的新媒体。媒体所具有的资源优势与话语权利，彰显出其内在的强大号召力与动员力。媒体依托其内在的特点，在大学生生命观教育合力形成中发挥重要作用，媒体有责任、有义务推动多元主体在这一教育实践中的合力形成。一方面，媒体通过社会价值引领，为大学生生命观教育的推进创设良好的外部环境，从而推动环境作用的发挥，以形成学校教育、家庭教育的有益补充。另一方面，媒体通过对相关事件的报道，客观反映大学生生命观存在的实际问题，以引发全社会的共同关注，从而增进不同教育主体之间的合作意愿与重视程度。此外，互联网时代媒体功能得到拓展，可以通过新媒体畅通不同教育主体之间沟通交流的渠道，创设互通的平台，从而从技术层面为主体合作创造条件支撑。当下，媒体责任的弱化，影响了其在大学生生命观教育合力形成中的作用发挥。

首先，价值引领弱化。当前，媒体文化传播发生失衡，主流价值思想传播不足，对社会价值发展方向难以起到有效引领。一是传播内容低俗化。部分媒体漠视其应当担负的社会责任，在商业利润的驱使下过度追求"流量"、点击率，把一些低俗化、媚俗性的内容进行大肆报道，甚至把某些低俗性的内容掺杂进积极的文化事实之中，以迎合一些不健康思想倾向的潮流。这些低俗化内容的传播，冲击并消解着生命意义的神圣与崇高。长期浸润在低俗化内容的熏陶下，大学生逐渐失去对生命的反思，生命的活力丧失，面临着生命枯竭的困境。二是传播内容娱乐化。媒体的娱乐化发展倾向在一定程度上解构着事件本身的庄严性，其结果就是在无形中耗费了公众大量的注意力，却没有在事后留下对于生命意义与价值反思的空间，反而在一定程度上助长了某些不良风气的兴起。三是传播内容快餐化。快餐文化所散发的商业气息遮蔽了其本身的文化属性，即只要能够刺激消费、带来商业利润都可以大量复制生产，从而丧失了文化的终极关怀意蕴和社会价值，而对感性生命和物质欲望的追逐得以彰显，这就必然造成人文精神和生命意义的失落。在快餐文化的影响下，社会中固有的有关生命价值、生命意义的标准等受到冲击，大学生的生命观的形成与塑造在这一环境下面临着挑战。其次，媒体对大学生这一群体生命观状况关注不足。媒体对大学生生命观问题相关事件关注度的降低，使得这些问题不能经过报道宣传而被广泛传播，从而影响到整个社会对大学生生命观教育的关注，因而难以形成多元教育主体的合力。此外，虽然新媒体在家校之间、校社之间、家社之间的沟通交流中的应用价值逐渐得以重视，但大多数情况下，这种沟通更多的是有关学生学习、安全等方面的日常沟通，而对于大学生生命观等深层次问题的沟通仍旧很有限，新媒体在推动教育主体合作中的责任处于弱化状态。

（三）社区责任淡化

大学生生命观教育的开展，离不开家庭、学校和社会的联合推进。社区是实现三种教育形式有效结合的重要桥梁，旨在实现教育社会化与社会教育化的有机统一。可见，社区责任的承担与落实，密切了三大教育主体之间的联系，有力地弥补了单方面教育的不足。在大学生生命观教育中，要以社区作为重要依托，充分发挥社区教育在这一过程中的重要作用。

目前，社区在沟通学校、家庭、社会三方面的作用发挥不足。一是社区缺少为高校大学生生命教育实践提供充足的平台与资源。如通过社区志愿服务，可以促进大学生对生命进行直接体验，有助于提升其对生命的理解与感知。同时，社区志愿服务的开展，助益于大学生在服务他人中确证生命的价值和意义。而从当前大学生社区志愿服务工作发展来看，虽然已形成一定规模，但针对性不强、形式单一，志愿服务低端性工作居多，大学生对医院、养老院等工作的主动性参与意识不强、认同度较低。同时，志愿服务互动的制度规范化不足，社区纽带作用发挥受限并缺少一定的保障，从而导致学校教育与社会教育、理论与实践在一定程度上存在脱节。二是社区未能积极从高校引进相应的师资力量、教育、教学等资源来支持社区大学生生命观教育的开展。同时，社区缺少为家庭生命观教育的开展与实施提供相应的支持，从而使得家庭教育无法得到有效指导，无法促使家长及时补充、增进有关大学生生命观教育方面的知识，进而影响到家庭教育在合力实现中的作用发挥。

### 三、家庭责任转移

家庭责任的转移，弱化了家长本应承担的责任担当，影响到家校之间的合作，从而制约着大学生生命观教育合力的形成。家庭教育的责任转移，是指学生家长把本应由家庭承担的教育子女的责任转移到学校和教师身上的现象。① 从理论上来看，父母较高的文化素养、良好的家庭物质基础、民主的家庭氛围、优良的家风、长久的亲子陪伴等都是子女接受家庭教育、促进生命观念涵养与形成的必要条件。而我国经济社会的不断发展、国民学历水平的普遍提升、传统家庭结构的现代性转型等，都为家庭生命观教育的有效实施奠定了基础。一方面，当下的大学生较之过去物质匮乏时期而言，所能享受到的物质供求明显增多，消费水平得到显著提高，每月动辄几千元的生活费就是最为典型的反映。2019 年 9 月，一则关于"大学生每月索要 4500 元生活费被拒"的帖子在网上引发热烈讨论。从话题热度来看，这在一定程度上映射出当代大学生在物质生活方面的水平有了显著提升。另一方面，"改革开放后，家庭规模的小型化和独生子女的逐渐普遍化造成了家庭中心下移，'子女优先'的观念开始左右家庭关系，家长对子女的成长倾注了全部的心血"②。如果直接从理论上来推断，当前家庭中的生命观教育应当是较之过去更为成功的。然而，事实并非如此。

家庭结构的不完整，使得家庭中陪伴性资源缺失，进而影响到父母之于子女生命观教育的责任践履。于是，家长开始把更多的教育责任寄托于学校来履行，出现家庭责任转移现象。家庭结构不完

① 项贤明. 中国西部农村教师社会责任的功能性扩展[J]. 教育研究，2004（10）：10.
② 王志强. 当代中国家庭道德教育研究[M]. 杭州：浙江大学出版社，2013：135.

整主要体现在离异家庭和留守儿童家庭之中。一方面，改革开放以来，我国离婚率呈现上涨趋势。据国家统计局与民政局公布的数据显示，2018 年 4 季度全国离婚登记人数为 380 万对，离婚率连续 15 年上升，全国离结比（离婚对数/结婚对数）高达 38%。① 在传统意义上，婚姻对个体而言意味着一种责任，而随着这种家庭责任观念的消解，婚姻对于个体的束缚功能弱化，离婚现象逐渐增多。另一方面，随着城乡发展的不平衡，父母外出打工数量增加，使得家庭教育中的父母角色缺位，子女所能获得的家庭陪伴资源面临缺失困境，进而弱化了家长在子女生命观教育中的责任承担与践履，本该由家庭承担的大学生生命观教育责任开始越来越多地向学校转移。同时，社会变迁的影响导致了家庭生命观教育责任的转移。随着中国实现由传统自然经济向现代工业社会转型，家庭部分教育功能开始向社会转移。尤其是随着专门化教育的出现，家庭的教育功能得到进一步削弱。在这种教育重心转移的趋势下，部分家长开始把越来越多的本该由自身所承担的生命观教育责任向学校转移，开始过度依赖于学校教育的实施，把学生成长与生命发展的责任全部寄望于学校。

同时，经济体制的变革带来了经济生活中竞争的增强，这对每个人的综合素质都提出了更高的要求。尤其是在"不能输在起跑线上"的观念影响下，越来越多的父母竭尽所能地为孩子提供最好的教育条件，不仅斥巨资购买各种学区房，而且更是从形形色色的培训班入手，力图开发其各种潜力，以提高竞争优势。金钱在教育中的作用似乎愈发凸显，在许多家长看来，一切教育都可以通过金钱

---

① 2018 年全国结婚率创 6 年来新低，离婚率连续 15 年上升[J]. 中国经济周刊，2019（6）：7.

在学校中买到。教育的责任，已经越来越多地由家庭转入了学校。家长对学校教育不仅高度重视，而且认为学校理所当然地应为孩子的一切发展负责。尤其是作为成年人的大学生离开了家庭，长期生活在校园，家长更是放松了对其教导和监管。大多数家长只是专注于为孩子提供更优越的物质条件，却忽略了对他们生命世界的关注和应当履行的生命观教育责任。同时，家长弱化了对自身教育责任的认识，缺少对家庭教育在子女生命成长中的重要性的正确认知，无法承担起生命观教育的自觉主动性，致使家庭不能在大学生生命观教育中有效肩负起其应尽的责任，无法与高校生命观教育形成合力，难以共同促进大学生正确生命观的形成。

## 第三节　大学生生命观教育主体生命自觉 匮乏的责任伦理追问

教育的关键在于唤醒教育对象的自觉意识，实现主体的自我教育。而只有主体在理念层面确立了生命责任意识，才能够在实践中积极践行生命的责任，才能够把生命观教育的外在要求转化为自身的内在需求，从而增强生命观教育实践的参与度和能动性。大学生生命观教育旨在引导大学生形成正确的生命认知，理解生命的内在价值等，而这一目的的实现是单纯依赖于知识教育远不能完成的。同时，也非单纯依靠外在教育的实施所能达成的。换言之，生命观教育需要大学生生命自觉的唤醒。"一个具有生命自觉的人，无论在与外部世界的作用中还是自我发展的构建中，都是一个主动的人。所以在一定的意义上，可以把主动不主动，作为衡量自己生命自觉程度的标志。"① 当前，大学生生命自觉性不强，主要表现为大学生的生命观教育认同度低、参与度不高、消极被动，难以有效配合生命观教育的开展。大学生生命责任伦理意识的弱化，影响到其生命自觉的形成。这主要表现为自然生命责任意识淡化、社会生命责任意识淡薄、精神生命责任意识淡漠。分析这种责任伦理的缺失，对更好地塑造个体生命责任意识、激发大学生的内在生命自觉，以推动其生命观的形成具有重要现实意义。

### 一、自然生命责任意识淡化

在这里，自然生命一方面是指人的自然意义上的生命；另一方面，则是指自然界的生命现象。科学技术的迅猛发展在给人们带来物质富足的同时，也在一定程度上诱惑着主体的精神追求坠入享乐的世俗生活。部分大学生在缺少自律的情况下，就容易出现生命责任意识弱化等问题。在对待个体的自然生命方面，近年来，大学生自杀、他杀等残害生命以及挥霍生命等现象层出不穷。一项调查显示，2013年1月至2018年12月，中国南方某省高校发生学生自杀已遂事件（不包括意外事故、自杀未遂等情况）共197起，各年度自杀人数分别为24、24、32、41、32、44人，自杀率为（1.28—2.10）/10万，总体呈上升趋势。② 2019年的一项调查显示，我国13.2%的大学生存在自杀意念，3.4%的大学生具有自杀未遂经历。③ 有学者对203名媒体报道的大学生自杀案例进行了分析（时间跨度为2005.1.1—2015.12.31），研究了自杀的变化规律问题，如图2-1所示。

---

① 李伟. 批判与重建［M］. 武汉：华中科技大学出版社，2013：100.
② 陆卓林，梁瑞琼，邱鸿钟，等. 南方某省高校大学生2013—2018年自杀现状［J］. 中国学校卫生，2019（7）：1085.
③ 朱虹，杨向东，吴冉. 缓冲与催化：希望在大学生自杀行为中的调节作用［J］. 华东师范大学学报（教育科学版），2019（4）：154.

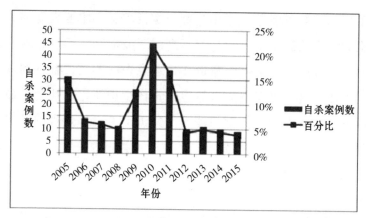

图 2-1　2005—2015 年间大学生不同年份自杀事件的分布（N=203）图①

由上图可以看出，每年都有部分大学生自杀事件发生，2008—2010 年处于自杀高峰期，2010 年高校大学生自杀率最高。自 2010 年以来，大学生自杀现象有所缓解，但每年仍有发生。因此，大学生自杀这一问题形势严重，应当引起高校和教育部门的高度重视。此外，近年来大学生中堕胎、流产、代孕等现象也频繁发生。目前，我国每年堕胎人数超过 1300 万，其中半数为重复流产。据调查显示，在未婚青少年堕胎中，学生占 11.4%—16.0%，18 岁到 20 岁群体占到免费人流服务申请人数的 54.0%②。这些数据反映出大学生生命责任意识的淡化，这不能不引起我们的重视。

大学生作为未来社会发展的推动性力量，也是改造自然的实践主体，其对自然界中生命的责任认知状况直接关乎其伦理责任的有效践履，进而影响到未来人类社会与自然界的整体发展。从性质上来看，这种自然责任认知的对象具有整体性，即作为实践主体的大

---

① 金家新. 全国普通高校在校大学生自杀情况调查研究（2005—2015）［J］. 前沿，2016（11）：58.

② 陈静静. 中国堕胎女性群体特征的系统回顾分析［J］. 医学与哲学（A），2015（11）：50.

学生应当肩负起对整个自然系统的责任。同时，这种责任认知又是前瞻性的，即树立保护环境的忧患意识，增强实践行动的预见性，并对行为可能导致的后果负责。事实上，当前大学生的自然责任认知状况并不乐观。有相当一部分大学生，对自然价值和人与自然的关系认识不清，环境保护的责任感不强，行为方式严重偏离责任伦理的规范与要求。一项调查显示，"高校大学生目前在生态环境态度上存在的普遍问题有三个：首先是生态整体性意识不强，其次缺乏生态环境忧患意识，最后是生态道德意识不高"①。这在一定程度上反映出大学生自然生命观的偏离和生态责任认知的不强。大学生自然生命责任意识的淡化，削弱了其自觉为自然生命负责的主动性。

**二、社会生命责任意识淡薄**

作为个体的人，其生命存在不仅是一种自然存在，而且是一种社会存在，体现社会关系的构成，这种社会关系的构建是通过利益关系的确立而完成的。生命个体首先是作为利益主体而存在，这是由于生命存在的基本前提在于满足生命的物质需要。而由于个体能力的有限性，个体必须结成群体通过合作来实现彼此需要的满足，从而为个体的存在与发展创设条件。正如马克思所指出的："只有在社会中，人的自然的存在对他来说才是自己的人的存在。"② 而合作的形成必然会产生分工，也就有了相应的利益分配，冲突也就不可避免。于是，利益协调就成为必然要求，与此相应的利益原则与道德规范得以产生，生命的存在也因此被赋予了道德主体的内在意义。由此可见，利益主体及道德主体使人获得了双重身份，其在重塑身

---

① 王丹丹，张晓琴. 大学生生态文明意识的调查分析——基于南京市部分高校调研数据[J]. 南京林业大学学报（人文社会科学版），2018（3）：103.
② 马克思恩格斯全集：第3卷[M]. 北京：人民出版社，2002：301.

份意识的同时，也将责任的承担从自然领域向社会领域延伸。可见，生命责任不仅涵盖了人对自然的道义担当，而且包括了建立在人际间的利益关系协调基础上的社会责任承担。整体上而言，生命个体社会责任的厘定应主要基于两个维度。

其一，空间维度的社会伦理责任。正常社会秩序的运行离不开稳定的社会关系，因此需要个体树立强烈的责任意识，以保证利益主体在合作过程中的利益实现。其二，时间维度的社会伦理责任。人类文明的延续与发展是无数个体合力推动的结果，需要现实存在的生命个体勇于承担相应的历史使命。显然，人在实践活动中形成的社会关系赋予了生命个体的存在以社会历史意义。基于社会层面来看，社会责任与个体责任是内在统一的，即个体的发展要求主体主动承担相应的社会责任，而良好社会秩序的构建又构成了主体利益追求与实现的必要手段。从历史角度来讲，个体责任与历史责任也是统一的。社会的发展演进是文明推动的结果，而个体也正是在这一过程中完成了相应的历史使命，获得历史存在的意义。这样，通过责任的履行，个体的发展与社会的发展真正获得了统一。因此，大学生必然要自觉承担起相应的社会责任与使命。习近平总书记十分重视对青年社会责任感的培养，他指出，"青年一代有理想、有本领、有担当，国家就有前途，民族就有希望"①。当前，社会内外部环境发生了深刻变化，大学生生命责任承担面临着严峻的外部挑战。

首先，网络时代的社会责任意识弱化。传统社会，由于人的活动范围的局限性以及活动方式的有限性，人与人之间的关系较为直接，整个社会呈现为一个熟人社会。人的存在是一种现实存在，相

---

① 习近平. 决胜全面建成小康社会 夺取新时代中国特色社会主义伟大胜利——在中国共产党第十九次全国代表大会上的报告[M]. 北京：人民出版社，2017：70.

互之间通过言语交流、肢体表达、思维碰撞等进行生命之间的交流，彼此间的关系在这一过程中得以深化。在这种社会关系中，人们相互间的依赖性较强，彼此间的义务感、责任感也较为强烈。随着网络技术的发展，现代社会不断发展，并逐渐步入网络时代。网络社会在带给人们无限便利的同时，也改变了社会的基本表现形态，整个社会正在由传统的熟人社会向陌生人社会过渡。而人作为历史性的存在，每一个时代性的变化，必然会影响人的存在方式。"任何一个可以称之为'时代性'的变换，从根本上说，都是人对自己的变革与重塑，也就是人的存在方式的变革。"① 人的存在方式更为多元化，不仅包括现实性的存在，还体现为一种虚拟存在。人们的交往方式随着互联网的发展发生了显著变化，面对面的交流也逐渐被以文字、符号、图像等为载体的新型表达的远距离、无形化、虚拟化的接触方式所代替。群居性的生活状态发生了明显改变，独居一方的离群索居增加了人与人彼此间的隔阂、不信任，人与人之间的关系也逐渐疏远，相互间的责任感呈现淡化趋势。大学生作为网民的重要组成部分，网络生活已逐渐融为其生活的一部分。网络的生活殖民化正在一定程度上消解着大学生的社会责任意识。

其次，市场经济条件下的社会责任意识淡化。市场经济强调对个人利益的重视，把追求个人利益进行合理化。责任建立在一定的利益基础之上，权责利之间密切相关，利益取舍的过程也就是责任择取的过程。在某些情况下，当利益关系无法得到有效协调时，就容易导致责任冲突的产生。一方面，随着现代社会的竞争程度越来越激烈，在利益的驱使下，部分大学生为了能在竞争中占据优势，不惜以侵犯他人正当利益为代价，而谋取自身利益，从而放弃了本

---

① 孙玉祥."网络时代"与人的存在方式变革[J].求是学刊，2001（1）：34.

应承担的责任。另一方面，市场经济过于强调人的自主性，而在一定程度上忽略了对行为本身负责任。当代大学生越来越追求自主性，在学习、生活中都尽力彰显独一无二的个性，以至于部分大学生为了过分凸显这种自主性，而忽略了对自身行为的责任规约，从而弱化了对他人、对社会的责任意识。

### 三、精神生命责任意识淡漠

生命个体的存在既通过主体精神的彰显关联着人与世界的和谐共生，又通过与他人利益协调、传承文明而实现价值意义，并由此获得了有关自然和社会的责任意识。然而，生命个体作为完整性存在，其本身除了人与世界关系的处理、人与人关系的处理外，还必须正确处理人与自我的关系，也就是精神生命的自我关注。这样，个体生命才能在主体力量发挥和主体精神彰显的基础上，实现最终的生命价值旨归。从自然意义上讲，个体的生命呈现出有限性、暂时性等特征。而在自我意识层面上，生命的存在意义得以延伸，其存在空间得以拓展。人作为会思考的理性动物，是一种"发问的存在"，始终探寻着生命和世界的根本意义，精神生命反映出个体对生命意义的思考与追问。从古希腊德尔菲神庙上镌刻的神谕"认识你自己"，到苏格拉底提出的有关人的来源与归宿的终极问题，都体现了人类对有关自身和世界本体性的终极意义追问。对生命意义的不断追寻，是人的生命存在方式，正是在意义追寻中生命才获得精神的超越和心灵的归属，也在真正意义上实现对生命负责。意义是关于生命目的的问题，而只有在精神生活中才能体现出生命的目的和意义，正如德国哲学家鲁道夫·奥伊肯（Rudolf Eucken）所指出的，

"倘若他不能找到它，生活对于他便成为一片荒凉的空地"①。人通过对意义的追求来不断充盈精神世界，生命追求正是在寻求生命意义的过程中实现的，并以此来彰显人的生命的特殊性。因此，高清海指出人的本质是在追寻意义中不断实现超越的，"人之为'人'的本质，应该说就是一种意义性存在、价值性实体。人的生存和生活如果失去意义的引导，成为'无意义的存在'，那就与动物的生存没有两样"②。

可见，精神生命责任意味着人的精神世界的高度充盈和融洽，表现为主体生命意义与生命追求的互融。当下，科学技术不断重塑着人们的生活方式、思维方式，其在为生活带来便利的同时也把技术殖民到人的精神世界，在技术理性与价值理性的博弈中，前者以一种势不可挡的力量发展着，并挤占着后者的生存空间，生命坠入荒芜化状态。过度的物欲侵占了精神世界大量的空间，从而使得生命的空虚化、碎片感、无目的性、漂浮感越发凸显，整个生命世界也呈现出"无根"的状态，从而引发生命的意义危机。随着微信、微博、QQ、今日头条、抖音等手机软件与社交平台的兴起，大学生作为"客户居民"的重要组成部分，大量时间耗费在被无用信息所侵占和绑架的文化生态中而变成了所谓的"吃瓜群众"。时时刻刻侵入的庞杂信息不断吸引着大学生的注意力，并推动着其在无形中将时间耗费在无关的事情之中，并由此导致了大学生不良社会心态的形成，出现生命理想丧失、生命追求降低、生命意义迷失等问题，进而弱化了大学生精神生命的责任担当。正因如此，霍华德·加德纳（Howard Gardner）一针见血地指出，如果 APP "使我们不去独

① 奥伊肯. 生活的意义与价值[M]. 万以，译. 上海：上海译文出版社，2005：38.
② 高清海. 人就是"人"[M]. 沈阳：辽宁人民出版社，2001：213.

立思考，不去提出新问题，不去培养重要的人际关系或者不去塑造一种恰当、全面且不断改进的自我意识，那么，这些 APP 就会将我们引向一条通往被奴役的道路"①。同时，沉浸于技术提供的富足生活中的大学生，在拜金主义的诱惑、享乐主义的冲击下，而丧失了对意义世界的追求。这些问题都不仅在一定程度上反映出技术的生活殖民化倾向，也在一定程度上映射出部分大学生自身对精神生命的不负责。

## 第四节  大学生生命观教育运行不畅的责任伦理反思

作为一种责任实践，大学生生命观教育的推进过程即是教育主体责任落实的过程。家庭、学校、社会以及大学生等教育主体对责任的积极承担与践履，不仅推动着责任实践过程，也推动着这一教育过程的顺利完成。责任伦理强调责任的连贯性，这就意味着，教育主体的责任应当贯穿于整个教育实践之中。从主体的责任伦理实践来看，其本身作为一个完整的过程，包括了行为前的责任风险防范、行为中的责任过程调控、行为后的责任评价等。各阶段相互衔接、相互影响，推动着主体责任实践的进程。当前，大学生生命观教育运行的不畅反映出教育主体责任实践过程的受阻，其主要表现为责任风险防范不力、责任过程调控不足以及责任评价机制不完善。

### 一、责任风险防范不力

近年来，大学生生命问题的频发，使得这一问题被关注的诉求

---

① 加德纳. APP 一代：网络化科学的新时代[M]. 李一飞，金阳，译. 北京：电子工业出版社，2015：10.

日益强烈。在大学生生命观教育中，不仅应当关注大学生当下面临的生命困顿的解决，即当下主体责任的践履。同时，应当做好对未来可能出现的各种生命问题的防范，也就是进行责任风险的有效防范。责任风险的发生，往往意味着大学生生命观问题的发生和各种心理危机的生成，甚至在某些情况下出现伤害生命等事件。因此，责任风险防范是大学生生命观教育主体责任实践规范的重要体现，也是推动大学生生命观教育实践顺利进行的重要环节。早在 2005 年，《教育部 卫生部 共青团中央关于进一步加强和改进大学生心理健康教育的意见》（教社政〔2005〕1 号）中就指出，"高校要认真开展大学生心理健康状况摸排工作，积极做好心理问题高危人群的预防和干预工作，要特别注意防止因严重心理障碍引发自杀或伤害他人事件发生，做到心理问题及早发现、及时预防、有效干预"①。在大学生生命观教育中，高校责任风险防范不足主要表现在责任风险防范重心偏颇、责任风险控制手段缺乏创新、责任风险防控主体缺少有效联动等方面。

　　首先，责任风险防范重心偏颇。责任风险防范是对行为主体的行为进行提前预测，并通过采取一定的措施将责任风险降低到最小。在大学生生命观教育中，责任风险防范的目的在于对教育主体的行为进行有效规范，防止由于教育主体责任履行不当或责任缺少承担而导致的不良后果发生。因此，帮助大学生形成正确的生命观以降低各种伤害生命事件的发生是责任风险防范的最终价值指向所在。这就意味着，在责任风险防范中，不能将其视为单纯性的安全防控问题，而是应当在行为层面注重人文关怀，以通过大学生生命观的

---

① 教育部，卫生部，共青团中央．教育部 卫生部 共青团中央关于进一步加强和改进大学生心理健康教育的意见：教社政〔2005〕1 号［A/OL］．中华人民共和国教育部网站，2010-01-13.

积极引导与塑造来降低各种生命问题和伤害生命事件的发生。但在实际工作中，却在一定程度上出现了"重表不重里"的现象。即过分注重学生生命安全问题预防，而缺少对大学生生命问题背后的深层性问题的防范，如大学生的生命价值引导、生命意义提升等。因而，导致大学生生命观教育责任风险发生的根源性问题没有得到有效解决，责任风险防范无法在真正意义上取得良好实效。

其次，责任风险防范主体缺少有效联动。责任风险防控是一项综合工程，需要联合不同部门、不同机构等多元主体的协同参与。这不仅意味着不同主体的共同参与，同时也意味着多元责任主体的有效联动，即通过构建有效的联动机制，实现彼此间的互动和交流，发挥多元主体在责任风险防范中的协同作用。当前，责任主体缺少有效的联动，从而引发教育主体间的沟通不畅、职责不明、各自之间缺乏有效沟通和协作等问题。一是校内外主体联动不足。家庭、学校与社会作为大学生生命观教育中的三大主体，由于责任风险防范意识不足、彼此沟通缺乏等，相互间互动不足，共同应对责任风险的机制尚未形成。二是校内主体联动不足。大学生生命观教育中的责任风险防范作为一项系统性工程，需要联合校内多元主体共同参与、协同应对，构建预防、应对风险的有效机制。当前，不同主体之间的合作不够，责任风险应对与化解的机制缺失，如"多数高校仅依靠少量的心理工作者开展工作，其他部门配合不力，尚未形成全员参与、分工负责、协调畅通的心理服务体系"①。责任风险防范主体联动的缺少，使得大学生生命观教育预警实施过程中面临力量整合的困境，进而影响到这一教育实践的进程。

--------

① 吴小兰. 构建大学生心理疾病预防与危机干预体系[J]. 华中农业大学学报（社会科学版），2009（1）：75.

最后，责任风险防范手段缺乏创新。责任风险作为一种潜在性因素，存在一定的安全隐患，需要运用一定的手段对可能发生的风险进行预测、观察与防控，也就是要积极创新责任风险防范的手段，以有效化解风险。当前，大学生生命观教育中的责任风险防范手段仍大多局限于传统手段的运用，如书面问卷测评、网络心理测评等，缺少根据不断变革的新技术进行手段的创新性运用。责任风险防范手段创新的缺乏，使得教育预警作用发挥不足，难以对大学生的思想动态予以精准把握和动态跟踪。这样，就容易影响到大学生生命观问题发现的及时性，从而无法通过技术手段的合理运用对风险予以有效控制和化解。因而，部分学生的心理危机无法及时发现，从而错过了风险控制的最佳时机。同时，责任风险防范手段的缺失使得大学生生命观教育责任风险防范呈现出碎片化状态。如学校对心理危机学生的识别不清，其干预范围难以覆盖到具有心理危机倾向的整个大学生群体；对有关大学生生命观教育责任风险的了解不够充分，责任风险防范措施缺少针对性和可操作性；对责任风险的诱发因素难以形成全面掌握，获取相关信息的难度较大。这些问题的存在都在一定程度上导致了大学生生命观教育中的预警机制建设不完备，进而容易使得大学生生命观教育错过最佳的教育时机。

### 二、责任落实过程调控不足

大学生生命观教育主体在责任践履中，必然要遵循一定的规范。为确保主体责任实践的规范化和顺利推进，必须要加大对责任过程的有效调控，以推动大学生生命观教育实践的良性运行。当前，政策调控不力、制度调控不足、舆论调控弱化等制约着主体责任行为过程的开展，影响到大学生生命观教育的实践推进。

## （一）政策导向不力

随着大学生自杀率增高、心理问题增多等生命问题的凸显，对大学生生命观教育的重视逐渐提上重要日程，其实施得到有效普及。与此同时，政府也在政策上予以了一定的保障，对大学生生命观教育主体的责任实践进行了有效规范，相继颁布了《中共云南省委高校工委、云南省教育厅关于实施生命教育、生存教育、生活教育的决定》（2008）、《关于在全国大中小学积极开展"三生"系列教育活动的通知》（2010）、《国家中长期教育改革和发展规划纲要（2010—2020 年）》（2010）等文件。但是，相比而言，政府在大学生生命观教育中的政策调控力度不足，并主要表现为教育政策的匮乏、教育政策的滞后性以及教育政策缺乏针对性。

第一，教育政策的匮乏。虽然生命观教育实施的相关文件已陆续出台，但从已有的文件来看，大多数政策仍局限于针对中小学生命教育的实施，而有关大学生生命观教育的相关政策仍然十分有限，从而使这一教育在推进中缺乏政策层面的有力指导。随着大学生生命观教育问题的凸显以及各种伤害生命事件的频发，颁布指导大学生生命观教育的相关政策已成为当务之急。第二，教育政策的滞后性。纵观已有的相关政策文件，大部分的文件仍停留于 2010 年之前，且地方性文件居多，缺乏全国统一的大学生生命观教育政策文件。第三，教育政策缺乏针对性。大多数文件都是基于宏观层面的笼统性规定，缺少具体性的政策规定。生命观问题归根结底是一个价值观问题，生命观教育问题从根本上而言关涉到人的培养问题。当下，有关大学生价值观培育、高校人才培养等问题的文件层出不穷。总体而言，这些文件对指导大学生的价值观培育、如何实现高校人才培养提供了行动指南，但缺少针对大学生生命观培养的具体性文件。这使大学生生命观教育在实践中缺少相应的政策遵循，从而影响了实践进程。

（二）制度规范不足

政府通过制度规范层面的责任落实对大学生生命观教育责任实践过程进行有效调控，以保障教育主体在责任实践过程中的责任践履。制度调控的不足，导致教育主体行为失范的发生，影响到其责任的有效履行，进而制约着大学生生命观教育的实践推进。作为一种规范体系，制度体现出一定的强制性和约束性，能够对人的行为实践起到有效规范。"制度是指在特定的社会活动中，围绕一定目标、依据一定程序由社会性正式组织制定、颁布、实施并受到社会权力机构强力保障，具有普遍约束意义、比较稳定的规范体系和运行机制。"① 也就是说，制度制定的目的在于从制度层面规定主体应当做什么，不应当做什么，以及违反相关规定后应受到怎样的惩罚等。大学生生命观教育环境的优化，需要主体有效规范自身的责任行为实践，这离不开硬性制度的建设，即制度之于行为主体的有效规范。目前，大学生生命观教育中的制度规范不足主要体现为相关制度的缺失、不完备。

一方面，各教育主体具体责任实践活动的相关规范不足，缺少明确的法律法规，主体在责任行为过程中缺少必要的制度遵循和法律依循，不仅容易出现行为失范，而且容易发生责任推卸和逃脱责任追究。另一方面，相关制度规范存在一定的滞后性和不完备性，尤其是有关网络虚拟世界的法律法规往往滞后于互联网的发展，从而弱化了对行为主体的有效规约。随着互联网的迅猛发展，人们的

---

① 郭金鸿. 道德责任论[M]. 北京：人民出版社，2008：222.

自由度得到极大拓展。在互联网构建的网络虚拟世界中，任何人都可以自由地发表看法和进行观点呈现。尤其是大数据赋权等为人们提供了更多、更为平等的话语权，人们的言论自由表达机会也越来越多，其所具有的话语权力也越来越大。在制度规范约束不足的情况下，部分人在某些特殊利益的推动下，放弃了其应然的责任担当，就会故意捏造、放大、传播一些不实或错误言论，以误导民众的价值判断和行为选择，从而导致人们价值偏颇、行为失范或失控等问题的发生。这说明，人们的责任意识也在一定程度上面临着消解、弱化的趋势。一些背离生命价值取向、侵蚀生命意义、亵渎生命本真的消极内容大量充斥于网络世界，从而弱化大学生对生命责任的承担。近年来，网络中开始出现各种"相约自杀群""自杀网站"，甚至有网友对部分具有心理问题和自杀倾向的人提供专门的自杀攻略等。这些群的建立不是为了救助生命，反而肆意传播负能量，诱导人们漠视生命，放弃对生命责任的担当。2016 年，湖南一名大学生通过"相约自杀群"与另一名网友相约去峨眉山跳崖自杀，从而结束了 20 岁的年轻生命。可见，制度建设的滞后与不完备，使得一部分人在获得网络自由的同时，容易忽略了对义务的履行，甚至出现一部分人在违背网络道德的情况下无法得到有效惩罚的情况。

## （三）环境调节弱化

行为主体责任实践的推进离不开一定的外部环境，并受环境的影响。因而，在调控主体责任过程中，就必然要发挥环境的规制作用。在大学生生命观教育中，外部环境对教育主体责任行为的调控主要通过社会赏罚调节和舆论引导体现出来。当前，环境在大学生生命观教育主体责任实践中的调节不足，并主要表现为社会赏罚调节的乏力以及社会舆论引导的弱化。

第一，社会赏罚调节乏力。社会赏罚是培养行为主体责任感、促进主体责任行为过程顺利进行的必要手段。通过社会赏罚的有效运用，可以营设良好的外部环境，以推动责任主体责任的积极践履。社会赏罚就是社会对其成员履行责任的不同表现所给与的社会报偿，这种报偿可能是激励，也可能是制裁。① 可见，社会赏罚在责任行为调控中的作用发挥是通过奖惩机制得以实现的。因此，社会赏罚既可以运用奖励手段对责任主体的动机予以肯定，对其责任行为进行积极引导，以促进其责任实践的推进。反过来，社会赏罚也可以运用制裁手段对行为主体进行约束，防止不负责任行为的发生。从形式上来看，社会赏罚主要包括利益赏罚、行政赏罚以及法律惩戒等。社会赏罚一旦出现不当，就会导致权责利之间的失衡，进而引发责任推卸、责任涣散等问题。社会赏罚调控作用发挥的根本在于其有效抓住了责任生成的利益基础这一特点。从根本上而言，责任承担是一种利益选择，对利益的追逐是责任实践的动力。因此，社会赏罚即是通过利益手段的运用对行为主体的责任实践方向进行引导。一方面，通过运用利益激励等手段，促进责任主体的利益获得；另一方面，运用惩罚手段，使责任主体利益无法得到满足。

当前，在大学生生命观教育中，社会赏罚调控的不足，影响了教育主体责任的承担，并制约着这一责任过程的实践推进。首先，社会赏罚运用不足。对教育主体的责任行为缺少有效的奖励，从而弱化了其在这一过程中的责任担当。如对高校教师而言，其在大学生生命观教育中的责任履行，并未得到相应的奖励，因而其责任动机无法得到有效保护。同时，对于责任行为失范的问题，也缺少相应的惩罚。如媒体在利益的驱使下失去了其应然的责任担当，却由

① 谢军.责任论[M].上海：上海人民出版社，2007：217.

于无法得到相应的惩罚而使其免责，从而在一定程度上纵容了这些失责行为的发生。其次，社会赏罚运用不当。对于教育主体的责任行为，缺少恰当的奖惩标准，从而难以对主体的责任行为过程起到有效规范。如在高校内部，往往将升学率、就业率等作为奖惩手段运用的指标，而忽略基于大学生生命发展维度的其他指标的制定。同时，对于大学生行为实践的奖惩，也往往基于对其学业成绩、科研情况等方面的考察，忽略了对其思想道德等方面的考量。这些都在一定程度上弱化了教育主体在大学生生命观教育中的责任担当。

其次，社会舆论引导弱化。"社会舆论是指通过大众传播媒介等正式的渠道和方式赞扬或谴责，以及通过非正式的渠道和方式议论、评价某些行为，对人们的行为起到鼓励或限制作用，从而调节和控制人们行为的一种社会控制方式。"[1] 在社会舆论调控中，媒体发挥重要作用。社会舆论之所以作为责任行为过程中的调控机制，就在于其可以根据一定的价值评价标准对行为主体的行为实践作出价值判断，并将这种评价结果反馈给行为主体。行为主体依据社会舆论的评价（赞扬或者谴责）自觉进行责任行为规范的调整，使其行为符合责任伦理要求。社会舆论具有导向作用，媒体通过对相关事件的报道、评价，在向人们传递客观信息的同时，也向公众告知何为符合社会要求的生命责任行为，何为违背社会要求的生命不负责行为，从而对人们的生命责任实践起到有效的指引作用，社会舆论的这种导向作用对大学生在生命实践中确立生命责任意识尤为重要。当前，社会舆论调控的弱化，在一定程度上消解了大学生在责任实践中的生命责任承担，制约着这一教育实践进程的推进。社会舆论调控的弱化主要表现为舆论导向的弱化。舆论导向的目的在于引导

---

① 谢军. 责任论[M]. 上海：上海人民出版社，2007：214.

人们正确认识何为生命责任，以及如何承担生命责任。当前，一些伤害生命事件尤其是自杀事件，在一定程度上反映出当事人生命责任意识的弱化，无法承担起本应肩负的责任。这需要媒体在基于客观事实的基础上，根据事件本身的特点，对社会舆论进行合理引导，以深化人们对生命责任的认知。

当前，媒体在社会舆论导向中呈现弱化趋势。在内容上，媒体热衷于对新闻事件的炒作，追求事件的情节性和故事化，而忽略引导全社会对生命责任的探讨和反思。如前几年对于频繁出现的女大学生被杀事件的报道，对被杀动机与细节过分渲染，在制造社会恐慌和混乱的同时弱化对生命责任的强调。在关注重点方面，主观臆造相关报道，以偏概全。报道偏离事实本身，甚至在一定程度上造成了事实与价值的偏离。"在现代性的条件下，媒体并不反映现实，反而在某些方面塑造现实。"① 如 2018 年，在"空姐滴滴遇害"事件中，自媒体"二更食堂"竟然忽视对死者生命的尊重，为吸引注意力通过公众号杜撰发表了《托你们的福，那个杀害空姐的司机，正躺在家数钱》一文。其中，不乏各种色情性的联想与露骨的语言表达，对遇难空姐进行了大肆消费。这在误导舆论正向发展的同时，也反映了对生命的漠视，不利于强化大学生的生命责任意识。在表现形式上，往往与某些热点结合起来博得眼球，而不注重对事件结果的评价与反思。在一些自杀、他杀案件中，忽略生命责任的引导，过分关注一些事实之外的报道，尤其是对于其中涉及的感情纠葛过分报道，以混淆公众对事件本身的关注和案件的生命教育意义。如对一些明星吸毒、明星自杀等类的报道，媒体更多是把这类事件与

---

① 吉登斯. 现代性与自我认同[M]. 赵旭东，等译. 北京：生活·读书·新知三联书店，1998：29.

具体的个人联系起来，甚至由此而展开对明星隐私生活的八卦，而对于为什么吸毒、为何自杀，以及如何承担生命的责任等行为本身的探讨则鲜有报道。这就难以发挥媒体的舆论导向作用和这类事件的社会警示作用，也难以促进大学生实现生命的责任担当。

### 三、责任评价机制不完善

大学生生命观教育的顺利推进需要基于一定的标准、采用一定的方式对教育主体的实践进行一定的责任评价，以确保信息输出端、信息输入端的互通以及信息传递过程的畅通，以促进责任在整个教育过程中的有效贯穿与落实。大学生生命观教育作为一种责任实践过程，责任评价是其实施的最后一个环节。因此，这需要构建完备的责任评价机制，以对教育主体的责任实践作出客观评价，从而使教育主体对自身的责任实践效果进行及时调整和改进，以确保其在大学生生命观教育中的责任有效落实。当前，责任评价机制的不完善，使得作为具体教育主体的家庭、学校以及社会的责任行为无法得到及时、有效、客观的评价。这影响到教育主体责任的积极承担与践履，进而制约着大学生生命观教育实践的顺利推进。

首先，责任评价标准片面化。责任伦理强调责任在行为实践中的贯穿性，即要在行为前、行为中、行为后都坚持对行为负责。因此，对一种责任行为的道德性评价，不仅要基于主体的行为动机出发，还要考虑主体行为的结果和行为的具体实践。可见，责任评价标准内含了目的善与结果善的统一。在大学生生命观教育主体责任评价实践中，评价标准的片面化导致了主体责任行为判定偏颇的发生，因而无法对其行为实践是否尽责作出准确的道德判断。一方面，强调动机善的责任评价标准。其主要表现为片面强调责任行为的动机而对行为结果不予考虑，认为只要动机是善的，这种行为便是负责任的。如在"好心主义"支配下的教育功利化实施，只能止步于动机的"善"，而无法实现对学生的真正负责。另一方面，突出结果善的责任评价标准。其往往单纯性地从教育主体行为结果出发，体现为一种以结果为导向的责任评价标准。在这种评价中，由于过分关注对结果的考量，而忽略了对于行为动机和行为过程的综合判断，使这种评价标准体现出一定的片面性。如为推进大学生生命观教育取得所谓的"好的结果"，大搞形式主义，而不对这一过程中的教育目的、教育内容、教育投入、教育手段运用、教育方法实施等进行多方面的考量，必然是不科学的。在这种情况下，一味注重对责任行为结果的评价，则无法对大学生生命观教育主体的责任实践作出客观评价，进而影响到其责任的有效落实。

其次，责任评价过程偏重量化运用。定性评价与定量评价作为不同的评价方式，其侧重点不同，运用的适用性范围也不同。从大学生生命观教育主体责任实践过程的一般规律来看，在教育主体实践效果进行评价中，应将定性评价与定量评价进行有效结合。而在实践中，对定量评价的过分强调以及对定性评价的忽略，导致了评价的片面化和评价结果的非客观性。具体而言，对于大学生思想、心理等方面的发展状况评估过少，而考试的及格率、技能培训的过关率等则被过多地关注。然而，这种"唯数据至上"的评价方式只能在一定程度上反映出教育主体在某一阶段、某一方面的责任实践成效，并不能代表教育主体在真正意义上促进了大学生生命的发展。因为，数据反映的知识的获得、技能的提升，不仅不能代表生命获得了真正的发展，甚至在一定情况下，由于过分执著于对这些方面的追逐，而忽略了大学生生命观教育实践中对生命的关注，进而导致了生命的被压抑，个体生命无法得到真正发展。例如，有学生在有关生命知识的方面掌握可能很充分，对于生存技能的掌握也很好，但并不一定能反映出其在真正意义上确立了正确的生命观，也并不能说明其能够在实践中进行积极的生命实践。因为，由获得生命知识到生命观的形成乃至到生命的实践之间还需要经过一系列的转化过程与阶段。以结果为导向的责任评价方式所导致的结果就是，教师往往重点关注课时的完成情况、科研成果的取得等硬性指标，缺少基于学生生命发展的角度来综合考量教育的工作成效。而就行政管理人员而言，则主要针对学生管理、学生安全等方面予以评估，以是否完成上级制定的指标任务为标准，忽略在此过程中对学生的生命发展等方面的考量。因此，一切外在的东西成了教育中追逐的重点，而教育对象的生命本体则被孤立于教育之外，教育成了"见物不见人"的形式化教育。因此，过分追求定量评价的责任评价过程，是不科学的。

最后，责任评价反馈不及时。责任伦理强调责任的连贯性，意味着要在行为的各阶段之间搭建沟通的桥梁，以实现各阶段之间的信息互通，以便使行为主体能根据行为实践不断调整自身的行为，以促进主体行为实践负责任地推进。也就是说，责任评价应是一个信息畅通的循环系统，通过信息的传播、反馈，教育者、教育对象之间保持信息的通畅，从而形成有效的连接。这就要求，在大学生生命观教育责任评价过程中，应对主体责任实践的效果进行及时的反馈，使责任主体明确自身行为的实践效果，并根据反馈结果不断改进责任实践，以不断促进责任的有效落实。在大学生生命观教育中，由于对教育主体责任实践效果信息反馈的不及时甚至阻断，教育者无法对大学生生命观教育所取得的实践效果进行及时获悉，从而无法根据教育的实际成效进行责任行为的不断调整和改进，进而无法保障责任在整个教育实践中的有效贯穿，这不仅容易导致教育实践中目的善与结果善的割裂，也因而制约着大学生生命观教育实践进程的推进。

# 第三章　责任伦理视域下大学生生命观教育的逻辑理路

责任伦理为理论研究和实践开展大学生生命观教育提供了新的研究思路，打开了新的研究视野，从而为新时期提升这一教育的实效性提供了可能。为此，应从理论层面梳理大学生生命观教育的逻辑理路。在目标层面，确立生命和谐的价值追求；在内容层面，通过纵横维度的视野拓展进行内容完善；在主体层面，对作为责任主体的家庭、学校、社会以及个体的责任实践提出相应的伦理要求，实现多元教育主体的责任共担。

## 第一节　目标追求：生命和谐

生命存在作为一种关系存在，其内在地包含了人与自我、人与自然、人与社会、人与未来之间的多重关系。生命观作为观念层面的生命认识，也必然包含对这四重关系的认识在内。作为社会存在的人，存在于各种关系之中，同时也在处理、协调各种关系中实现生命的和谐发展。这些关系内含生命之间的相互责任和义务，基于责任伦理开展生命观教育的目的，就在于引导大学生正确认识生命的各种责任关系，并有效协调、处理这些关系，以实现自我生命、人类生命与自然、个体生命与社会、代际生命的和谐。

### 一、自我生命和谐

责任伦理立足于生命的存在与发展，强调人类要对其行为实践负责的最终目的在于维护人类自身的生存与发展。因此，作为生命个体而存在的人，首先应当为自我负责。基于责任伦理的视角对大学生进行生命观教育，旨在引导大学生认识到对自我的责任，并通过生命实践活动的开展实现自我生命的和谐。从生命的组成来看，生命作为包含自然性生命、社会性生命与精神性生命相统一的整体性存在，生命和谐就是要实现这三个维度的生命内在和谐与发展。生命和谐不仅要求个体具备良好的身体素质、心理素质和人际交往能力，还要保持高尚的道德品质。自我生命和谐反映出生命个体内在的生命系统平衡性，这种平衡的实现既是一种目标追求，也是一个动态过程。生命系统以其内在的调节机制维持着这种平衡，防止生命系统出现失衡。作为目标追求，生命和谐为当下大学生生命观教育的开展提供了价值指向。作为动态过程，生命和谐反映了大学生生命观教育所肩负的重要任务。生命和谐的实现是促进个体生命发展的重要保证，大学生只有在身心方面实现了协调发展，才能保障其拥有健康的体魄和良好的心态，从而为生命实践的开展夯实基础。

然而，当下，随着科技向生活的不断渗入，其在生活质量提升以及生活方式改变中的作用也日益凸显。大学生在获得便利的同时，也在一定程度上不自觉地陷入了技术所造就的享乐主义、物质主义的窠臼，由此引发的生命不和谐问题越发凸显，如精神生命世界空虚、人际交往障碍、道德弱化等。同时，生活节奏的加快使得部分大学生在一味追求所谓的成功时而不自觉地忽视了对自我生命的关注，亚健康已成为威胁大学生身心和谐发展的重要杀手。亚健康一般是指机体虽无明显的疾病，却呈现出活力降低，适应能力呈不同程度减退的一种生理状态，是介于健康与疾病之间的一种生理功能低下状态。① 同时，抑郁等心理问题也严重威胁到大学生生命的健康发展。有研究表明，当代大学生正遭遇抑郁症的困扰，联合国卫生组织研究预测到 2020 年抑郁症将成为全世界导致死亡和残疾因素的第二位原因。② 2017 年，中共中央、国务院印发的《中长期青年发展规划（2016—2025 年）》指出，青年体质健康水平亟待提高，部分青年心理健康问题日益凸显。③

大学生作为社会主义建设的青年一代，被赋予了较高的价值期待。强健的体魄、健康的心态、良好的社会适应能力以及崇高的道德品质，不仅是大学生健康成长的标志，也是促进其实现更高、更好发展的基础，更是推动社会未来发展的重要保障。大学生在身体、心理、精神、社会等方面呈现出的问题，反映出促进大学生生命和谐的强烈诉求。基于责任伦理的视角对大学生进行生命观教育，旨在培养大学生整体性的生命责任观，帮助其正确认识生命个体对自我所应承担的责任，并学会对自我负责。这不仅要求引导大学生注重身体方面的养护，保持健康的身体状态。同时，还要培养大学生健康的心态和较强的社会适应能力以及道德情操，以促进生命各个方面的健康与整体性发展，即实现自我生命的和谐。

---

① 童文琴，施国惠．大学生亚健康研究现状及进展［J］．中国健康教育，2015（12）：1173.

② 王卫．青少年抑郁的预防：青少年应变力辅导计划简介［J］．心理科学，2000（4）：506.

③ 新华社．中共中央国务院印发《中长期青年发展规划（2016—2025 年）》［A/OL］．中华人民共和国中央人民政府网站，2017-04-13.

## 二、人类生命与自然和谐

责任伦理突破了传统信念伦理的局限性，将责任的视野由人类社会扩展到了自然界，肯定了一切生命的平等性和价值性，否定了人类中心主义的局限性思维。从人与自然的关系角度而言，责任伦理视域下的大学生生命观教育实施的目的在于增进大学生对自然生命的认识和人与自然关系的认知，增强自然生命责任意识。同时，在此指导下对生命实践活动进行规范，助益于对人和自然间的紧张关系进行有效缓解，在维护自然生态平衡的基础上，实现人类生命与自然的和谐。科技时代，技术的发展使得一切都被"祛魅"，自然的神秘面纱伴随技术的发展而逐渐被揭开。技术与人的理性相结合，形成了技术理性。技术理性的过分膨胀挤占了价值理性的生存空间，人在技术理性的驱使下，对自然的改造与开发力度越来越大，人对世界的统御愈来愈强。自然的有限性与人类无限膨胀的欲望之间的对立越发明显。在科技高度发达的今天，科学对于自然生命的干预也越来越多，整个自然臣服于人类的力量之下。人们的物质生活借助于技术手段获得了明显改善，生活水平得到显著提升，但面临的生态问题也日益凸显。资源匮乏、能源危机、温室效应、大气污染等一系列关涉到全球命运的共同性社会问题的凸显，折射出人类生命与自然界其他有机生命以及无机生命之间的关系失调。这些问题不仅制约着经济社会的持续发展，而且威胁到人类的基本生存。恩格斯早期的预警犹如悬在人类上空的达摩克利斯之剑，给人类敲响了警钟："我们不要过分陶醉于我们人类对自然界的胜利。对于每一次这样的胜利，自然界都对我们进行报复。"①

---

① 马克思恩格斯选集：第3卷[M]. 北京：人民出版社，2012：998.

生态危机的背后，有着深刻的认识根源。近代以来，在技术发展与资本主义生产方式的双重驱动下，人类对物质的追求不断膨胀，征服自然的欲望与日俱增，改造自然的能力也逐渐增强。自然彻底沦为被征服、被索取的对象，而逐渐丧失了其应有的主体地位。面对自然界的一切生命，人类生命表现出了高高在上的骄傲姿态，不惜牺牲其他生命来为整个人类生命的发展做铺垫。人类中心主义思想逐渐兴起，并逐渐占据统治地位。人类中心主义萌发于古代，基于理性和科学基础之上，并随着近代的发展而逐渐形成，其核心要义是一切以人为核心，人类行为的一切都从人的利益出发，以人的利益作为唯一尺度，只依照自身的利益行动，并以自身的利益去对待其他事物。[①] 在这一思想的统御下，人类的生命权表现出超越于其他生物生命权利之上的至上性。中世纪神学的目的论沿袭了这一认识，主张动物的生命权利附属于人的权利。这种认识在康德那里得到了进一步发展，康德认为，人作为理性的自由存在，具有支配权利的道德自由，"那种可以由纯粹理性决定的选择行为，构成了自由意志的行为"[②]。在这种思想的驱动下，人把自身视为自然的主人，把自然作为单纯的客体对待，通过巧取豪夺等手段，不断向大自然进行索取，任意破坏其他生命，从而使大自然失去了其内在的平衡。可以说，现代社会中的大量生态问题，正是人类中心主义消极思想统御下的人的贪欲的真实写照。

破除人类中心主义思想的关键在于矫正错误的生命认知，重新认识人与自然之间的关系。那么，这就需要通过生命观教育的实施，以对人类生命与自然之间的关系形成正确认知。人类生命与自然休

---

① 余谋昌. 走出人类中心主义[J]. 自然辩证法研究，1994（7）：9.

② 康德. 法的形而上学原理[M]. 沈叔平，译. 北京：商务印书馆，1991：13.

戚与共，人与自然共同存在，构成"生命共同体"。党的十九大报告指出："人与自然是生命共同体，人类必须尊重自然、顺应自然、保护自然。"① 人类来源于自然，人与其他生命一样，都属于自然的一部分，人类生命与其他一切生命都处于平等地位，不存在超越于其他生命之上的人类生命存在。因此，"人类生命并不具有以自身的利益为标准伤害其他非人类生命的特权，人与自然环境应该是一种和谐共生的关系，尊重其他物种的生存权利应该成为人类的道德准则"②。人应当珍视一切生命，善待一切生命，维护自然系统的内在平衡。这不仅是人类走出人类中心主义囹圄的必由之路，也是人类生命道德的内在诉求，更是时代问题倒逼下的必然选择。

党的十九大报告指出，"我们要建设的现代化是人与自然和谐共生的现代化"③。一方面，人与自然和谐共生揭示出二者之间关系的应然状态，即彼此相互依存。人依赖于自然而存在，并依托自然获得持续性发展。对于自然而言，其作为一个实践范畴，带有深刻的人类实践活动烙印，自然是人化的自然。马克思辩证唯物主义认为，作为存在的双方，一方的存在必然要以另一方的存在作为前提，而存在的形式则表现为双方在相互斗争中获得彼此存在。历史地看，人在与自然的长期斗争中，获得自身的存在与发展，主要表现为人在与外界环境的斗争以及其他物种的竞争中得以存在。原始社会时期，由于受制于人的理性发展能力以及技术手段，人类改造自然的能力还很有限，只能被动性地服膺于自然。马克思对这种依附关系

---

① 习近平.决胜全面建成小康社会 夺取新时代中国特色社会主义伟大胜利——在中国共产党第十九次全国代表大会上的报告[M].北京：人民出版社，2017：50.

② 康玲玲，周建超.生态文明视阈下生命教育的转向及其实践路径[J].中国青年社会科学，2018（4）：116.

③ 习近平.决胜全面建成小康社会 夺取新时代中国特色社会主义伟大胜利——在中国共产党第十九次全国代表大会上的报告[M].北京：人民出版社，2017：50.

进行了形容，"人们同自然界的关系完全像动物同自然界的关系一样，人们就像牲畜一样慑服于自然界"①。而随着人类改造自然能力的提升，人与自然之间的关系呈现新的变化。在新的历史时期，对人与自然关系的重新考量与认识成为当务之急，人类必须重新审视其与自然之间的关系，认识到二者相互依存的关系样态。另一方面，人与自然共生意味着二者之间的和谐发展。二者之间的依存关系决定了人的发展与自然的发展必然是一致的，没有自然的发展，人的发展无从谈起。离开人的发展，自然的发展只能止步不前。就人与自然的关系而言，矛盾与斗争都是相对的，实现人与自然的和谐共存与发展才是最终的价值诉求。"和"并非指完全的同一性，而是在肯定差别、承认差别基础之上的统一。也就是说，要在尊重人的实践活动规律和自然界运行规律的基础上，实现人类与自然的和谐共生。

大学生作为推动社会发展的重要力量，其生命观的状况直接影响到其具体的改造自然活动的实践。基于责任伦理的视域对大学生进行生命观教育，目的在于引导大学生辩证认识人类生命与自然之间的关系，破除人类中心主义消极思想的影响，增强大学生对于自然界一切生命的责任意识，推动大学生对自然道义责任的自觉承担，以有效缓解生态危机，为人类自身的生命发展创设良好的外部前提，从而实现人类生命与自然的和谐。

### 三、个体生命与社会和谐

责任伦理立足于整个人类社会发展的大背景之下，将人的责任与整个人类的命运关联在一起。因此，责任伦理的一个重要出发点

---

① 马克思恩格斯选集：第1卷[M]. 北京：人民出版社，2012：161.

在于协调人与社会的关系，从而为人的生命实现长远的发展奠定基础。从人与社会的关系层面来看，对大学生进行生命观教育，就是培养其正确的社会责任认知，正确协调个体与社会的关系，实现个体生命与社会的和谐。人处在特定的社会之中，在与他人的交流与互动中形成了各种伦理关系，这些作为个体的人以及由人所形成的各种社会关系便形成了社会。从根本上来看，社会性反映出人的生命的本质所在，任何一个生命个体都不可能脱离社会而存在，更无法离开社会而实现发展。人是社会的人，只有通过社会才能获得自身的发展。因此，生命个体的发展与社会发展在根本上是统一的，只有实现社会的繁荣发展，才能为个体发展创设良好的外部环境，以促进个体生命实现真正意义上的发展与完善。因此，人的生命发展与社会发展是双向互动的过程。一方面，社会是在人的生命实践活动中形成的，社会是怎样的最终取决于人的实践。另一方面，人受到社会的影响，人与社会互动关系的总和构成了人的存在。可见，人的生命关系内在地包含了社会关系在内，在推动个体生命观形成与塑造的过程中必然要协调、处理人与社会之间的关系。人与社会之间的关系特点决定了人在享受社会提供的资源与便利的同时，必然要通过生命实践活动的开展承担相应的社会责任，在获得生命个体发展的同时推动社会发展。

需要注意的是，这里的"社会"不仅仅是局限于一个国家或是一个民族之内的社会，而是立足于世界全局的"大社会"。这是由科技发展、全球化加快等综合因素所决定的。在技术时代，随着全球化的持续推进、人类活动范围的延展，人与人之间的接触与交流愈加深入和广泛。人们之间的利益交汇点逐渐增多，世界越来越成为一个"你中有我、我中有你"、彼此相互依存的有机整体。同时，公共领域的扩大、私人领域的缩小使得人们彼此间的合作更为重要，人们在密切联系的同时，相互间的责任与义务关系也更为凸显。"从长远、未来和全球化的视野探究我们的日常的、世俗-实践性决断是一个伦理的创举，这是技术让我们承担的重任。"① 全球化扩大了人与人之间、国家之间、民族之间的交往空间，在不断扩大的实体空间和虚拟空间中，个体与社会之间的关系日益密切。责任不仅是人际的，也是社会的、民族间和区域的，而且也是个体在任何关系中都要承担的。② 责任的视界应当跨越狭隘的自我局限，立足于人类的整体性发展。因此，应当拓展责任的全球伦理视野，促进作为主体的人积极承担更多的全球性责任。对全球负责，即意味着作为生命个体的人对由生命单元组成的社会负责，以实现人与社会的和谐共荣。

大学生作为青年的重要代表，是创新人才的基础来源，蕴含着无限的发展潜力，是引领未来社会发展的重要生力军，应当肩负起推动社会进步的责任担当和历史重任。为此，习近平总书记对广大青年提出了殷切期望，"当代中国青年一定能够担当起党和人民赋予的历史重任"③。在这里，"历史重任"即是推动社会发展的任务。这一任务的完成需要通过生命观教育，强化大学生的生命责任意识，增强对社会责任的践履，在生命实践活动中促进个体与社会的和谐发展。可见，社会的发展离不开大学生这一人才群体的支撑，社会的良性发展更离不开大学生强烈的社会责任意识的推动。对大学生进行生命观教育，就是培养其正确的社会责任认知，正确协调个体与社会的关系，实现个体生命与社会的和谐。

---

① 约纳斯.技术、医学与伦理学：责任原理的实践[M].张荣，译.上海：上海译文出版社，2008：27.
② 方朵.公民视域中的责任教育[D].南京：南京师范大学，2017.
③ 习近平.习近平谈治国理政[M].北京：外文出版社，2014：176.

### 四、代际生命和谐

生命是一个连续的过程，这不仅体现在个体生命是一个由发生、发展到成熟的连续性过程，同时也体现为作为群体性存在的人类生命的世代延续。从人类整体来看，生命的存在与发展是一个历史延续的过程，不同时期的生命经过世世代代的延续并继续在未来得以延续，从而在历史的长河中构成人类整体性的生命存在。因此，正确的生命观首先应当具备这样一种整体性的视野，即立足于人类整体来看待生命，以一种公正的态度来对待当下生命与那些尚不在场的未来生命。这不仅体现了代际公正的生命态度，也凸显了基于历史发展与进步的视角推动生命延续与发展的深切伦理关怀。从生命的价值考察来看，"历时性的代际关系与共时性的横向人际关系对于人类生命的绵延和社会历史的有序展开具有同等的意义，生活在未来地球上的人类生命与当下的人类生命具有同等的尊严和权利。我们不能认为今天的人类生命价值高于未来人的生命价值，正如我们不能承认过去人类的生命价值高于当下我们人类的生命一样"①。

因此，无论在场的生命与不在场的生命在生命权利享有方面都应当具备同等的权利，人类不可以因为未来生命的不在场而剥夺了其对生命实践活动所创造价值的利益分配权和自然资源的享有权，更不可以为了当代利益诉求的满足而牺牲后代的利益。这既是对生命不负责的表现，也是生命不道德的体现。生命观作为一种对待生命的根本态度，其体现在人类实践领域的方方面面，并指导着生命实践活动。这种和谐体现在发展领域，即要认识到当下社会与未来

---

① 毛勒堂. 公平地对待未来人的经济权益——论代际经济正义[J]. 马克思主义与现实，2008（5）：90.

社会的发展具有内在的协调一致性，实现当下社会与未来社会和谐是社会发展的价值旨向。因此，任何建基于破坏未来发展基础上的社会发展都是不健全的，也是有悖于发展伦理的。只有建立在对整个人类高度负责基础上的发展，才是符合社会发展要求的，也是体现发展伦理规范的真正意义上的发展。这是因为，从根本上而言，一切发展都是基于人类整体利益的考量，都是通过促进人的发展而推动社会发展的实现。社会发展中产生的问题，给人类敲响了警钟，即人类的发展不应只局限于眼前的利益，应当冲破近视、短视的发展观，不仅使发展为当代人谋福利，更要使未来之人同样享受到发展的成果。因为，就自然资源的享有来看，当代之人与未来之人作为自然的重要组成部分，都应当平等享有自然的惠赠。这种代际公正的生命态度在发展观中得到鲜明的体现，无论是党中央提出的"可持续发展观"，还是十八大以来倡导的"五大发展理念"，无不蕴含了对未来不在场的生命利益的考量，体现出代际公正的发展原则。

责任伦理蕴含的生命伦理关怀意识契合了大学生生命观教育的内在要求，彰显了生命观教育的代际关怀伦理诉求。这种伦理诉求是时代发展尤其是科技发展问题产生的必然结果。"我们当代人今天的行为却会对未来人类造成重大影响，正是这样一种连带关系使我们必须抉择：或者我们做出些自我牺牲，则未来人从中受益；或者我们追求利益的最大化，则未来人深受其害。"① 这种当代人与未来人的非对等性的伦理关系的协调与处理正是责任伦理作为一种"远距离性"伦理的价值体现。从责任伦理的视角来对大学生进行生命观教育，其目的在于帮助作为生命个体的大学生树立高度的未来生

---

① 甘绍平. 代际义务的论证问题[J]. 中国社会科学，2019（1）：23.

命责任感，并指导其在科学研究、生活实践等方面时时抱有深刻的生命伦理关切和对未来人类命运的考量，有效协调与处理当下生命与未来生命的权利、利益等关系，从而在促进当代生命发展的同时，也能够为未来生命的生存与生活创设良好的前提条件，以实现代际生命的和谐。

## 第二节　内容完善：视野拓展

生命问题作为责任伦理的研究对象，强调对生命负责是责任伦理的价值追求。从责任伦理的视角探讨大学生生命观教育问题，即是要求培养大学生的生命责任意识，增强其内在的生命责任自觉。可见，责任作为责任伦理的核心，是大学生生命观教育内容架构的基础和主线，具体教育内容的厘定必然基于责任伦理探究的基础上进行拓展和延伸。为此，必然要追溯到对责任伦理中的责任范畴的探讨。马克思认为，生命作为一种整体性存在，对生命责任的理解应当从多维度予以全面把握。一切责任的探讨都是基于生命的存在与发展，有关责任的范畴也都围绕生命的责任关系展开。责任伦理拓展了责任的视野，把责任的对象延伸到了自然界，由对当前的生命的负责延伸到对遥远的未来负责。因此，从内容上来看，责任伦理视野的拓展应当体现为对自我的责任、对自然的责任、对全球的责任和对未来的责任。责任伦理拓展了责任的伦理视野也就是拓展了主体责任实践的对象，一切生命，不管是人类的还是非人类的、当下的还是未来的都被纳入进来，生命的责任关系由人际间向代际间、由人类间向非人类间延伸与拓展。基于此，大学生生命观教育应当以生命责任为主线来实现教育内容的完善，即进行生命健康教育、生命敬畏教育、生命价值教育、生命发展教育。如图 3-1 所示：

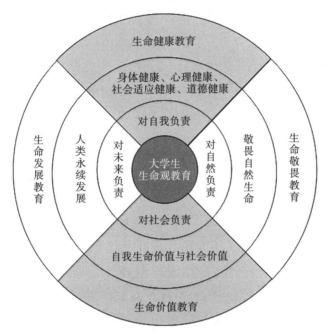

图 3-1　责任伦理视域下的大学生生命观教育内容示意图

## 一、对自我负责——生命健康教育

责任伦理凸显责任的整体性，基于这一视域下的自我生命负责，就是要对自我生命进行全面负责。生命首先是一种为我性存在，为我性即是对自我生命的负责，表现为生命的自我保存性。从生物学上讲，这是生命的一种本能。任何生命个体在面临生命危害入侵时，都必然要发生一定的反抗和斗争，以保存和维护生命。"生命体的每个器官都服务于一种目的并通过它的机能来完成它。一切特殊的机能所服务的最高目的，就是作为整体生命体的生命。"① 可见，这种

① JONAS H. The imperative of responsibility：in search of an ethics for the technological age[M]. Chicago：University of Chicago Press，1985：51.

目的存在于其目的本身。而对动物的目的而言，由于新陈代谢的进行，动物体内出现暂时的失衡和失调。在这种情况下，它的每一个行动最后服务的都是缓解自己因缺乏而造成的这种生理紧张，如果听任其发展，就会威胁到动物自身的存在。① 显然，动物的目的最终也是服务于生命这一最高形式的存在。作为承载生命的个体，应当自觉对自我生命的发展与完善尽责。人是实践活动的发起者，一切活动都最终指向自我，即都体现为对自身的责任。因此，人首先是为自身而存在，"真正的责任心首先是对自己负责"②。在当下大学生生命观教育内容的构建中，确立对自我负责的教育内容尤为重要，这不仅源于自我负责重要意义的凸显，还在于当前教育中自我负责内容的缺失，正如2013年人民日报在采访到一位大学生时所谈及的："学校教育，教会我们爱祖国、爱他人，却并未教会我们爱自己。"③ 对自我负责，体现为对个体生命的珍惜和爱护，即是对生命的健康负责。因为，健康作为一种生命状态的反映，体现了生命的正常化发展和整体性和谐。因此，应把生命健康教育纳入大学生生命观教育之中。生命健康教育旨在帮助大学生对生命形成正确的认知，确立积极的生命健康观，并通过生命活动的实践，促进生命实现整体性的发展与和谐。

党的十八大以来，以习近平同志为核心的党中央高度重视"健康中国"建设，习近平总书记指出："健康是促进人的全面发展的必然要求，是经济社会发展的基础条件，是民族昌盛和国家富强的重要标志，也是广大人民群众的共同追求。"④ 党的十九大报告明确提

① 方秋明. 为什么要对大自然和遥远的后代负责——汉斯·约纳斯的目的论解释[J]，科学技术与辩证法，2007（6）：16.
② 邓晓芒. 灵之舞[M]. 北京：东方出版社，1995：115.
③ 赵婀娜. 生命教育，不容缺位[N]. 人民日报，2013-05-23（17）.
④ 习近平. 习近平谈治国理政：第2卷[M]. 北京：外文出版社，2017：370.

出"实施健康中国战略"①，这意味着健康问题已引起党中央的高度重视并成为当下亟待解决的重要问题。当前，我国社会主要矛盾已发生了显著变化，如何满足人们对美好生活的需要，已成为社会发展中的关键问题。生命健康作为生命基本的需要，其实现是解决社会主要矛盾的内在价值诉求。健康这一理念，重新映入了新时代社会发展的价值视域。而随着生物—心理—社会医学模式的确立，健康的概念也得以重新界定。早在1989年，世界卫生组织就提出了四维健康的新概念，即"一个人在身体健康、心理健康、社会适应健康和道德健康四个方面皆健全"②。可见，健康作为一个整体性概念，内在地包含了身体、心理、精神、社会等生命各个维度的健全。这四个方面的教育内容作为一个有机整体，涵盖了生命发展的各个方面。

首先，身体健康教育。生命作为一种整体性存在，其发展必然需要建基于一定的物质基础之上。健康的身体，是生命获得发展的基础。生命的崇高性决定了生命本身的价值性，也决定了个体对自我生命的责任，任何人都必须要对生命负责，都没有权利去随意干涉生命，一切伤害生命或随意结束生命的行为都是应当断然否定和批判的。毛泽东十分重视对身体的锻炼，认为"体魄矫健、意志坚强的重要性乃在于能够使中国人顶得住外国的压力，挽救自己的民族"③。因此，他一生之中都十分注重身体的锻炼。身体健康教育即是从身体养护的角度引导大学生学会保存生命、善待生命，以培养

---

① 习近平. 决胜全面建成小康社会 夺取新时代中国特色社会主义伟大胜利——在中国共产党第十九次全国代表大会上的报告[M]. 北京：人民出版社，2017：48.

② MECHANIC D. Social policy, technology, and the rationing of health care[J]. Medical care review, 1989, 46（2）：113.

③ 斯图尔特·施拉姆. 毛泽东[M]. 中共中央文献研究室《国外研究毛泽东思想资料选辑》编辑组，译. 北京：红旗出版社，1995：24.

健康的体魄。

其次，心理健康教育。良好的心理状态不仅是大学生生命和谐的内在体现，而且是推动大学生生命健康发展的必要前提。因此，心理健康教育是推动大学生形成良好心态的重要保障，对大学生进行心理健康教育理应纳入生命健康教育之中。心理健康教育旨在通过对学生心理问题及时的发现和疏导，促进其良好心理状态的形成。人的心理健康既是一种状态，也是一个过程，因而心理健康教育既包括对学生心理问题的预防教育，也包括对学生心理问题的疏导教育，大学生心理健康教育是一个持续推进的过程。

再次，社会适应健康教育。从本质上而言，人是作为社会中特定关系的反映，其生命存在实际上是一种社会存在。大学生作为社会化的存在，必然要通过各种社会关系的构建与维系以实现生命的存在与发展。因此，在对大学生进行生命观教育中必须培养其良好的社会适应能力，以推动其更好地走向社会、融入社会。只有具备良好社会适应能力的人，才能够对生命抱有积极的态度和无限的热情，并通过生命实践实现自我责任和社会责任的统一。而对于一些具有抑郁倾向等心理问题的大学生，其在社会适应方面往往出现一定障碍，并反过来进一步影响到其心理状态，从而导致了一系列不负责任的生命问题发生。社会适应能力教育旨在通过对大学生耐挫力、抗压力、社交力等方面的培养以锻造其顽强的生命意志、增强其必要的社会沟通和交往能力，推动其形成良好的心理状态，助推大学生社会适应能力的养成与提升。

最后，道德健康教育。道德作为一种品质，不仅体现着主体内在的生命意志，而且反映着生命内在的健康状态。大量的社会事实表明：不少心理变态是因为内心的道德冲突和矛盾得不到解决；品德不良、行为不轨者大部分心理亦焦虑、抑郁、惊恐不安，有些因为不道德行为而出现心理失常甚至自杀身亡。① 可见，道德健康是生命健康的重要组成方面。从内涵上来看，"道德健康是指不能损坏他人的利益来满足自己的需要，能按照社会认可的行为道德来约束自己及支配自己的思维和行动，具有辨别真伪、善恶、荣辱的是非观念和能力"②。道德健康与心理健康相互促进，对大学生进行道德健康教育的目的在于通过培养大学生正确的道德观以指导其生命的积极实践，进而推动生命整体性健康的发展。

### 二、对自然负责——生命敬畏教育

对于人而言，自然作为生命衍生的最初场域，是人安身立命的基础，并为人的生存与发展提供必需的条件。因此，自然体现出其内在的价值性，人应当对自然负责，就像对人自身负责一样。这不是要求降低人的地位，而是把自然提升到与人一样的地位，从而归还自然应有的地位与尊严。无论是传统的义务伦理还是功利主义伦理，都忽略了这样一个基本事实，即大自然本身是价值存在的基础。功利主义强调一切从人的利益出发进而提出保护自然，因而这种对自然的保护归根结底还是出于对人类自身的利益考量。而义务伦理由于过分强调人的理性，其结果必然导致人类支配自然。因此，传统的伦理学在实质上都是主张"人类中心主义"。在这种观念的支配下，人在实践活动中必然会出现由于对自身利益的一味追逐，而放弃了对自然的责任担当。人作为具有能动性、实践性的存在，其对自然的责任就在于维护自然的存在、促进自然的发展。而自然的存

---

① 沈兴华，杨健荣，范顺良. 品德健康是健康的基本要求[J]. 中国医学伦理学，2000（5）：5.
② 黄俊龙，沈兴华，马骞，等. 大学生道德健康教育的必要性[J]. 中华医学教育探索杂志，2010（5）：715.

在与发展与人类自身的存在与发展是统一的，马克思指出，"人双重地存在着：从主体上说作为他自身而存在着，从客体上说又存在于自己生存的这些自然无机条件之中"①。对自然责任的积极承担，就必然要正确认识自然的价值。

对自然的责任认识延伸到大学生生命观教育领域，就是重新审视自然的价值，对大学生进行生命敬畏教育，引导大学生确立正确的生命观。从字面意思来看，敬畏生命主要包括对生的敬重和对死的畏惧两层意思，后者往往通过前者而表达出来。敬生畏死作为一种道德理念古已有之，其产生有着深厚的历史文化渊源，最早可以追溯到原始社会时期的图腾崇拜。由于受当时客观经济、主观思维等发展水平的限制，人们对生命的了解还不够深入，生命的神秘性面纱尚未被揭开。正是对生命的不可知性，造就了人们生命敬畏感的产生，这主要表现在对图腾、神灵、自然以及生殖器等方面的崇拜。在中国传统文化中，儒墨道家等思想中都充满了对生命的敬畏，尤其体现在对生的敬重，因此，韦伯认为，"中国人对一切事物的'评价'都具有一种普遍的倾向，即重视自然生命本身，故而重视长寿，以及相信死是一种罪恶"②。

在西方，首先正式提出敬畏生命这一理念并进行具体阐释的是法国哲学家阿尔贝特·史怀泽。他认为，"生命"一词与"生物"具有相同的含义，包含了人、动物、植物等一切生命现象。史怀泽从生命的道义出发，考察了一切生命的存在及相互关系，并提出了敬畏生命的基本原则。他把对生命的敬畏范围进行辐射，从人的生命到动物生命，再拓展到自然界的所有生命。因为，人类生命与自

---

① 马克思恩格斯选集：第 2 卷[M]. 北京：人民出版社，2012：744.
② 韦伯. 儒教与道教[M]. 洪天富，译. 南京：江苏人民出版社，1993：216.

然界的生命休戚与共。但是，由于人类理性能力的存在，其能够运用这种能力实现对自然的改造，因而必须要树立敬畏生命的意识，防止人类对自然的过度开采与破坏。正如恩格斯所言："因此我们每走一步都要记住：我们决不像征服者统治异族人那样支配自然界，决不像站在自然界之外的人似的去支配自然界——相反，我们连同我们的肉、血和头脑都是属于自然界和存在于自然界之中的。"① 只有对生命怀有敬畏，才能珍视一切生命、爱惜所有生命，进而培养对生命的积极情感并通过实践践行生命的价值和意义。

敬畏感的产生正是人类在对自身理性能力辩证性认识的基础上，合理调控自身行为，以实现对生命"敬"的目的。约纳斯提出了"恐惧启示法"，旨在激发人们对行为后果的想象力，以阻止不负责任行为的发生。在这里，"恐惧"是指对人类自身行为所产生的不确定性后果的恐惧，这实际上体现出对生命的敬畏。可见，敬畏体现出一种道德上的合理性和价值上的合目的性。对于人类而言，其理性能力随着实践的发展不断提升，改造自然世界的能力也逐渐增强。同时，由于人类认识能力的有限性，不可能对行为所可能导致的后果有十分清晰、确定的认知。因此，只有在对技术畏惧的基础上，合理节制自身的欲望，并审慎地进行行动选择，才能实现对生命的"敬"。敬畏生命体现了对待生命的道德性，是人类对待生命的基本态度。

对大学生进行生命敬畏教育，首先要培养其生命至上的敬畏感，积极拓展生命观教育内容的生态伦理维度，将伦理道德关怀的半径从人类社会向自然界予以延伸。这就意味着，在对自然价值予以充分认识和肯定的基础上，意识到一切生命都是平等的，其生命权利

---

① 马克思恩格斯选集：第 3 卷[M]. 北京：人民出版社，2012：998.

都是值得珍视的。在与他类生命的相处中，人类不可以为了自身的利益而不顾及他类生命的基本权利与尊严，更不能以狂傲的态度藐视一切非人的生命。因为，他类生命是人类生命存在的条件与前提。在正确处理、协调人类生命与其他一切自然生命和非生命体的关系中，自觉肩负起对自然的道义责任担当，把人的目的性与自然的目的性、人的价值性与自然的价值性在实践中进行有效统筹。具体而言，要引导大学生认识到大自然中一切生命的神圣性、价值性和其存在的基本权利。只有对生命怀有敬畏，才能珍视一切生命、爱惜所有生命，进而培养对生命的积极情感，并通过实践践行生命的价值和意义。这种敬畏感有助于大学生时刻对生命怀有崇敬感，谨慎、认真地对待一起生命现象，认识到任何任意破坏生命的实践活动都是对生命的亵渎和不负责任。另一方面，要引导大学生对自然生命形成一定的畏惧感。也就是说，要认识到大自然内在的强大力量，因而要以谦虚的态度善待自然，万不可以自恃自傲，凌驾于自然之上。

### 三、对社会负责——生命价值教育

责任伦理将责任的视域进行扩展，内在地包含了个体与社会之间的责任关系。通过对个体行为实践的规范，将个体自由与责任承担进行了整合与统一，并将责任的起点、过程与终点进行有机结合，确保责任在行为实践中的有效贯穿，以追求全人类的至善为价值目标。全球责任的生成反映出新的时代背景条件下亟待重新认识个体与社会的责任与义务关系，二者关系的协调与处理即是个人价值与社会价值的平衡问题。这就需要通过生命观教育的实施，引导个体正视生命的全球责任担当，合理平衡个体价值与社会价值的关系，自觉履行对社会的责任，从而促进个体生命与社会和谐发展的实现。

当下，人类面临的共同风险越来越多，也越来越复杂。恐怖主义、核安全、网络安全、难民危机等成为威胁整个人类生存与发展的影响因素。这不仅需要各国从技术层面加强风险应对，更需要从伦理层面强化主体的责任意识，以对行为进行约束，有效防控风险和危机。全球问题的产生，意味着单凭个人的力量很难对问题予以解决，必须要联合社会各方的力量，协同商讨，共同应对。全球性问题的解决程度，直接关乎人类的整体命运，没有人可以逃脱这张大网而能够"独善其身"。因此，应当拓展责任的全球伦理视野，促进作为主体的人积极承担更多的全球性责任。为此，人类必须要树立"人类命运共同体"意识。2017 年 12 月，习近平总书记在中国共产党与世界政党高层对话会上发表的主旨讲话中指出，人类命运共同体"就是每个民族、每个国家的前途命运都紧紧联系在一起……建成一个和睦的大家庭，把世界各国人民对美好生活的向往变成现实"①。这凸显出人类命运的休戚与共，个体生命与社会整体生命的内在关联。"人类命运共同体"彰显了人类的整体性，其不仅内含了对人的生命问题的终极关怀，也蕴含了对人与社会关系的深层次思考。因此，"人类命运共同体"从观念层面揭示了人类应当确立怎样的生命观，从实践层面提出了人类应当如何存在与发展的问题。其所蕴含的生命观就在于促进人与社会的和谐共生，而生命实践就在于通过构建人与社会的良性关系，实现人类自身的整体性发展。

把全球责任承担延伸到生命观教育领域，就是对大学生进行生命价值教育，引导大学生从生命责任的角度正确认识个体生命与社

---

① 习近平. 携手建设更加美好的世界——在中国共产党与世界政党高层对话会上的主旨讲话[M]. 北京：人民出版社，2017：4.

会的关系，努力在推动社会发展中获得生命的完满。全球化时代，倡导大学生对全球责任进行积极承担以促进人与社会的和谐共荣，彰显了新时期大学生生命观教育的题中应有之义。具体而言，就是以世界责任意识和时代责任意识为导向构建生命价值教育内容，引导大学生树立"人类命运共同体"意识，辩证地看待、合理平衡个体生命价值与社会价值的关系。

第一，以世界责任意识为导向构建生命价值教育内容。人类命运共同体现了权利与义务的统一，责任共同体是构建命运共同体的必然阶段，也是其本质反映。在责任共同体中，其成员必然是具有世界责任意识的公民。培养大学生的世界责任意识，就是要培养具有全球责任意识、全球责任担当的世界公民。在全球问题日益凸显的现实境遇中，这是必需的，也是必然的。这需要以世界责任意识为导向，构建生命价值教育的内容。为此，需要引导大学生正确认识个人价值与共同价值之间的关系。人类命运共同体不仅体现为责任共同体，也体现为价值共同体。作为现实的利益体，不同国家与民族的利益不同，必然存在不同的价值诉求，但这并不否认各国、各民族之间存在共同的利益以及建立在这一利益基础之上的共同价值。同样，作为个体而存在的大学生，其生活在一定的共同体之中，本身的利益与共同体利益有着高度的一致性。因而，其个人价值与共同价值不仅不存在根本性的冲突，还具有内在的统一性。生命价值教育就在于帮助大学生合理认识个人价值与共同价值之间的关系，增进对共同价值的认同，并学会合理解决一定范围内的价值冲突。通过树立崇高的世界责任意识，在生命实践中实现个人价值与共同价值的统一。

第二，以时代责任意识为导向构建生命价值教育内容。责任作为一个历史范畴，在不同的历史时期体现出不同的时代意蕴。社会主义革命时期的时代责任，主要在于实现国家统一，使国家"站起来"；社会主义建设时期的时代责任，集中体现在促进国家繁荣和昌盛，使国家"富起来"；新时期的时代责任，则是要推动国家日益强大，实现中国梦，使国家"强起来"。党的十九大报告指出，"要以培养担当民族复兴大任的时代新人为着眼点"①。人类命运共同体体现了时代发展要求，作为其组成部分的责任共同体的成员，必然要彰显时代责任意识。新时代，培养大学生的时代责任意识，就是要培养具有时代感、体现时代要求的责任公民。习近平总书记指出："青年是标志时代的最灵敏的晴雨表，时代的责任赋予青年，时代的光荣属于青年。"② 为此，以时代责任意识为导向，积极构建大学生生命价值教育内容，引导大学生正确认识个人价值与时代价值之间的关系。一方面，帮助大学生基于时代境遇对国家大局与世界大势予以深刻洞悉，明确自身生命所蕴含的时代价值，自觉承担时代所赋予的责任。另一方面，号召大学生通过个体的实践活动积极投身于社会发展的大潮流中，在实现时代价值的同时彰显生命的个体价值。

### 四、对未来负责——生命发展教育

人类的行为实践应当立足于当下生命与未来生命的存在之上，不仅要确保生命的连续性发展，同时要确保未来生命的发展质量。"人类要认识到自己所处的时代是置于一代一代相续的链环中的，要有一种维护生命的共同体一代一代相蔓延的情感。"③ 对未来责任确

---

① 习近平．决胜全面建成小康社会 夺取新时代中国特色社会主义伟大胜利——在中国共产党第十九次全国代表大会上的报告[M]．北京：人民出版社，2017：42．
② 习近平．习近平谈治国理政[M]．北京：外文出版社，2014：167．
③ 张庆熊．道、生命与责任[M]．上海：上海三联书店，2009：158．

立的立足点就在于人类生命必须存在这一价值预设。技术时代人的活动范围得到拓展，人类实践活动的威力越来越大，影响范围也愈来愈广，若对行为实践不加限制和规范，则有可能对未来人类社会产生不确定性甚至毁灭性的影响。正因如此，人才必须要对未来负责。这体现为人类应当对技术统治下的工具理性进行批判和确立高度的忧患意识，人类的行动应当符合一定的准则，正如康德的绝对命令所演绎的逻辑，"如此行动，以便使你行动的后果足以使地球上的人真正能持续生活、和平相处……或者简单地说，不要殃及地球上人类无限持续生存的条件"①。对未来负责，即是对遥远的人类生命和自然生命负责，对那些尚不在场的未来人和自然负责，这体现出一种代际伦理要求。

因而，必须确立这样一种整体性的生命观，即实现人类生命的永续发展。人类作为一种整体性存在，包含了过去、现在与未来三个维度。无论是费尔巴哈关于人的"类存在"的抽象理解，还是马克思对于人的"类本质"的实践解读，都揭示了人作为"类"概念的整体性和连续性，即不管是消失于历史视野的过场之人，还是已出场的当代之人，抑或是尚未出场的未来之人，都是人类整体存在的重要范畴。无论是现在的生命还是将来的生命，都应当是值得同等对待的。在与未来生命关系的协调中，人类不可以为了自身的当前利益，而剥夺了本该属于未来生命的基本权利和生命资源，限制未来生命的发展空间。因此，人类应当以尊重的态度对待一切生命，理性的发展必须限制在生命的整体性发展范围之内，不可以让理性凌驾于生命之上。总之，人类理性的发展与实践能力的增强，目的

---

① JONAS H. The imperative of responsibility: in search of an ethics for the technological age[M]. Chicago: University of Chicago Press, 1985: 11.

在于更好地服务于人类生命的整体性发展，而不是破坏生命内在的完整性和协调性。为此，在大学生生命观教育中，应延伸生命关怀的伦理维度，注重对大学生进行生命发展教育。

为此，需要在大学生生命观教育中培养大学生的未来责任风险意识，引导其对生命的整体性发展形成正确认识。从时代发展背景来看，责任与风险往往相伴而生，现代社会风险呈现出的新特点强化了生命责任的未来性。从时间上来看，现代社会的风险呈现出历时性特征。传统社会，由于人的活动范围的局限性以及实践能力的有限性，风险的持续时间也具有短暂性，风险行为与风险本身具有共时性特点，即当下的行为对当下社会产生影响，这种影响很难波及未来。而随着新技术的不断革新与发展，技术所蕴含的威力愈来愈大，其产生的风险也更加体现出危害性、潜在性和长期性，体现出历时性表征。当下行为所产生的风险可能潜藏在未来社会之中，并对未来社会产生广泛影响。换言之，人类当下的行为有可能对遥远的未来产生深远影响，尽管这种迹象在当下可能毫无征兆，但并不意味着这种风险并不存在。因此，当下大学生生命观教育应当立足于这样一种长远的视野，即帮助学生确立整体性的生命观。对一切当下的以及未来尚未可见的生命都一视同仁，树立对待生命应有的代际公正态度。同时，强调行为的"出乎责任"与"合乎责任"的辩证统一，增强其责任风险防范意识和生命实践后果的伦理意识。培养大学生审慎、节制的道德品格，并增强其行为的预见能力，以推动大学生加强对于自身行为的前瞻性预测与合理性调控，树立对未来社会发展的高度使命感和责任感。

## 第三节　主体指向：责任共担

家庭教育作为个体最早接受的教育形式，在大学生生命观教育中处于基础性地位，家长肩负基本的伦理责任。学校教育是专门性的教育形式，在大学生生命观教育中发挥主导作用，学校主体承担主要的伦理责任。社会教育是学校教育的延伸，为大学生生命观教育的开展提供补充，社会主体肩负着重要的伦理责任。而个体作为教育的对象，也是最基本的教育主体，在这一教育实践中必然需要唤醒其内在的生命责任自觉。因此，大学生生命观教育的推进需要多元教育主体进行责任共担，即推动家庭责任伦理践行、规范学校责任伦理实践、促进社会责任伦理分摊和个体责任伦理承担。

### 一、家庭责任伦理践行

家庭的生命教育意蕴，决定了其在生命观教育中的基础性地位。习近平指出，孩子们从牙牙学语起就开始接受家教，有什么样的家教，就有什么样的人。家庭教育涉及很多方面，但最重要的是品德教育，是如何做人的教育。① 家庭教育作为一种特殊的教育形式，通过血缘纽带把家庭成员置于家庭教育环境之中，对子女的生命观的形成产生潜移默化的影响。从某种程度上说，家庭教育塑造了生命的个性人格以及促进了个体生命观的最初确立，在大学生生命观教育中起着基础性作用。因此，在大学生生命观教育中，应当推动家庭责任伦理的积极践行。历史地看，家庭责任伦理的形成经历了一

---

① 习近平. 习近平谈治国理政：第2卷[M]. 北京：外文出版社，2017：354-355.

个过程，中国传统社会历来十分重视家庭责任伦理的建设，中国传统家庭责任伦理蕴含了丰富的生命观教育思想。新时期，应当在传承传统家庭责任伦理的基础上，推动家长在大学生生命观教育中积极践行家庭责任伦理。

中国传统社会建基于封闭的小农经济基础之上，人们活动的空间狭小，主要围绕家庭展开。因此，家庭是联系个体与社会的重要纽带。家庭不仅为个体提供物质生活基础和实践场所，而且是个体精神生活的寄托。家庭在血缘关系的维系下范围延伸，形成家族。每一个家庭成员作为单个的原子连接在家族的不同结点上，彼此间形成紧密的联系。家庭成员对家庭负有高度的责任感，"家本位"的观念凸显，家族利益、整体利益具有至上性。在这种家庭结构以及密切的家庭关系网络中，父母在家庭中占据核心地位，并掌握着绝对权威，父母对子女具有极大的支配权力，其不仅决定着孩子生命发展的各方各面，也在很大程度上替代其选择，如在婚姻方面有"父母之命，媒妁之言"。在传统家庭伦理结构下，父母历来十分重视对子女的生命抚养和教育，不仅要培养子女"成才"，同时要培养其"成人"。子女作为父母生命的延续，父母有义务履行对子女的教育责任。在中国人的家庭教育价值观念中，生命延续问题一直受到高度重视。在儒家文化观中，这种生命延续思想并不仅仅局限于生物学意义的层面，"浸润于儒家思想的中国人不以仅延续生物学的生命为满足，他们所更重视的生命是在此生物性部分之上再有其社会的、文化的及人道的部分"[1]。所谓"父慈子孝"，其中的"慈"不仅指父母对子女的养护，更指向对子女生命存在与发展的全方位教育。与西方人将生命的延续寄托于灵魂不灭的思想不同，作为中国

---

[1]　曾国藩全集[M].长沙：岳麓书社，1995：5.

传统文化重要组成的儒家文化提出了"永生说",即把子女生命的存在与发展视为自己生命的延续,通过对子女的抚养与教育,以实现生命的"永生"。传统家庭教育在目标上重视做人教育,在教育内容上重视伦理道德教育,在教育方法上重视言传身教。① 这种"成人"教育,实质上意味着建立在促进生命发展基础上的全面性教育,以促进子女获得真正意义上的生命发展,正所谓"不求金玉重重贵,但愿儿孙个个贤"②。

新时期,应当在传承传统家庭责任伦理的基础上,促进家长在大学生生命观教育中的责任践履。家长应以适应社会发展要求和人的生命发展诉求为指向,在践行家庭责任伦理中把握好如下原则。一是以弘扬优秀家风为基础。家风又称门风,是一个家庭或家族在世代繁衍过程中逐渐积淀,并随社会发展不断演进而形成的较为稳定的价值观念、生活方式、行为习惯、文化氛围、精神风貌的总和,是维系家庭或家族良性运行的精神纽带。③ 作为一种文化积淀,家风体现好坏之别,好的家风中不仅蕴含着传统家庭责任伦理思想中的优秀因子,而且包含有随时代发展所孕育的家庭责任伦理。在大学生生命观教育中,应当以弘扬优秀家风为基础,坚持继承与创新、批判与反思的原则,推动新时期的家风建设,发挥家风在家庭生命观教育中的作用,促进家长自觉承担起大学生生命观教育的责任。其次,以培育社会主义核心价值观为导向。作为代表当代文化发展方向的社会主义核心价值观,不仅承载着优秀传统文化的基因,而且吸收了时代的精华,为人的行为实践提供价值层面的导向。同样,

---

① 张良才. 中国家庭教育的传统、现实与对策[J]. 中国教育学刊, 2006 (6): 36.

② 邹斌. 增广贤文[M]. 北京: 线装书局, 2010: 117.

③ 李毅弘, 戴歆馨. 习近平新时代"好家风"论述: 内涵、价值与建构[J]. 思想理论教育导刊, 2019 (6): 4.

家长在践行家庭责任伦理中同样需要社会主义核心价值观的指导，即要坚持正确的价值导向，为大学生生命观教育的推进提供价值指引。最后，以"生命为本"为核心理念。家庭责任伦理践行的旨归在于促进孩子实现"成人"和"成才"的统一。这两方面揭示了个体生命发展的不同维度，即维护生命的存在和促进生命的发展。"以人为本"，即是以人的生命为根本。家长在践行家庭责任伦理中，应始终坚持为生命负责，不断强化生命观教育的自觉意识。为生命负责，即是要不仅关注生命个体的当下存在与发展，更要把视野延伸到遥远的未来，立足于生命的长远性、未来性发展，从而实现家庭责任伦理的持续性推进。

**二、学校责任伦理规范**

高校作为大学生生命观教育实施的主阵地，具有家庭、社会等不可比拟的显著优势，在这一过程中发挥主导作用，肩负着重要的生命观教育伦理责任。学校责任伦理在实践中应坚持一切为促进学生生命发展为中心的原则，协调、处理好各种责任冲突与抵牾问题，并把人的发展状况作为衡量高校生命观教育质量的评判标准。具体说来，高校应当依照责任伦理的相关规范与要求，推动全员责任协同、全程责任贯穿、全面责任保障局面的形成，以推进大学生生命观教育的实施，为促进大学生生命观的形成与塑造担起应尽的责任。

**（一）全员责任协同**

责任伦理强调责任主体的复合性和整体性，因而，在规范学校责任伦理的实践中，应当强调全员参与，实现全员责任协同。高校作为大学生生命观教育的系统化场所，涉及多元主体的广泛参与，主要包括了高校教师、高校管理及服务人员。作为责任主体的高校教师，不仅包括专门化的课程教师以及思想政治理论课教师，一切向学生实施教育的教师主体都应当包括在内。高校管理人员作为学生事务管理的主体，其主要包括学生处、团委、心理咨询中心、就业指导中心等部门的学校行政人员。不同主体相互配合，齐抓共管，共同推动大学生生命观教育的进程。他们共同承担起高校育人工作的重任，是高校育人工作的主体，其中各类专兼职教师主要承担"课程育人""科研育人"等任务，党政管理人员主要承担"文化育人""管理育人""资助育人""组织育人"等任务，后勤服务人员主要承担"文化育人""服务育人"等任务。① 在高校大学生生命观教育中，作为参与人员的教育主体的责任伦理规范主要体现在确立服务学生全面发展的教育理念，坚持立德树人的教育要求。立德树人作为思想政治教育的基本要求，内含着对于大学生的生命关注。党的十九大报告指出，"要全面贯彻党的教育方针，落实立德树人根本任务，发展素质教育，推进教育公平，培养德智体美全面发展的社会主义建设者和接班人"②。大学生作为青年的主体，其本身的思想行为在青年中具有重要的导向作用和示范作用。应加强对他们的人文关怀，把立德树人作为教育的目标，引导其树立对生命的正确认知，增强自身的抗挫抗压能力，以积极的心态投身于社会实践中。

## （二）全程责任贯穿

学校责任伦理强调责任的持续性，即把责任贯穿于教育实践的整个过程之中。因此，在规范高校生命观教育的实践中，应当坚持

---

① 王亚非. 新时代高校全员全过程全方位育人格局形成的基本遵循[J]. 国家教育行政学院学报，2019（4）：5.

② 习近平. 决胜全面建成小康社会 夺取新时代中国特色社会主义伟大胜利——在中国共产党第十九次全国代表大会上的报告[M]. 北京：人民出版社，2017：45.

全程负责，即在教育的每一阶段都落实好大学生生命观教育的责任。习近平总书记强调，"要坚持把立德树人作为中心环节，把思想政治工作贯穿教育教学全过程，实现全程育人、全方位育人"[①]。大学生生命观教育作为思想政治教育的重要环节，亦是如此。这不仅要求在时间上的持续性，还要求在教育过程方面的不间断性，也就是教育主体责任践履的连续性。因此，全程负责的实现要始终确保生命观教育贯穿于整个大学阶段，并注重做好生命观教育起点、中心点（过程）和小节点等方面的工作。在不同的教育阶段，确立面向学生未来发展的教育理念。具体说来，应立足于学生的实际特点和长远发展，在此基础上进行不同阶段教育内容的适当选取。如针对刚入学的大学生，主要是做好心理适应性教育，以帮助其有效协调各种社会关系和适应外部环境变化，以尽快融入大学生活之中，进行积极、健康的生活。针对即将毕业的大学生，则应强化其社会适应能力教育，引导其心理状态的平稳过渡，消除各种心理困惑和不适，以培养适应社会要求的心理素质和基本能力。在此基础上，进行教育方法的合理选择以及教育手段的创新性运用，以不断改进教育实践，确保教育主体责任在整个教育中的有效落实，促进大学生生命观教育实效性的提升。

## （三）全面夯实责任实践保障

学校责任伦理判断的标准不仅在于动机的善，而且体现在行为结果的善。因此，在规范学校责任伦理中应实施全方位的主体责任实践保障，推动大学生生命观教育主体责任的有效践履，以确保目的善与结果善的统一。综合来看，这需要从人、财、物等方面统筹

---

① 习近平. 习近平谈治国理政：第2卷[M]. 北京：外文出版社，2017：376.

兼顾，以构建完备的责任实践保障体系，全面推进教育主体在大学生生命观教育中的责任落实。在人力保障方面，构建强大的专门化师资队伍。高校要重视生命观师资队伍的建设，做好人才的培养与供给。在财力保障方面，坚持社会参与、社会动员的理念，通过获取政府支持、社会组织捐助等多渠道、全方位筹集资金，增加对大学生生命观教育的资金投入与支持，确保其在开展中的物质保障。在物质保障方面，注重教育场域的校外延伸和线上开展，拓展大学生生命观教育的实践基地和资源挖掘，推动理论教育与实践教育、线上教育与线下教育的有效结合，促进实践育人效力的提升。

综合而言，学校责任伦理规范可由图 3-2 来表示。

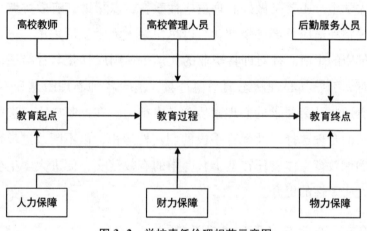

图 3-2  学校责任伦理规范示意图

### 三、社会责任伦理分摊

社会教育为大学生生命观教育的实施提供有益的补充，多元主体在教育实践中的责任共担，离不开社会责任伦理的分摊。这意味着，作为社会教育主体的政府、媒体与社区在这一过程中必然要承担相应的责任。

### （一）政府责任伦理的要求

政府作为社会管理者，其职能体现在促进社会发展等方面。《简明廉政文化词典》中指出，政府职能，亦称"行政职能"，国家行政机关依法对国家和社会公共事务进行管理时应承担的职责和所具有的功能。① 大学生生命观教育属于高等教育的一部分，对其进行有效管理体现了政府教育管理职能的有效发挥。政府在其中所起到的特殊作用，是高校、家庭等其他教育主体所不能代替的，其责任履行有助于保障大学生生命观教育资源的合理配置和有效供给。2010 年发布的《国家中长期教育改革和发展规划纲要（2010—2020 年）》中指出，要转变政府教育管理职能，各级政府要切实履行统筹规划、政策引导、监督管理和提供公共教育服务的职责。② 角色是责任生成的逻辑起点，对政府责任伦理的要求，建基于对其角色分析基础之上。"政府角色是指在一定范围内充当社会公共权力主体的政府所具有的功能作用的人格化。"③ 政府的特定角色决定了其行使职能的特殊性，即主要基于宏观调控来实现其职能的发挥。

可见，政府的内在特点决定了其在大学生生命观教育中的责任伦理要求，即主要通过政策制定、立法和提供制度、物质等方面的外部支持来履行责任。立法是政府进行大学生生命观教育干预的重要手段，通过政府立法为教育的有效开展和实施提供基本保障。在

① 杨礼宾，成云雷．简明廉政文化词典［M］．济南：山东人民出版社，2015：212.
② 国家中长期教育改革和发展规划纲要工作小组办公室．国家中长期教育改革和发展规划纲要（2010—2020 年）［A/OL］．中华人民共和国教育部网站，2010-07-29.
③ 陈建平．试论政府角色定位之理论范式的变迁及启示［J］．云南行政学院学报，2005（5）：45.

国外，如英、美、日等国家的政府都十分重视大学生生命观教育的实施，并从法律上以及物质支持上予以了充分的保障。就我国政府而言，应对政府在大学生生命观教育中的角色形成清晰认知，并通过政府出台的相关政策、法律和制度规范等，保障大学生生命观教育的有效实施。

### （二）媒体责任伦理构建的原则

媒体以其内在的特点在大学生生命观教育合力形成、外部环境优化等方面负有重要责任。因此，推动媒体责任伦理构建是大学生生命观教育实践要求在主体层面的重要反映。在这一过程中，需要遵循一定的原则。一是坚持权责利相统一的原则。作为责任主体的媒体应当认识到自身所享有的权利以及应尽的责任与义务，并合理调节、平衡权责利之间的关系。媒体权力是由党和人民所赋予的，其权力行使的目的在于维护人民的基本权益和社会秩序。媒体在文化传播、思想引导中应始终坚持这一原则立场，在社会主义核心价值观的指导下，不断传播先进、积极的价值思想，引发大学生对生命的关注和生命意义的思考。近年来，相关媒体联合有关部门、组织和个人制作了一系列有关生命观教育的公益宣传片，对大学生的生命观教育起到有益的补充，应当成为媒体效仿的典型案例。如2016年11月，《让生命无憾》宣传片通过邀请交通事故亲历者以及明星参与，讲述了交通事故的危害。这些宣传片引发了大学生对生命意义的思考，实现了很好的教育效果。

二是坚持自律与他律相统一的原则。媒体责任伦理的实践是在外在他律与内在自律共同推动下进行的结果。制度、规范等他律性的约束，为媒体责任践履提供硬性保障。但是，一种责任真正意义上的实现，必然要实现由他律向主体内在自律的转化。同时，要不断增强媒体的自律性。早在 20 世纪 40 年代，美国新闻界为了寻求摆脱危机的出路就提出了社会责任论，其基本精神就是强调传媒的道德自律。① 当前，在媒体责任伦理问题日益凸显的情况下，就更应突出对其自律性的强调，提升媒体的媒介素养。因此，媒体在其责任履行的过程中应当坚持高度的自律性，以严格的要求进行自我约束，恪守媒体的基本职责，向公众传递客观、真实的信息，为大学生生命观教育的推进营造风清气正的社会生态。

### （三）社区责任伦理的规定

社区是公民学习、生活的重要场域，肩负着对社区群众进行教育的职责，社区教育在公民教育中发挥着重要作用。大学生作为社区公民，其知识学习、技能提升、学习娱乐、社会活动等很大部分都是依托社区完成的，大学生生命观的正确形成离不开社区教育的推动。社区教育是以社区为单位，依托社区资源与空间对社区居民进行的教育。从主体来看，社区是社区教育的责任主体。从内容上看，社区教育的职能涵盖两方面，一是组织开展教育实践活动的责任，包括文化传播、思想引领、道德宣传等教育实践活动；二是为教育的开展提供基本保障的责任，如夯实教育资金支持、进行教育资源开发、提供教育活动空间等。社区教育的目的在于提高社区居民的思想道德文化素质，为促进人的发展创造条件。2006 年 12 月，国家标准管理委员会发布的《社区服务指南第 3 部分：文化、教育、体育服务》中指出，"在社区中，开发、利用各种教育资源，以社区全体成员为对象，开展旨在提高成员的素质和生活质量，促进成员的全面发展和社区可持续发展的教育活动"。从这一规定中可以看

---

① 逯改. 传媒社会责任的伦理审视[J]. 兰州学刊, 2007 (9)：152.

出，社区教育的开展应当立足于生命化的教育观，着重于提升社区居民的生命质量，促进其生命的发展。大学生作为社区居民的重要组成部分，对其生命观教育的开展应当立足于社区，并做到社区教育资源的充分挖掘与整合。因此，作为社区教育主体的社区，在这一过程中应当有所作为。

一是发挥物质资源优势。社区敬老院、医院、养老院、纪念馆、展览馆等都可以作为开展生命观教育的重要资源，能够扩大大学生生命观教育的实践范围，拓展教育的活动空间。充分挖掘这些资源，不仅可以延伸教育的物理空间，还可以增进大学生对生命的真实体验，在潜移默化中感受生命、体悟生命，从而确立正确的生命观。如首都医科大学建立了生命观教育基地，让学生定期到临终关怀医院参加社会实践，直接面对患者的死亡，参与对临终患者的医疗、护理，学习临终关怀技术，并使学生重视患者的死亡，关心、热爱临终关怀事业，履行义务工作者社会道德责任，这些实践对培养大学生尊重生命的意识收到了良好效果。① 二是彰显人力资源优势。社区中的人力资源来源多样，通过对这些资源的整合，能够为充分利用人力资源开展大学生生命观教育提供可能。应建立立体化的教育网络，"充分调动退休干部、教师及有关专业人员积极参加，组成庞大的生命教育队伍，作为家庭生命教育和学校生命教育的补充，形成三位一体联动的教育格局"②。如 2013 年 4 月，上海浦东浦兴社区通过邀请专业心理咨询师开展系列讲座，成功举办了"生命教育——珍爱生命守门人"活动，强化了社区居民的生命意识。三是凸显财力资源优势。作为一项教育活动，大学生生命观教育必须要

---

① 李芳，李洋，孙莹炜. 大学生生命观教育的历史与现状综述[J]. 北京教育（德育），2010（11）：16.

② 龙海霞. 大学生生命教育研究[M]. 成都：四川大学出版社，2017：225.

建基于一定的资金支持之上。社区通过政府拨款、企业捐赠、民间组织支持等多种手段获取资金，以在财力上保障大学生生命观教育的推进。

### 四、个体责任伦理承担

从根本上来看，基于责任伦理的视域对大学生进行生命观教育的目的，在于通过对大学生生命观教育唤醒其内在的责任自觉，促进其生命责任的践行。从教育目的来看，其内在地要求大学生对生命负责。而从教育的结果来看，则是要实现大学生对生命的自觉负责，即实现"要我负责"到"我要负责"的积极转变，这种转变的背后蕴含了教育的他律性到自律性的转换。那么，如何实现这种转变？从根本上而言，这种转变的实现在于作为主体的大学生能够自觉体认到对生命的责任，培养积极健康的自然生命观、社会生命观和精神生命观，并进行个体责任伦理的积极承担。

第一，自我责任伦理承担。从责任的不同维度来看，个体责任伦理具有整体性，其内在地包含了个体对自然、社会以及自我责任的承担。其中，对自我生命负责，体现了个体责任伦理承担的基础。刘铁芳认为，一个对自己都不负责任的个体，很难想象其会有发达的社会责任感。[①] 因此，大学生生命观教育中个体责任伦理的承担，必然首先体现在对自我生命的负责上。从内容上看，这种负责包含了对生命各个维度的尽责，如对身体养护的责任、对精神生命世界建构的责任等。从责任的时间维度来看，这种责任不仅局限于对个体当下生命的负责，还要着眼于生命的未来发展，为实现生命长远意义上的发展尽责。因此，对自我负责是伴随生命

---

① 刘铁芳．学生社会责任感的建构与培养[J]．教育研究与实验，2001（2）：26.

的不断发展而逐渐生成的动态责任。可见，自我责任伦理是立足于生命发展的未来性伦理。促进个体自我责任伦理承担，一方面，需要引导主体对自我责任形成清晰认知，即为什么要对自我生命负责、怎样对自我生命实现负责。另一方面，要引导主体辩证认识自我责任与他者责任之间的关系，在合理平衡责任冲突中实现对自我生命的负责。

第二，自然责任伦理承担。生命存在首先是一种自然存在，在自然存在的基础上才衍生出其他形式的生命存在，对自然负责，是个体责任伦理承担的必然要求。目的论与价值论作为一对关系范畴，是责任伦理论证人应当为大自然负责的理论支撑。在责任伦理的视域内，自然具有特定的目的性和价值性，因而作为责任主体的人应当为自然负责。所谓目的，"是指某事物为了某某缘故而存在，它使一种过程产生或保持，或使一种行为发生，它回答'为了什么'的问题"①。目的本身体现了主体特定的欲求，彰显出对主体的有用性，因而目的之于事物主体而言是善的，是具有价值意义的。可见，价值与目的密切相连。大自然作为目的性的存在，其本身是有价值的，因此人必须对大自然负责。在大学生生命观教育中，应当引导大学生确立自然责任伦理意识，积极承担对自然的责任伦理。这不仅要求大学生辩证认识人与自然之间的关系，树立正确的生态观，而且要在实践中积极行动，自觉践履对大自然的责任。

第三，社会责任伦理承担。人的生命既作为一种自然性存在，也体现为一种社会性存在。人的活动直接指向客体存在，主体在关

---

① JONAS H. The imperative of responsibility: in search of an ethics for the technological age[M]. Chicago: University of Chicago Press, 1985: 51.

注对自身负责的同时，就必然也要关注对其他主体的责任，主体社会性的体现就在于在与他者的关系中承担起相应的社会责任，大学生应当在生命实践中自觉承担相应的社会责任伦理。他者思维是社会责任伦理确立的出发点，也是责任伦理的典型特征。这种思维的特征不仅体现在确立了以"你"为逻辑起点的道德推理形式，而且强调了主体性的差别思维，主张运用"对话"的方式进行沟通交流。可见，这种他者思维实质上是一种关系思维，主体与主体间关系的确立与协调是其逻辑展开的关键所在。由此，通过他者思维的确立可以看出，责任伦理不是强调责任的"为我性"，而是强调在"为他性"中实现"我"与"你"关系的良性发展。因此，责任伦理不是单单强调人对于自身的责任，更把责任的视域延伸到与人类生存息息相关的一切他者。在大学生生命观教育中，大学生作为责任主体，应当立足于这种他者思维，辩证认识作为个体的"我"与他者的关系，自觉承担起对社会的责任。

第四，未来责任伦理承担。责任伦理凸显责任的未来维度，这种未来责任体现出三方面的特性。一是整体性，人对未来的责任不仅包括对未来人类——那些尚未出场的人的责任，也包括对遥远的大自然的责任；不仅要对未来人的生存负责，也要对其生活负责。二是非相互性。这种责任是单向的，人类不可能指望遥远的未来对当下的人类有何回报，而是基于人类整体必须存在这一价值基础而出发的。三是连续性。责任的实践是一个持续推进的过程，责任不能中断，"因为客体的生命时时刻刻都不间断地有新的要求"①。大学生在进行未来责任伦理承担中，也必然要体现出这种未来指向。

① JONAS H. The imperative of responsibility：in search of an ethics for the technological age[M]. Chicago：University of Chicago Press，1985：105.

这说明，大学生不仅应当对当下的生命负责，更要立足于人类整体性的存在与发展，树立对未来生命负责的意识，对未来的一切生命都抱以深刻的伦理关怀和责任观照。同时，在其生命责任实践中，应持续不断、不计回报地坚持对生命负责，实现生命应有的责任担当。

# 第四章　责任伦理视域下大学生生命观教育的实践要求

责任伦理内在的特征不仅规定了大学生生命观教育的逻辑理路，也为其实践开展提出了明确要求。具体而言，在指导理念上，应坚持以生命为本，既要将生命作为生命观教育的立足点，又要在实践中面向生命，并促进生命教育向主体生命世界的回归；在具体原则上，应将目的善与手段善、前瞻性与追溯性、自律性与他律性进行有效统筹，发挥其在大学生生命观教育实践中的指导作用；在方法运用上，通过引发生命责任冲突、形成生命责任体验、强调生命责任叙事促进主体动力的激发。

## 第一节　理念确立：生命为本

科学的理念对行为起到有效的指导作用，大学生生命观教育的推进，需要基于责任伦理的视角确立科学的教育理念。谈及责任，即是作为主体的人对作为客体的生命的责任。因而，坚持以生命为本，应当成为指导大学生生命观教育实践的基本理念。这一理念的提出，意味着作为具体责任主体的学校、家庭以及社会在教育中应对大学生的生命问题给予应有的重视。生命问题作为一条主线应当贯穿于大学生生命观教育的始终，在实践中做到立足生命、面向生命和回归生命。

## 一、立足生命

生命问题，是大学生生命观教育的基点。对大学生生命的关注，是教育主体责任实践的基本要求。在具体的大学生生命观教育实践中，应当立足于生命存在，使教育主体的责任实践紧紧围绕大学生的生命进行开展。一方面，立足于生命的存在，在满足大学生生命需要、关注其生存基础与条件中落实教育责任；另一方面，立足于生命的发展，在促进大学生生命整体性发展和动态发展中规范教育主体的责任实践。

### （一）立足生命的存在

马克思指出，全部人类生活的第一个前提，无疑是有生命的存在。大学生生命观教育中对人的关注，即是对生命的关注。教育主体在这一过程中对责任的践履，必然首先要立足于生命存在这一客观事实。为此，需要基于多维度对生命予以全面审视，正确认识生命的存在。

首先，生命存在的条件性。生命需要的满足是生命存在的基本条件，是推动生命不断发展的内在动力。在现实世界中，个人有许多需要。这些需要不仅存在层次上的高低级别区分，还包括了生命不同发展维度的内容需要。其次，生命存在的基础条件具有差别性。马克思辩证唯物主义揭示了物质基础是一切生命存在的基本前提，任何生命的存在必须建立在一定的物质基础之上。然而，作为现实的、具体的生命，其生存的物质基础条件是不同的。也就是说，在不同的生活条件下，这种物质基础在量的方面呈现出一定的差异性。尤其是在当下社会阶层分化凸显的社会背景下，这种奠定生命存在的物质基础条件就更加呈现出多样性。基于不同物质基础条件之上的生命必然呈现出不同的生命形态，并由此决定了不同生命个体的生命观的多元化。最后，生命存在的形式具有多样性。理解生命的存在形式是理解人的生命存在的关键，因为不同的生命存在形式在客观上反映出生命存在的基本样态。人类活动空间范围的延伸和扩大，拓宽了现实生命的责任存在形式。从空间维度来看，其不仅包括现实世界中的生命实存，还包括了网络世界的虚拟存在。从根本上而言，无论是现实的物理空间还是虚拟空间都是生命实践的基本场域，也是生命关系生成的基本场域，因而生命的现实存在和虚拟存在都是人的生命的存在形式，都在一定程度上反映出人的存在，并在空间上构成当代人的基本存在形式。在大学生生命观教育中，立足生命的存在，就是要从生命存在这一客观事实出发，有效规范教育主体的责任实践，践履相应的教育责任。

第一，注重满足大学生的生命需求。生命需要满足是实现生命发展的前提，为推动生命的不断发展，必须重视生命的多维需要，并在实践中予以满足。党的十九大报告指出，"我国社会主要矛盾已经转化为人民日益增长的美好生活需要和不平衡不充分的发展之间的矛盾"①。这一论断深刻揭示了生命需要与生命发展之间的关系。生活在本质上反映了生命的对象化与客观化，也映射出生命的实践过程，美好生活的需要实质上就是包含生命需要在内的多维度需要，

————————

① 习近平．决胜全面建成小康社会 夺取新时代中国特色社会主义伟大胜利——在中国共产党第十九次全国代表大会上的报告[M]．北京：人民出版社，2017：11.

发展归根结底是要实现以生命存在为基础的多元化的生命发展。因此，这一矛盾内含了生命需要与生命发展之间的内在关系。为此，应当根据生命需要的不同层级，有针对性地予以满足。不仅要注重大学生生命需要基本层面的物质需要的满足，还要重视其高层次的精神需要、发展需要等方面的满足。

第二，注重不同生命存在的个体化差异。对于生命个体而言，其成长背景、生活环境等方面的不同，决定了大学生个体间生命观的差异性。从宏观层面而言，一定的生命观的形成与特定的社会条件与时代背景密不可分。因此，在大学生生命观教育中，应当立足于时代条件之上，对新时期大学生生命观呈现出的新特点予以把握。从微观层面而言，对大学生进行生命观教育，就要重视、理解、尊重不同大学生在生命观方面呈现出的差异性，并从产生这种差异的物质根源入手，深入到具体的生命个体的生活背景，根据不同个体生命观呈现出的不同特点做好个体生命观的具体性引导工作，完成大学生生命观教育的使命。

第三，注重基于生命存在形式的多样性进行生命观教育。就生命的存在形式而言，人的存在是现实存在与虚拟存在的统一。而人作为一种关系性存在，其实质就是由现实关系与虚拟关系构成的社会关系的总和。因此，在大学生生命观教育中，就应当注重这些生命关系的建构。事实上，大学生生命观问题的产生，在很大程度上就是由于这些生命关系在建构与平衡中出现了问题。在培养大学生生命观的过程中，应当从这一现实根源着手，通过生命关系的建构与平衡，重塑大学生生命观形成的内在支撑力量。在这一过程中，既要理解两种关系的生成，又要合理平衡好两种关系，从整体上予以综合协调，促进大学生形成适应个体发展和社会发展的生命观。

## （二）立足生命的发展

生命的存在是基础，实现生命的发展才是作为理性存在物的人的生命所要追寻的终极价值目标。因而，在大学生生命观教育中，教育主体的责任就在于通过规范责任实践，有效践履在大学生生命观教育中的责任，积极推动大学生生命获得发展。而生命的发展蕴含着多重内涵，应当从整体上予以把握。

首先，生命的发展是一个动态过程。人的生命不同于动物生命的重要一点，就在于其生命的未完成性。动物的生命是既定的，因而也就不存在什么发展可言。人的生命则不同，这种未完成性预示了生命的可塑性，随着后天教育的推进和环境的影响，生命朝着合乎社会发展要求的方向发展，从而完成人的社会化。就个体生命而言，生命的发展意味着发展贯穿于一个人生命的始终。从人类整体而言，生命发展则意味着人类世代的永续发展。其次，生命的发展是一种整体状态。人的生命实践活动的多样性与丰富性，决定了生命发展的整体性。从内容来看，其内在地包含了德、智、体、美、劳等多方面的协调统一发展。因此，对生命负责，就要对生命的方方面面负责，即不仅要对自然意义上的生命负责，还要对社会意义、精神意义上的生命负责。最后，生命的发展需要外部条件的支持。生命是在与外界环境互动中生成和发展的，外界环境为生命的发展提供丰富的养料，同时也为生命的发展创设良好的环境。生命的发展离不开外部环境的支持，需要通过构建良好的生态环境促进生命获得发展。

立足生命的发展从价值之维诠释了大学生生命观教育的旨归所在。首先，对大学生生命观的形成规律与教育目的进行理性认知。大学生的生命观处于形成之中或已经基本形成，但具有不稳定性，容易在外界环境的影响下发生变动。为此，应当抓住有利的教育契机，积极引导大学生的生命观朝着正确的方向发展。同时，认识到生命观是基于现实而形成的，并处于动态的发展过程之中，大学生生命观教育的目的就在于根据不断变化的实践，引导大学生对生命形成正确的理解和认知。其次，注重丰富生命观教育的内容。既然生命的发展是一种整体性的发展，那么就应当通过拓展教育内容的范围和视野，引导大学生对生命进行全面认知，形成立体化的生命观，并在实践中积极践行生命责任。最后，着力营造大学生生命观教育的外部环境。加大对环境的改善力度，发挥环境对大学生生命观的积极影响，为大学生生命观教育的实施营造风清气正的生态环境。同时，生命个体在发展中需要获得外界提供的支持，同时也需要肩负建构外部环境的责任。鼓励大学生参与到外部环境的建设之中，使其意识到环境既是衡量生命发展程度的标准，又是依靠个体生命实践来得以建设和优化的。

## 二、面向生命

责任伦理立足于对人类生命与命运的深刻关切之上，基于技术变革时代人类实践活动对人类生命存在和发展可能产生的后果进行了分析，凸显出强烈的责任意识和忧患意识。在约纳斯看来，责任的本质就是担忧，这种担忧就是对包括自然在内的一切生命的担忧。因此，对生命进行关怀，就体现出人应当具有的责任意识。有生命的人不仅是教育的起点，而且是教育的对象，教育过程在本质上就是教育者与作为教育对象的生命进行互动与交流的过程。叶澜教授认为，教育是直面人的生命、通过人的生命、为了人的生命质量的提高而进行的社会活动，是以人为本的社会中最体现生命关怀的一种事业。① 在大学生生命观教育中，应当直面人的生命问题。现代社会的变革，使生命的生存与发展面临着新的时代境遇，并在一定程度上造成了生命的异化，从而使大学生产生了生命的各种困顿。教育主体在大学生生命观教育的责任践履中，应当正视这种外在的教育环境的影响与个体内在的生命困顿，这是教育主体践行责任并促进教育实效性提升的关键所在。

### （一）面向生命的资本化

马克思在《1857—1858 年经济学手稿》中对商品拜物教进行了批判，并揭示了其实质在于人的关系被物的关系所取代。由商品拜物教发展到资本拜物教的过程，同时体现为生命由商品化到资本化变异的过程。市场经济的发展，得益于资本逻辑的推动，其反过来又进一步推动了资本逻辑的发展，资本逻辑逐渐取代了人的逻辑，并在发展中占据了支配地位。人的生命在资本的支配下，失去了其内在的独立性和自由性，在资本的裹挟中丧失了生命的意义支撑，生命的内在价值被消解，取而代之的是以资本的尺度来对生命的价值予以衡量。资本的逐利性，使得一切生命活动都具有了明确的目的指向，这种指向就在于追求财富的满足。而财富的获得并不等于生命的丰盈，在一定情况下，二者反而呈现出矛盾的一面，即财富的获得建立在伤害生命的基础之上。

这种现象在现代社会大量存在。例如，在生产领域，大量假冒伪劣、山寨产品泛滥成灾。事实证明，每年的 3.15 晚会都会曝光一大批假货、不合格产品。在食品安全领域，劣质月饼、假奶粉、毒

---

① 叶澜，郑金洲，卜玉华．教育理论与学校实践[M]．北京：高等教育出版社，2000：136.

血旺等相继被曝光，"祸从口进"在当下俨然已成为亟待解决的重大问题。例如 2008 年发生的震惊中外的中国奶制品污染事件，正是由于部分奶农和商家为了自身利益而不惜向奶粉中加入有害物质三聚氰胺，从而给消费者造成严重的身体创伤。在生产安全领域，时有发生的矿难事故、沱江特大污染事故、8. 12 天津滨海新区爆炸事故等，不仅造成重大经济创伤，而且波及许多无辜的生命，对生命安全构成严重威胁。在公共卫生安全领域，药品安全成为威胁人们生命安全的重大问题。在我国医药市场上，存在大量假药、劣质药、过期药，混杂在药品中以假乱真，滥竽充数，不断威胁着人们的生命健康。2018 年，长春长生生物疫苗事件的发生，使我们在看到当前公共卫生安全问题仍旧面临着隐患的同时，也意识到一些市场主体在利益面前的不择手段，不惜以人的生命作为赌注。凡此种种，皆反映出资本驱动下的实践活动所带来的生命资本化的负面效应。

　　生命的资本化作为一种社会发展的产物，不仅影响到人的生命观的形成与塑造，同时加剧了社会不良风气的形成，并反过来进一步造成人的生命异化。在大学生生命观教育中，应正视市场经济条件下生命资本化给大学生生命观带来的冲击，引导大学生正确认识经济发展进程中应当承担的生命责任以及权责利之间的辩证统一关系，帮助其确立适应社会主义发展要求的生命观。

　　（二）面向生命的物化

　　科技的发展在提升人们生活水平的同时，也带来了一定的负面效应。这种负面效应不仅体现在客体性的自然环境遭到破坏，还体现在主体性的生命被物化。"人的生命物化即指人生命所包含的自然（物欲）与精神之间原有平衡的被破坏，人的精神受制于人的物欲以及人的精神的被拒斥、被压抑直至丧失，物欲与精神间的关系表现为物与物的关系。"① 生命物化背后反映的是物化逻辑，而物化逻辑是资本逻辑在技术领域的延伸。生命的物化不仅体现在物的目的性代替了人的目的性，还体现在物作为至高无上的目的统治着人的一切。而这正是技术理性过分膨胀的结果，技术理性挤占了价值理性的生存空间，并以一种势不可挡之势统御着技术的运用。生命物化造成了人自身的精神受制于物欲的统治，人内在的物质需要与精神之间的平衡状态遭到破坏。精神被物欲挤压了存在的空间，人沦落为充满物欲的自然生命体。这种关系一旦投射到外部，人与自然之间也只保留下物质的满足与被满足的关系。因此，自然便成了人获取物欲满足的源泉，人对大自然的破坏无法阻挡，二者之间的关系呈现紧张状态。同时，由于人内在的精神世界的陨落，人的精神生命出现荒芜化。生命意义世界的丧失，焦虑、孤独等的产生，使得人对生命的珍视程度降低，自杀现象频繁发生。正如弗洛姆所指出的那样，"所有的资料数字都证实了，自杀不是由物质贫困造成的。最贫穷的国家，自杀的现象往往最少"②。而为了宣泄这种生命的不满与焦躁，各种酗酒、暴力、残害他人生命等现象也屡屡发生。

　　生命物化的产生，在一定程度上解构着大学生的生命意义世界建构，并进而催生了这样一种悖论：一方面，物质生活的改善，为大学生生命的发展提供了物质前提；另一方面，大学生的精神世界却频繁出现意义危机。因此，在大学生生命观教育中，应从生命物化产生的根源分析入手，找准大学生生命观问题的根本所在，重塑大学生的生命责任意识，不断丰盈其内在的生命精神世界，培养适应科技时代发展的生命观。

---

① 毛萍. 技术时代与人的生命物化[J]. 求索，1996（4）：70.

② 弗洛姆. 健全的社会[M]. 欧阳谦，译. 北京：中国文联出版公司，1988：5.

### (三) 面向生命的符号化

生命的符号化是消费社会中人的异化的一种表现。这种符号化表现为"人的自然属性由对消费品使用价值的需求和占有转变为对消费品符号价值的欲求和占有；人的精神属性（社会属性）由对人自身的全面发展的追求转化为对追求不断被刺激出来的新的欲求的满足所替代"[①]。消费与人的生存与发展密切相关，因为衣食住行等消费活动构成了"现实的人"的存在基础。人通过消费实现自身与外部世界的连接和沟通，并使这种体现生命内在规定性的活动转化为生命实践的动力。消费实践不仅源自人的生存需要，同时源于人的发展需要。也就是说，人通过消费获得了生存的基础条件，并推动生命发展的实现。然而，在消费社会，消费的真正意义发生了变化。人们不是为了普遍意义上的需要而消费，而是为了满足个体多样化的欲求而消费，消费的目的不是为了满足基本的需求，而是为了占有商品，并通过商品附带的价值来彰显自身的身份属性，"人们行动的唯一目的是物的符号，是物的符号所承载的全部意义和价值，人只不过是实现这种追求的手段或工具"[②]。生命的真正价值淹没于琳琅满目的商品之中，物的价值代替了人的价值，人的生命随着消费异化而发生了异化。生命的符号化直接导致了幸福感的降低和生命虚无的产生，人在不自觉中陷入了价值危机之中。

生命的符号化作为经济发展所带来的生命异化，在大学生中普遍盛行。近年来，大学生校园贷的增多以及诸多受骗案例充分说明，生命符号化已经成为大学生生命观教育中亟待重视并解决的重要问

---

① 王淑梅. 消费社会与人的生命符号化[J]. 北方论丛，2007 (2)：138.
② 王淑梅. 消费社会与人的生命符号化[J]. 北方论丛，2007 (2)：138.

题。这需要基于责任的视角引导大学生形成高度的生命负责意识，正确认识生命的价值、意义、幸福等问题，合理平衡物质需求与精神需求之间的辩证关系。

（四）面向生命的数字化

网络的迅猛发展，不仅使信息的传播速度得到极大提升、传播范围得到拓展，同时也使信息唾手可得。从这个意义上而言，互联网密切了人们之间的联系，生命之间的互动得以频繁化。网络的普及化，使得虚拟身份已成为当代人的身份属性之一，虚拟生活也已成为生活的重要组成部分。2018 年 2 月 28 日，中国互联网络信息中心（CNNIC）发布第 43 次《中国互联网络发展状况统计报告》。报告显示，截至 2018 年 12 月 30 日，我国网民规模达 8.29 亿，普及率达 59.6%。[①] 随着网民数量的增多，网络对人的生活的影响必将更为广泛。大学生作为网民的重要组成部分，互联网逐渐延伸到其生活世界，并构成其日常生活的重要组成部分。网络所具有的开放性、平等性、匿名性等特点赋予了大学生更多的言论自由，也为其压力释放提供了宣泄的平台。网络虚拟世界作为人的生命关系的另一种建构的空间，为生命的发展提供更为广阔的平台，正如贾英健先生所认为，"虚拟世界的人的生存，实际表征的不仅仅是对真实的一种体验，更是以'虚'的形式展现的人类世界中的创造性存在，实现的是对真实世界的超越"[②]。然而，虚拟世界虽然作为现实世界的反映，但却终究无法代替现实世界。人们在由 0 和 1 等数字所代表的信息中进行交流，却由于相互间的接触减少而增加了彼此间的距离，

---

① 中国互联网络信息中心.第 43 次中国互联网络发展状况统计报告［R/OL］.中国互联网络信息中心网站，2019-02-28.

② 贾英健.论虚拟生存[J].哲学动态，2006（7）：26.

生命个体越来越呈现为单个的原子化个体，人与人之间的关系逐渐淡化甚至冷漠化。显然，从这个层面而言，人的本质属性处于被解构状态。在这种长期的闭塞的环境之中，大学生的压抑、焦虑在一定程度上得以加剧。

　　生命的数字化不仅反映出互联网背景下人的生命的异化与扭曲，同时也折射出当下大学生生命观教育所面临的严峻的形势挑战。直面生命的数字化，要求在具体的教育实践中，及时关注大学生的思想观念动态，尤其是要通过观察其在虚拟世界的活动来对其生命观予以全面把握。在此基础上，促进大学生现实世界中的交往实践，在增进其生命关系责任认知中塑造良好的人际关系，进而推动其生命观的积极形成。

### 三、回归生命

　　生命问题贯穿了责任伦理的始终，责任伦理不仅回答了当下生命如何生存、如何发展的问题，也回答了生命向何处去的终极问题。因此，生命既是责任伦理研究的起点，也是其研究回归的价值终点。责任伦理所体现出的这种深切的生命伦理关怀深刻影响着大学生生命观教育的实践，这不仅启迪我们要在教育理念的确立中关怀生命，更要在具体的教育实施中关切生命，回归生命的本真状态。何谓生命本真？有学者指出，"一是生理性血缘生命；二是人际性社会生命；三是精神性超越生命，此之谓生命本真"[1]。这是从生命构成的角度来对生命本真进行理解的。在马克思看来，有意识的自由自觉的劳动将人的生命与动物生命区分开来。人作为体现能动性、主观

---

　　① 郑晓江. 论生命的本真与意义[J]. 南昌大学学报（人文社会科学版），2007
　　　（1）：74.

性的理性存在物，能够在实践活动中自觉地把内在的主动性对象化
到外部世界，从而形成独特的生命存在和获得生命的发展。可见，
对于人而言，生命的本真状态就在于实现生命的自由发展。那么，
如何回归生命本真？从外部性因素来看，这需要破除束缚生命发展
的制度、环境、思想、观念等方面的障碍，还生命以自由之态。就
内部而言，则需要实现生命真善美三个维度的统一。"自由体现在活
动、劳动中。但个体的活动，只有在具备了真、善、美三种尺度后，
才能成为一种自由的活动。"① 生命存在是一种关系存在，人在处理
生命关系的实践过程中，形成了探究生命的科学精神、道德精神与
审美精神。这三重精神在实践中体现出生命对真善美的追求，其内
在地具有共通性。真善美体现出生命不同的价值维度，生命的发展
即体现为求真、求善、求美的过程。大学生生命观教育立足于生命
的整体性存在，其价值旨归就在于深化大学生对生命之真的认识、
强化对生命之善的践行、充盈对生命之美的领悟。因此，回归生命，
就是要实现生命真善美的回归。

## (一) 回归生命之真

生命作为一种客观存在，有其内在的生存与发展规律，这种规
律特点反映出生命所蕴含的真。人性之真，应该是指大自然对人性
的一种规定性——合规律性，它确定人的自然价值。这种规定性确
立了人的地位并非凌驾于自然之上，而是与大自然平等相处。② 在大
学生生命观教育中，回归生命之真就是要引导大学生对生命本身和
生命活动的一般规律形成正确认识，从而形成基本的生命认知和理

---

① 冯建军. 生命与教育[M]. 北京：教育科学出版社，2004：214.
② 金丽娜. 和谐生命的价值追求[J]. 求索，2009 (5)：108.

解，这是促进大学生生命观形成的基本前提所在。在认识生命之真的过程中，既要帮助学生对生命之真的客观性予以正确认识，又要善于引导学生辨别何谓生命之真，只有那些合乎自然规律、生命一般规律和社会发展规律的生命实践才能真正体现生命之真。通过大学生生命观教育，帮助其形成高度的生命责任意识，指引其学会如何通过负责任的生命实践实现合目的性与合规律性的统一。如在尊重自然规律的基础上合理地进行物质索求和科学探索，在尊重社会规律的基础上构建与他人的良性社会关系，在遵循生命内在发展规律的基础上进行自我身心调节。除此之外，还应在大学生生命观教育中积极激发学生求真的勇气和生命热情，鼓励其以乐观的态度投入生命的实践之中，不断增强生命的智慧。

## （二）回归生命之善

善的事物是合乎伦理与道德的，生命之善反映了生命的道德诉求和价值意蕴。大学生生命观教育强调回归生命之善，就是引导大学生的生命向善发展，即要确立有价值、有道德的生命观。生命观唯有建立在生命道德的基础之上，才能为生命实践提供价值指引，从而产生有道德、有意义的生命实践活动，"道德存在规定了人之为人的根本特性"[①]。而生命道德的产生，必然建基于对生命负责之上。因此，回归生命之善，就是要通过增强大学生的生命责任感以培养其内在的生命道德，确立正确的生命价值观和意义观。就生命道德而言，其包括作为主体的人应当对一切生命负有的基本的道义担当，尊重生命的神圣性，维护生命的价值和尊严。就生命价值而言，应当对价值生成与价值实践形成基本的认知。价值作为一种关

---

① 王晓虹. 和谐生命的四重主题[J]. 湖湘论坛，2009（1）：16.

系形态，是在生命个体与其他生命体和非生命体相互作用的过程中产生的。从哲学的角度理解看，价值体现为事物的有用性。作为人的生命活动唯有在实践中对其他相互作用的事物及自我生命本身产生用处时，才能体现出生命的价值性。基于此，生命价值就可以划分为社会价值和自我价值。人的生命活动就是在发挥这两种价值中，体现出生命的内在意义。生命观教育中生命之善的回归，就是要培养大学生的这种对自然、对他人、对自身的生命责任感以及正确认识生命的三重价值，并通过实践行动，积极推动生命价值的实现。

（三）回归生命之美

生命是鲜活的，不仅仅是因为其始终处于动态的发展之中，还因为其蕴含着无限的发展潜力和能量冲动。因此，生命具有创造性，体现为感性和理性的内在统一。回归生命之美，就是要在生命观教育的实践中，激发大学生生命的内在潜力，革除理性因素对感性因素的压制，提升生命的创造力，引导大学生在生命实践中确立生命理想，不断丰盈生命。因此，生命之美体现了对生命最高意义上的负责，生命的发展最终是通过生命的内在发展得以实现和体现的。那么，如何实现生命之美的回归？生命在本真上是自由的，这种自由的最为深刻的体现就在于生命之美。马克思指出，人的生命之于动物生命的重要区别之一，就在于其在创造中体现审美性。离开了生命之美，生命的创造性也无从体现。"如果你毫无音乐欣赏能力，那么即便是最优美的音乐，你也只会把它当作耳边吁呼的风声。"①可见，生命之美的回归是通过生命自由的获得得以实现的。而自由在本质上又体现为一种"定在"自由，即受约束的有限自由。这意

① 费尔巴哈.基督教的本质[M].荣震华，译.北京：商务印书馆，1995：38.

味着在强调生命自由的同时，必然也要重视生命的责任践履。因而，回归生命之美，就是要通过大学生生命观教育来恢复长期以来被压抑的人的天性的本真性，释放生命发展的自由空间，在引导大学生合理平衡自由与责任的关系中，形成正确的生命观，并通过责任的积极践行以彰显生命的多姿多彩，推动生命实现更多的可能性发展。

## 第二节　原则遵循：内在统一

何谓原则？原则就是"观察、处理问题的准绳"①。推而论之，所谓大学生生命观教育的原则，就是在大学生生命观教育过程中，为实现教育目标而在实践中形成的，体现了大学生生命观教育的一般规律，是开展大学生生命观教育时必须遵循的基本准则。作为贯穿全部生命教育活动的最一般性和最基本性的要求，大学生生命观教育原则对生命教育活动具有基本的指导意义。恩格斯指出："原则不是研究的出发点，而是它的最终结果；这些原则不是被应用于自然界和人类历史，而是从它们中抽象出来的；不是自然界和人类去适应原则，而是原则只有在符合自然界和历史的情况下才是正确的。"② 恩格斯的论述对我们确定大学生生命观教育中的原则具有深刻的启示。大学生生命观教育原则不是人的主观臆想的产物，也非一种外在强加，其确立有其内在的客观依据，即必须要立足于促进人的自由全面发展这一基本的伦理立场，必须反映责任伦理的客观要求，必须体现大学生生命观的发展和生命观教育实践的一般规律。

① 《辞海》编辑委员会．辞海[M]．上海：上海辞书出版社，1990：169.
② 马克思恩格斯选集：第3卷[M]．北京：人民出版社，2012：410.

作为一种普遍意义上的伦理，责任伦理内含了一定的伦理取向，如善与恶的基本问题。同时，作为特定的应用伦理，责任伦理又包含了有关责任承担、责任践履等方面的伦理取向问题。从责任伦理的角度进行大学生生命观教育，要坚持目的善与手段善相统一、前瞻性与追溯性相统一、自律性与他律性相统一的原则。

### 一、目的善与手段善的统一

真正意义上负责任的行为不仅要求动机是善的，同时在手段方面同样是善的，只有在确保动机善、手段善的前提下，结果善的行为才具有伦理价值。因此，任何行为是否尽责的评价都应首先综合这两个角度进行评判。在西方伦理思想史上，"善"这个词"最早来源于'ἀγαθό'（我们的'善的'这个词的始祖），起初是专门用于描述荷马贵族角色的述词（predicate）"[①]。一般来说，"善"与践履某种角色赋予的职责有关。换言之，判断一种行为是否为善，取决于这种行为本身的事实属性，即是否尽到了应有的义务。随着"善"的不断演变，其内涵有了进一步发展。目前许多学者都认为，"善"不仅是一种事实判断，更是一种价值判断。《牛津英语辞典》中有关"善"的解释为：Good（"善"）——"最普通的褒义形容词，意指一种高尚的，至少是令人满意的品质的存在，它们或者本身是值得羡慕的，或者对于某种目的来说是有用的"[②]。可见，判断某种行为是善的，并非在严格意义上意味着一定要使之实现，而是在目的上首先是善的。由于人支配自然的威力（power）越来越大，技术的不可控性越来越强，传统的技术价值中立观应当予以摒弃，

---

① 麦金太尔. 伦理学简史［M］. 龚群，译. 商务印书馆，2003：28-29.
② 弗兰克纳. 伦理学［M］. 关键，译. 北京：生活·读书·新知三联书店，1987：166.

人们在行动之前就必须要对行动本身进行价值估量，确定目的的善，即"任何时候都不能以'人'的生存为赌注（The existence of 'Man' must never be put at stake）"①。可见，目的善是责任伦理伦理取向的出发点，一种伦理行为是否是道德的和尽责的，首先取决于其行为的目的性。只有在目的上体现善的行为，才有可能是一种道德行为，行为主体履行责任的目的就在于实现目的善与结果善的统一。

值得注意的是，责任伦理在强调目的善的同时，并未否定手段善，这是其与功利主义伦理的重要区别所在。在功利主义看来，只要结果是善的行为，便是尽责的行为，至于动机与行为的手段，都不是其所考虑的范畴。责任伦理恰恰相反，其不仅注重动机的善与结果的善，而且关注行为过程中的手段运用。那种为了达成目的而任意不择手段的行为，在责任伦理看来不仅是不道德的，而且是应当予以坚决摒弃的。在这里，存在一个手段善与结果善平衡的问题，即如何同时确保二者的统一，或者如何能够实现二者同步的问题。事实上，在某些情况下，二者的同步实现往往是不可能的。如政府为了维护社会秩序和稳定，就必然要对人的社会行为进行规范，甚至要运用必要的惩罚手段与国家暴力机器，如监狱、警察等。在这里，手段的运用应当坚持两个原则，一是手段运用的目的必须是善的，即是基于善的动机；二是行为结果所实现的善能够抵消手段运用中的恶。由此可见，责任伦理倡导手段善，且这种善是一种限定在某一合理区间范围内的善。

教育是一种善业，大学生生命观教育作为教育的重要分支，亦

---

① JONAS H. The imperative of responsibility：in search of an ethics for the technological age[M]. Chicago：University of Chicago Press，1985：37.

是如此。在大学生中开展生命观教育，目的在于引导大学生向善、崇善，从而推动生命的积极发展。因此，在大学生生命观教育中，既要坚持目的善的伦理原则，也应坚持手段善的伦理原则，实现目的善与手段善的统一。这里的目的善即是指大学生生命观教育的理念、价值指向等，即在坚持正确原则的基础上，促进大学生积极生命观的形成、引导生命的向上、向善。手段善则是指教育实践的方法、途径等，其目的是在遵循大学生生命观发展特点与规律的基础上，结合实际情况进行有效运用，保障大学生生命观教育的顺利实施。在大学生生命观教育中坚持目的善与手段善相统一，就是要在坚持正确价值理念的基础上，采用恰当的教育方法和手段，引导大学生形成正确的生命认知和生命态度，并在社会生活中进行积极的生命实践与体验。在这里，目的善指引着教育的正确实践，手段善体现着手段的合理运用，二者相互作用，共同推动着结果善的实现。

### 二、前瞻性与追溯性的统一

前瞻性与追溯性体现了责任追究的两种不同方式。前者是指责任行为发生之前对责任的追究，后者是指责任行为发生之后对责任的追究。两种形式对应的责任分别为实质责任与形式责任。"实质责任是一种事前责任，是对将做之事或特殊对象的责任，它一般是出于道义性的责任感而非对违法后果的惧怕，这种特性受人赞扬，是一种道德责任。"[1] 就实质责任而言，责任的对象虽然不在主体范围之内，却在主体权利范围之内，主体把这种责任变成自身要做之事，实现了"要我负责"到"我要负责"的转变。之所以能实现这种转

---

[1]　方秋明. 为天地立心，为万世开太平——汉斯·约纳斯责任伦理学研究[M]. 北京：光明日报出版社，2009：65.

变，关键在于权利的归属权属于主体，主体能够主动控制权利的运用，因而主体与对象产生了某种因果性，责任从而得以生成。形式责任则是一种过失性责任，是由于主体行为的发生，才必然导致主体要对行为负责，行为动机与行为结果之间具有可见的因果关系。实质责任与形式责任作为两种不同的责任形式，在促进主体责任承担、规范责任主体行为实践中扮演重要角色。

一方面，实质责任的承担能够使主体自觉履行分内之责，增强行为的预见性，防止行为可能引发的消极性后果。尤其是在科技时代，随着科技能力的不断增强，人们在运用技术进行实践中所产生的后果更加具有不确定性和不可估量性，强化责任主体对实质责任的承担就尤为重要。实质责任在技术时代得到重视，因为若不加限制地对技术加以盲目运用，从根本上来说就是一场"豪赌"。"由于技术已然掌握了权力……它现在有一个指向，这个指向不是指向一种完美，而是会导致一种普遍的灾难并导致一种节奏，这种节奏那可怕的呈几何级数增长的加速过程，很容易逃脱任何掌控。"① 实质责任的承担，更多地依靠主体的责任自觉和道德自律，这对主体道德提出了一定的要求。另一方面，形式责任更多地强调外在他律对主体的规约。因为，一旦主体的形式责任生成之后，就必然要接受一定的责任追究，这种追究的方式往往伴随着来自法律、制度等方面的惩罚。因此，实质责任与形式责任性质不同，分别强调了行为不同阶段的责任承担。通过前瞻性与追溯性两种方式，不仅能够有效规范主体的行为实践，而且能够对不良的行为起到预警作用，以确保行为善的实现。

---

① JONAS H. The imperative of responsibility: in search of an ethics for the technological age[M]. Chicago: University of Chicago Press, 1985: 127-128.

在大学生生命观教育中，坚持前瞻性与追溯性相统一的原则，就是要基于责任伦理的视角，对这一实践活动进行整体性的伦理审视。作为一种责任过程，其内在地要求作为责任主体的人应当尽责，完成生命观教育所赋予的使命。这种责任的履行，既是基于责任主体内在责任心的驱使，也是外部环境与制度影响与调控的结果。因此，在这一实践过程中，既要注重主体行为前的责任唤醒与激发，又要注重行为后的责任追究，使这一过程成为真正负责任的教育实践过程。这就意味着，要把对主体行为的规范与引导有效结合在一起，以实现对不良行为的预防，推动结果善的实现。也就是说，任何责任在行动之前都必须对其行为进行长远的审慎考虑，在行为后对其进行有效评价，以确保行为结果的善。然而，主客观因素的种种不确定性，使得责任行为的始端与终端并非呈现出线性的直接关联。换言之，任何在理论上推断的结果善未必就一定能得以实现，因此必须要对可能发生的干扰以及行为结果进行预测，以降低任何可能产生的潜在风险性，确保责任行为的"善始善终"。同时，关注行为结果，对有关主体不尽责、失责等行为进行责任追究，通过惩罚或奖励，有效规范主体在生命观教育中的行为实践。

### 三、自律性与他律性的统一

自律性与他律性作为一对伦理关系范畴，二者相互联系、辩证统一，分别体现了主体行为规约的内外两种约束力，是主体行为伦理规范不可分割的两方面。自律是行为主体基于一定的价值尺度，为自觉约束自身行为所遵循的道德准则。"自律"，是康德率先提出的概念。在他看来，自律是服从于理性的，理性规定着意志，促进主体行动的自律性实现。自律性体现责任伦理的内在特征，是行为主体进行责任实践的道德规范体现，马克思指出："道德的基础是人类精神的自律。"① 责任伦理强调主体的内在自律性，要求主体基于对行为可能导致的伦理结果进行预见与考量而实现责任的认同，进而通过自身的自律性建设，规范责任行为的具体实践。

然而，责任伦理并不否认外部的他律机制对行为主体的约束，在很多情况下，主体的内在自觉仅仅是一种柔性的软性约束，其自律是有限的，用它来保障责任落实还远远不够。尤其是在外界诱惑增多的情况下，这种自律的实现就面临着更加严峻的挑战。因此，主体在践行责任伦理的过程中，应当辅以外在硬性约束制度的建设以规范主体的责任行为。正如罗尔斯所指出："离开制度来谈个人道德的修养与完善，甚至对个人提出各种严格的道德要求，那只是充当一个牧师的角色。即使本人真诚相信和努力尊奉这些要求，充其量只是一个好牧师而已。"② 尤其是在现代社会，在责任越来越依附于资本存在的情况下，他律机制在主体责任行为规约中的作用就更加凸显，应当"通过伦理价值的引导，借助外在舆论与法律制度的规范，对行为主体的实践活动予以规制与调节"③。总之，自律性与他律性作为两种不同的行为规约方式，构成主体责任行为实践的内外约束力，其相互作用、相互支撑、相互补充，共同推动着主体责任行为的实施。

大学生生命观教育作为一种责任实践过程，强调自律性与他律性相统一的原则有着深刻的内涵。首先，凸显教育主体的行为自律性。无论是作为实施教育一方的家庭、学校还是社会主体，都需要对各自在教育中所肩负的责任进行正确认知，在增强责任自觉的基

---

① 马克思恩格斯全集：第 1 卷[M]. 北京：人民出版社，1995：119.

② 罗尔斯. 正义论[M]. 何怀宏，等译. 北京：中国社会科学出版社，1988：22.

③ 赵素锦. 面向文明风险的责任伦理省思[J]. 华中科技大学学报（社会科学版），
2009（4）：114.

础上，克服各种困难，实现相应责任的践履。同时，作为受教一方的大学生，应当强化对生命负责的意识，自觉履行对生命的责任。其次，构建教育实施中的外在约束机制。为保障大学生生命观教育的顺利实施，需要通过外部约束机制的构建，形成责任实践的保障，以强化对行为主体的有效规约，确保主体责任伦理的实践。因此，遵循自律性与他律性相统一的原则，是促进大学生生命责任履行的内在要求，也是推动教育主体教育责任落实的有效保障。

## 第三节　方法运用：动力激发

　　责任伦理视域下对大学生进行生命观教育的目的在于通过提升大学生的生命责任意识以培养其正确的生命观。因而，其实施方法与一般价值观教育的方法大体相似，需根据大学生内在生命观形成的规律和生命责任意识结构，综合采用多种方法。从根本上而言，教育实施的过程即是把外在的教育知识同化到教育对象原有的知识结构之中，并促进教育对象将内化之后的内容通过实践实现外化的过程。在这一过程中，教育对象内在的自觉意识起到关键作用。因此，创新教育方法的关键在于激发教育对象的内在动力。传统的理论灌输教育方法能够从知识层面增进大学生对生命责任的认识，但这种方法往往不能很好地调动学生的内在积极性和生命自觉性。这需要在实践中创新教育方法，通过引发生命责任冲突、形成生命责任体验、强调生命责任叙事等激发大学生的内在动力，促进其生命理性自觉的形成，实现外在知识的内化，构建稳定的生命责任认知心理结构。

## 一、引发生命责任冲突

生命责任冲突是由生命责任情境中的责任事件诱发的，这些责任事件与责任主体高度相关，在某种层面上挑战了或不符合责任主体已有的责任认知，使得责任主体处于两难困境，考验着他们的责任潜能。① 生命责任冲突的设置，使生命个体处于特定的条件之下，并对生命责任进行亲身经历与体悟，通过外在的积极引导使生命个体自觉作出生命价值抉择，从而激发起内在的实践动力，以增进其生命实践的积极性。可见，生命责任冲突的引发有助于激发生命个体的内在动力。生命责任冲突作为一种有效的情景设置，源于"道德两难"的启示。"道德两难"作为道德实践中的现象，是柯尔伯格在研究人的道德发展过程中提出的一个问题。他认为，儿童的道德发展需要经历一个过程，体现为"三水平、六阶段"的道德发展规律。这一发展规律体现出道德主体和客体的相互作用，道德主体在这一过程中不断面临新的道德问题，当这些问题与其原有的道德认知发生矛盾时，道德冲突就不可避免。如果个体遇到的道德难题是其现有的道德认知所无法解决的，那么就必然要求个体作出高于现阶段的思维反应，其思维能力从而得到提升。"依此类推，可使儿童的道德一步步地得到发展。"② 柯尔伯格将这一道德发展规律应用于教育实践之中，并将其进一步发展形成了"道德两难讨论法"（道德冲突解决法），旨在帮助学生对道德两难问题进行分析，使其道德水平逐渐得到提高。

---

① 张力，温勇. 论高校学生社会责任感生成的内在机制[J]. 黑龙江高教研究，2017（8）：151.
② 柯尔伯格. 道德教育的哲学[M]. 魏贤超，等译. 杭州：浙江教育出版社，2000：397.

在大学生生命观教育方法运用中，通过创设一定的生命责任冲突情境，引导学生运用已有的责任思维和道德判断对生命责任矛盾与冲突进行及时发现，并尝试进行解决问题。这对教育主体的能力提出一定的要求，即不仅应当合理创设相关情境，还要在情境中预设一定的生命价值取向，并在实施过程中做到有效引导和调控。此外，在设置生命责任冲突中，还要找准问题的关键所在。物质利益是生命责任形成的基础，现实中，生命责任冲突的产生大多源于主体面临诸多的利益关系但却无法进行有效协调。这既包含了人与自然的利益关系矛盾，也内含了人与社会的利益关系矛盾。同时，这些利益关系既牵涉到当下的利益关系，也关涉到人与自然、人与社会的长远的、未来的利益关系。因此，解决生命责任冲突也就意味着正确认识与协调生命个体在实践中面临的各种利益关系。生命责任冲突设置的关键就在于帮助大学生正确认识生命的多重利益关系，通过对不同生命责任的轻重、缓急等问题进行比较分析，以深化大学生对生命责任的认知，并在促进其生命责任承担中形成积极的生命观。

## 二、注重生命责任体验

生命责任体验是通过创设特定的情景与条件，引导生命个体对生命责任进行积极体验，以对生命责任形成基本的认知、理解等。体验是生命存在的一种形式，生命通过体验与外部世界发生关联，并获得对生命的感知和理解。因此，狄尔泰把体验作为生命观形成的起点，"我们通过体验和理解所领会的，是作为把人类包含于其中的脉络而存在的生命"①。生命责任作为生命关系的一种反映，应当

---

① 狄尔泰. 历史中的意义[M]. 艾彦, 等译. 北京: 中国城市出版社, 2002: 53.

通过增进大学生的生命责任体验，以培养其正确的生命责任意识。从生命的存在形式而言，人的生命作为具有目的的特殊性存在，不仅具有自然性，而且本身充满了价值意义。而生命意义的实现不是囿于封闭的自我实践，而是需要与外界发生必然的客观联系并形成一定的生命责任关系。主体生命责任的实现需要生命主体通过生命体验在实践中与客体相互作用，并对生命责任进行深刻感悟。一方面，生命通过责任体验以认识他人与世界，体现生命的状态。生命责任体验是生命状态的反映，积极开放的生命责任体验体现了生命的活力，展示了人的本质力量的外显。而消极封闭的生命责任体验则体现了生命的消沉，反映了生命本质力量的消损。因此而言，"体验不到生命活力释放的快感和意义所在的人，就不可能有积极主动的表现；而愈是感到生命的可贵与美好，人就愈会热爱生命并使生命表现出最大的意义"①。另一方面，生命通过责任体验获得生命的意义与价值，实现生命的超越。在体验中，生命个体通过理性、意识与外部世界进行接触、感受，精神世界不断获得充盈。同时，生命主体把自身的力量投射到外部客观世界，使生命的意义与价值得到彰显，生命使命得以完成。在一次次的生命责任体验中，个体生命获得外部力量的给予，完成生命的不断超越。

因此，在大学生生命观教育方法运用中，应当注重生命责任的体验，以激发生命主体的内在动力。首先，要增强主体的生命责任体验意识。生命责任的价值和意义不会自动彰显，需要生命主体主动去认识、体验和领悟，这一过程实际上就是主体对生命意义和价值的追寻过程。而"体验活动的结果总是一种内部的主观的东

---

① 张曙光. 生存哲学——走向本真的存在[M]. 昆明：云南人民出版社，2001：316.

西——精神平衡、悟性、心平气和、新的宝贵意识等"①。这需要在生命责任体验运用中增进主体的生命责任体验意识，引导其主动体验责任，鼓励他们在责任体验中探寻生命的意义，使生命得到升华。其次，实现责任体验的主体间交流。生命责任体验是一种互馈的过程，体验与被体验的双方在某种程度上而言都是一种体验主体，主体在感悟生命中也感动着生命。在生命责任体验中增进主体间的互动交流，增进对生命的认识与理解。最后，促进生命责任体验与生活世界的融合。现实世界是生命存在和发展的根基，生命责任体验从根本上而言就是要在生活世界中获得生命的感悟与理解。生活才是教育的真正源泉，只有融入生活的教育才能提升人的生命价值与意义。因此，在引导教育对象进行生命责任体验中，应促进生命责任体验与生活的融合，实现生活对生命的涵养功能。

### 三、强调生命责任叙事

生命责任叙事是指通过向大学生呈现一些形象的生命责任故事，以激发大学生内在的生命自觉和内在动力，并促进其进行积极的生命责任实践。这种呈现方式既可以是叙述性的，也可以是展示性的。从内容上看，这些生命责任故事既可以是广为流传的历史故事，也可以是发生在日常生活中的故事案例，但无论是哪一种，这些故事都体现出共同的特点：具有典型的代表性和较强的感染性，也就是要做到对日常生活、事实本身以及学生的"三贴近"。生命责任叙事的优势在于避免了单纯性的理论说教的枯燥乏味和单向灌输，其有效运用能够充分调动大学生内在的积极性和生命自觉意识，并通过实际故事的感染，拉近受教育者与故事主人翁之间的距离，从而使

---

① 瓦西留克. 体验心理学[M]. 黄明，译. 北京：中国人民大学出版社，1989：11.

其有效融入故事情节之中，引发大学生的共情和共鸣。在大学生生命观教育方法运用中，强化生命责任叙事应注重把握一定的原则。

一是内容选取的真实性。真实的内容不仅可以增强说服力，而且容易拉近学生与故事之间的距离，让学生感到可亲、可近、可学、可用。为促进教育效果的提升，大学生生命观教育实践中往往会对一些典型故事的宣传进行过度拔高和渲染，这不仅不能实现生命观教育的目的，反而容易引发一些学生产生厌恶心理。只有保持生命教育内容的真实性，才能够彰显故事本身的鲜活性和生活化，增进大学生与主人公之间的距离，进而发挥故事本身的感染力，让大学生在亲身感受中受到潜移默化的影响。央视节目"感动中国"之所以能在全社会引起强烈的反响，就在于其中所报道的一个个主人公大都是日常生活中的普通百姓，他们的事迹生成于群众的生活实践之中。这些真实、鲜活的案例与大众一般生活具有密切联系，他们既有崇高的责任情怀，同时又体现日常生活的烟火气息。这些人物虽然没有刻意的包装，但却最能带给人们更多的感动。二是内容选取的时代性。作为"95后""00后"的大学生，他们生长于新的时代背景之下，经历着新的时代变迁，和那些距其时代较远的英雄人物以及经典故事存在一定的距离感和陌生感。如果一味强调这些英雄的生命事迹或经典故事的宣传而不注重内容选取的时代性，则难以引发大学生强烈的生命情感共鸣。因此，应当立足于时代发展，及时补充体现时代特征的典型故事案例。三是形式开展的多样性。在强调生命责任叙事过程中，应注重形式的多样性。既可以通过教师的口述、讲解等方式进行，也可以借助音像、图片等多样化的形式开展。但无论采用哪种方式，都要立足于学生的生命责任意识培养，发挥不同形式在这一过程中的积极作用。

# 第五章　责任伦理视域下大学生生命观教育的路径选择

责任伦理以其内在的特点契合了大学生生命观教育的伦理诉求，也为其实效性的提升提供了新的可能。这需要在对责任伦理内在特点进行把握的基础上，结合大学生生命观教育中的具体实际问题进行综合分析，从思维层面、主体层面以及实践层面探索相应的实践路径。具体而言，应从责任伦理思维重塑、多元责任主体协同、大学生责任伦理意识强化、责任伦理实践推进等维度予以把握，以提升教育重视度、构建教育责任共同体、激发教育内在动力、实现大学生生命观教育的良性运行。

## 第一节　重塑责任伦理思维，提升大学生生命观教育的重视度

责任伦理契合了社会发展要求，凸显出新的伦理气质。新的道德思维是责任伦理学中最深层次的东西，是决定一切社会道德现象

的"底色"。① 在大学生生命观教育中，责任伦理思维的确立，是促进教育主体责任落实的前提。具体说来，就是要求教育主体增强前瞻思维、树立关怀思维、确立整体思维，以在真正意义上实现对大学生生命发展的责任，有效提升对大学生生命观教育的重视度。

### 一、增强前瞻责任思维

大学生生命观教育所涉及的伦理责任具有鲜明的未来指向，因而在教育实践中必须要增强前瞻责任思维。大学生生命观教育对象作为处于不断发展中的生命个体，是具有极大可塑性和发展潜能的生命个体，教育对象的这一特点决定了生命观教育中的道德责任与一般意义上的道德责任有着很大不同。一般而言，道德责任所涉及的范围具有近距离性，即行为本身只对当下的人和事负责，而不会涉及对未来责任的承担。大学生生命观教育责任则大为不同，因为"教育行为直接面对的是未成熟的个体，当教师或教育机构发动一项教育行为时，已经为这个行为所涉及的受教育对象的现实状况承担责任。同时由于受教育对象之未成熟，具有无限开展可能的可能性，教育者的一举一动也应该为这个无限开展的可能性负责……教育工作者在采取任何行动之前，应该慎重考虑其对受教者可能产生的深远影响而特别谨慎戒惧"②。可见，大学生生命观教育中的责任不仅是一种追溯性责任，更体现为一种前瞻性责任。

同时，大学生这一时期经受着来自学习、生活、就业等多重压力，在这些压力与挑战面前，大学生易于产生各种生命困惑，需要予以及时的生命关怀与心理疏导。而其自身的抗挫能力与承受能力

---

① 曹刚. 责任伦理：一种新的道德思维[J]. 中国人民大学学报，2013（2）：70.
② "中国教育学会". 学校伦理研究[M]. 台北：台湾书店，1985：89.

又往往不足以应对这些压力，二者之间的矛盾性就形成了潜在的生命风险隐患。因而，在大学生生命观教育中，应当破除"责任后置"的责任理念，推动前瞻性责任伦理思维的确立。也就是说，基于教育对象的特殊性，大学生生命观教育主体不仅要树立高度负责任的态度，而且需要拓展责任的视域，既要对教育对象的当下发展负责，同时也要对其未来发展负责。这就决定了教育主体的责任承担不仅应当立足于大学生生命观的实际，即解决其当下面临的生命困顿，同时还要面向大学生的长远发展。因而，教育主体既要考虑其行为实践的现实性影响，还要对其行为的未来后果进行考量和积极预测，也就是要增强行为的预见性，强化风险意识。这既是大学生生命观教育的必然要求，也体现了责任伦理的内在要求。

因此，教育主体在责任实践中应当着眼于大学生的未来发展，对责任行为进行全面审视，即不仅要关注行为的当下影响，更要关注行为的未来结果，这体现出以后果为导向的思维范式。为此，就必须要在责任行为实践中引入必要的预测知识，将行为的可能性后果纳入行为实践的考量之中。也就是说，增强主体对行为的预见能力和评估能力，以对大学生的生命价值倾向、生命认知、生命情感态度等进行积极评估，在此基础上有针对性地推进教育实施。在此过程中，注重方式方法的运用，增强对可能性行为后果的评价，以及对主体应当履行责任却在实践中由于未承担责任所导致的行为后果进行伦理考量和预测。通过提前采取应对措施，对不良结果进行积极控制。总而言之，要将大学生生命观教育中可能出现的各种问题纳入伦理考量范围之内，提高对大学生生命观教育的重视度。

**二、树立关怀责任思维**

对生命进行伦理关怀，是责任伦理中的责任实践出发点。对生命进行关怀，不仅体现出责任伦理的价值指向，也是确保责任主体责任有效践履的重要保障。大学生生命观教育体现出对生命的关怀，教育主体责任的积极承担与落实即是对教育对象的生命进行伦理关怀。因此，重塑责任伦理思维，必须要树立关怀责任思维，以推动高校自觉肩负起对大学生生命成长与发展的责任，提升对大学生生命观教育的重视度。这需要高校对教育中的责任问题形成正确理解，以实现对大学生的生命关怀。而理解教育责任的关键在于意识到高校责任的根本在于育人。就高校的责任实践而言，主要在于处理、协调好两方面的关系：育人与服务社会发展。这两方面不是孤立的，而是相互影响和协同共进的。一方面，学校通过服务社会发展责任的落实，推动社会获得更好发展，从而为人的发展营设良好的外部条件。另一方面，学校在践履育人责任中，为社会提供大量的人才支撑，从而推动社会实现向前发展。在这两种责任中，教育育人的责任是根本性的，这不仅因为教育服务社会发展的目的最终是要实现人的发展，还在于人是教育实践活动的出发点和落脚点。

马克思指出，"一切人类生存的第一个前提……是：人们为了能够'创造历史'，必须能够生活。但是为了生活，首先就需要吃喝住穿以及其他一些东西。……因此任何历史观的第一件事情就必须注意上述事实的全部意义和全部范围，并给予应有的重视"①。教育责任的根本是为人负责，也就是为人的生命存在与发展负责。忽略人的发展而一味追求社会发展的责任观是一种片面的责任观，是见物不见人的责任观。因此，高校责任的重心就应当在于育人，应当注重对大学生进行生命关怀。生命观体现了生命个体对于生命的基本认知，是生命价值取向、生命意义建构的"晴雨表"，其不仅指导着

---

① 马克思恩格斯选集：第1卷[M]. 北京：人民出版社，2012：158-159.

个体的行为实践，而且决定着个体的心理状态以及未来发展。高校应在观念认识层面作出调整，重视大学生生命观教育的实施，增进对大学生的生命关怀。因此，一切教育目标的制定、理念的确立、内容的选择以及方法的运用等都要围绕人的生命需求进行开展，将人文关怀贯穿于高校教育责任落实之中。为此，高校在教育实践中应及时关注大学生的生命世界，通过深入开展大学生生命观教育，重视大学生各种生命观问题的分析与解决，注重生命的意义世界建构，使生命获得意义支撑，以促进其生命的内在性发展。

### 三、确立整体责任思维

责任伦理强调责任的整体性，即责任主体对责任客体的全面负责。在大学生生命观教育中，确立整体责任思维，即是履行对大学生生命发展各个方面、各个维度的责任，以实现真正意义上的对生命的全面负责。对于教育主体而言，只有确立整体责任思维，才能对自身应然层面的责任承担形成全面的认知，以在实践中增强对大学生生命观教育的重视。从教育对象的角度而言，其生命的多重性，决定了生命发展的全面性。为此，在个体化的教育实践中，就应当关注生命多方面的需求，全方位实施系统化的教育，这需要平衡好多重教育责任关系。为此，应当在整体性责任思维的指导下，合理平衡知识教育与生命观教育的关系，在注重知识教育的同时提升对大学生生命观教育的重视度。而正确协调二者关系的过程，实质上就是平衡责任关系的过程。

首先，强调责任的多维性。人的生命是一个多维度的概念，不仅是从生物学角度而言的，更多的是基于社会学意义。教育责任体现为对生命全面负责，即对生命存在与发展的多维度责任。也就是说，教育不仅要对教育对象的生物意义上的生命负责，也要关注生命的社会化发展和精神性需求。"大学的存在意义是教育学生。但是这种教育绝不仅仅是狭隘的技能的训练。"① 大学的使命，不仅仅在于使其"成才"，更在于促进学生的"成人"。"成人"不仅意味着对学生生活世界的丰富，更在于其生命世界的意义构建。也就是说，"大学不仅培养学生将来安身立命的精神，而且要培养学生不停寻求生活意义的精神"②。可见，在教育责任承担过程中，应当立足于生命的全面发展，将对大学生生命全面负责作为教育责任承担的出发点，不仅要将其培养成具有健康体魄和较强社会适应能力的生命体，更要通过生命观教育的开展不断丰富大学生的精神生命世界，使大学生获得真正意义上的"成才"与"成人"的统一。

其次，注重责任的平衡性。教育不仅应当注重知识方面的教育和理性教育，还应当注重生命内在动力的激发。这是因为，人作为兼具理性与感性的生命体，理性因素与感性因素相互作用、相互影响，体现着生命发展的不同维度。作为人的真正意义上的发展必然是自然生命、社会生命与精神生命的协调统一发展，三者的共同发展蕴含着生命内在的求真、求善、求美的过程。生命观教育立足于生命的整体性发展，体现教育的生命关怀意蕴，其有效实施能够推动个体实现真正意义上的发展，彰显生命的意义。如果只是把教育在狭隘意义上理解为智育，就会窄化教育的功能，降低生命观教育及其他德育的地位，最终使生命观教育在教育中逐渐弱化甚至虚化。因而，作为教育主体，应当树立这种整体性的责任思维，本着对生命个体当前发展以及未来发展整体负责的责任态度，注重对个体的生命价值引导、生命情感激发，引导个体对生命形成正确的认知和

① 罗德斯. 创造未来：美国大学的作用[M]. 王晓阳，译. 北京：清华大学出版社，2017：137.
② 王向华. 大学的道德责任[M]. 北京：北京师范大学出版社，2017：124.

理解。为此，在大学生生命观教育中，应重塑整体性责任伦理思维范式，加大教育实践改进力度，纠正唯知识教育至上的实践做法，提升大学生生命观教育的重视度并促进其积极实施，使教育的重心转移到服务大学生生命发展的轨道上来。

## 第二节　推动多元主体协同，构建大学生生命观教育责任共同体

马克思基于唯物史观的角度探讨社会发展规律时指出，"协作直接创造了一种生产力，这种生产力实质上是集体力"①。在这里，集体力即是指通过无数主体的合作所产生的合力。恩格斯认识到了人民群众在社会历史发展进程中的作用，确立了唯物主义在历史观中的核心地位，提出了"历史合力论"，"历史是这样创造出来的……无数互相交错的力量，有无数个力的平行四边形，由此产生出一个合力，即历史结果"②。马克思恩格斯的合力理论为我们开展大学生生命观教育提供了有益启示。毛泽东指出，"思想政治工作，各个部门都要负责任。共产党应该管，青年团应该管，政府部门应该管，学校的校长教师更应该管"③。作为思想政治教育重要组成部分的大学生生命观教育，也同样需要多方力量的共同支持。为促进大学生形成正确生命观这一共同目标的达成，各责任主体要在明确各自责任的基础上，增进互通与合作，共同推动大学生生命观教育的进程。

---

① 马克思恩格斯选集：第2卷[M]. 北京：人民出版社，2012：207.
② 马克思恩格斯选集：第4卷[M]. 北京：人民出版社，2012：605.
③ 毛泽东文集：第7卷[M]. 北京：人民出版社，1999：226.

　　如图 5-1 所示，大学生生命观教育主体不仅仅是一个教育共同体，更体现为一个伦理实体和责任共同体。多元主体责任协同的实现，不仅需要学校主导力量的推动、社会的参与，而且需要家庭的协同。整合多方教育力量，构建责任共同体是责任伦理的内在要求，也是提升大学生生命观教育实效性的必然诉求。

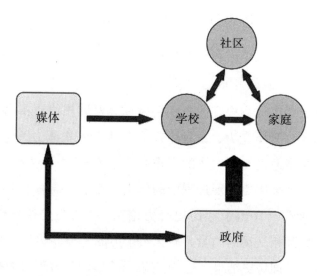

图 5-1　大学生生命观教育责任共同体构建示意图

## 一、学校主导

　　学校作为大学生生命观教育的主阵地，既能够与学生家长保持密切联系，也可以与社会实现良性互动，其在实现与家庭、社会协同中居于主导地位。因此，高校作为大学生生命观教育实施的专门化的教育场所，其依托特定的角色属性在多元主体协作中承担着联络、联合、联动多元主体的责任。政府、社会、家庭要协作联动，学校、教师、学生要协调互动，学校与社会、学校与家长之间也应该加强沟通，进行功能互补。这样一种"三维互动"模式，学校是主要方面，社会是重要方面，家长是必要方面。① 在很大程度上说，大学生生命观教育主体协同成效如何，关键取决于高校在这一过程中的责任落实状况。因此，大学生生命观教育合力的形成，需要作为重要责任主体的高校充分践履相应的义务要求，发挥其主导作用。

首先，促进学校主体联络责任的落实。通过发挥高校的多向联系优势，可以实现与不同主体的联络交流，增进相互间的信息互通，以深化对大学生的生命观状况的了解，明确问题所在。一是增进高校与家庭的对接。2004 年，《中共中央、国务院关于进一步加强和改进大学生思想政治教育的意见》指出："学校要探索建立与大学生家庭联系沟通的机制，相互配合对学生进行思想政治教育。"② 大学生生命观教育作为思想政治教育的重要组成，其合力的实现同样需要学校联络责任的落实。因此，应增进家校之间的联络，促进学校在这一过程中的责任承担。习近平同志指出，"学校要承担起指导家庭教育的责任"③。学校可以通过实地深入家庭、电话交流、网络沟通等多种方式，密切学校与家长的联系，促进双方在关于大学生生命观念和心理问题等方面的互联互通，明确教育实践中的不足，以"打破学校办学孤岛，实现家庭教育与学校教育对人才培养的共育、共建、共享、共生的家校合作新模式"④。二是增进高校与社会的联结。深化高校与用人单位、实践基地的沟通交流，促进双方对大学

① 雷福广，刘社欣. 信息德育论——大学生信息素养与思想政治教育信息化研究[M]. 北京：人民出版社，2008：267.

② 中共中央文献研究室. 十六大以来重要文献选编：中册[M]. 北京：中央文献出版社，2006：190.

③ 习近平. 干在实处 走在前列——推进浙江新发展的思考与实践[M]. 北京：中共中央党校出版社，2006：304.

④ 景云. 新时代家校合作存在的问题及对策探析[J]. 思想政治课研究，2019(4)：16.

生信息的掌握，及时关注学生的思想动态，形成校内校外的信息互通。

其次，促进学校主体联合责任的落实。高校在联系家庭、社会中具有显著优势，通过发挥高校的协同作用，助益于推动多元主体合力的形成。一是教育目标的协同。大学生生命观教育作为一种观念教育，需要在正确的价值导向下形成协同一致的目标。这不仅决定着生命观教育的趋向，而且决定了培养具有什么样的生命观的人。在推动大学生生命观教育合力形成中，高校应坚持正确的价值导向，积极进行社会主义核心价值观的传播，确保家庭教育和社会教育的方向性，使三种教育在大方向上始终保持一致，形成统一的教育目标，增强教育的凝聚力和协同性。二是教育资源的整合。家庭、社会、学校作为不同的教育场域，蕴含着丰富的生命观教育资源，这些资源的充分挖掘与整合有助于实现三者合力的提升。应发挥学校的作用，"深入探索凝聚校内外育人力量、整合课内外育人资源的合力育人机制"①。一方面，推动高校教育的社会化。如促进高校向社区定期提供教育场地、开放教育资源等促进社区大学生生命观教育的开展，同时不断吸纳社会资源对高校生命观教育资源进行补充等。另一方面，深入开发烈士陵园、医院、养老院等所蕴含的生命观教育资源，增加资源整合力度。

最后，促进高校主体联动责任的落实。高校作为协调者，在推动家庭、学校与社会联动中承担重要责任。因此，作为联系家庭和社会的学校，应当在加强与二者联系的过程中，注重协调主体间的相互利益关系，以发挥高校在大学生生命观教育中的协调作用，促

---

① 中共教育部党组. 深入学习贯彻习近平总书记关于青年学生成长成才重要思想大力培养中国特色社会主义建设者和接班人[N]. 光明日报, 2017-09-08 (2).

进多元主体之间的有效联动。具体说来，在对不同主体利益诉求认知的基础上，"需要明确国家、学校、社会各自的地位与相应的权益，明确各自运行的空间。同时，在不同的权力之间建立起有机的联系"①。作为协调者的高校，应当在主体合作中矫正家庭和社会的错误认识，引导其正确认识大学生生命观教育的意义和在这一过程中扮演的角色，明确各自所享有的权利与应当承担的义务，合理平衡权责利之间的关系。在此基础上，促进不同主体间的联动与合作，探索家庭—学校—社会一体化的大学生生命观教育责任体系的构建。

## 二、社会参与

大学生生命观教育作为一项系统性工程，推进这一工程的实施是全社会的共同责任。因此，在构建大学生生命观教育责任共同体中，不仅需要学校、家庭的参与，还需要全社会的广泛参与。在这里，"社会参与"主要基于本书社会教育主体界定的视角，重点探讨政府、媒体以及社区在这一过程中的参与。

### （一）政府动员

责任主体协同，即是大学生生命观教育主体调动与整合，其实现需要政府层面的动员责任的履行。也就是说，政府在这一过程中能够起到统筹协调的作用，以使各社会教育机构、社会组织、社会团体等向心力凝聚在一起，共同致力于大学生生命观教育的开展，帮助大学生形成正确的生命观。在西方发达国家以及我国港台地区，政府高度重视生命观教育，并通过积极动员实现社会教育、学校教育与家庭教育的联合。如在英国，生命教育的运作是在国家干预、

① 胡定荣. 课程改革的文化研究[M]. 北京：教育科学出版社，2005：268.

政府参与下进行的，且生命教育作为正规教育课程被纳入国家和学校课程实施之中。政府在大学生生命观教育主体协同中的责任承担，是通过发挥政府动员作用得以实现的。

一是从制度保障层面推动主体协同。协同意味着主体合力作用的发挥，是增强单个主体作用的重要途径，其目的在于实现 1+1>2 的效果。但是，协同的实现并非意味着各责任主体独立性的消失，无论主体在共同责任中承担了多大的责任分量，都是作为具体的、实在的主体。因此，主体真正的协同是在保持各自独立性的前提下进行有效合作，以增进主体间的协同作用发挥，从而推动合力提升。这需要政府从制度之维量化主体责任，建立职责清单，从制度上对家庭、学校以及社会在大学生生命观教育中的责任予以廓清和规定，既包括一般性的责任，也包括具体性的责任。同时，细化责任、压实责任、加强各教育主体的责任自觉担当，使其在践行教育责任的实践中做到有章可循、有规可依。二是从认识强化层面推动主体协同。加强教育主体的责任意识，引导主体深化对角色的认知与协同中应当承担的责任的认识，增强其主动参与协作的意愿性与能动性，消除其对政府的过度依赖，自觉创造合作平台、合作载体、合作渠道等，实现多元主体在大学生生命观教育中的协同。三是从资金保障层面推动主体协同。不同教育主体在协同中需要一定的资金予以保障，政府通过财政支持、动员社会组织资助、吸纳社会闲置资金等方式多渠道进行筹资，以促进大学生生命观教育中多元责任主体协同的实现。

（二）媒体推动

媒体以其特有的功能优势，在大学生生命观教育合力形成中发挥重要作用。因此，在构建大学生生命观教育责任共同体中，应促进媒体在这一过程中积极践履相应的责任。一是进行价值引领。人生活在一定的社会环境中，其行为取向、价值观念必然要受到外部环境的影响。环境是在人的实践活动中生成的，马克思基于辩证唯物主义与历史唯物主义的视角对环境与人的关系进行了创新性阐释，认为二者是相互作用、相互影响的关系，即"人创造环境，同样环境也创造人"[①]。人在接受环境影响的同时，又不能忽略这样一个事实，即环境的优化需要对人的实践活动予以规范。在媒介化社会，媒体通过环境的营造，影响着人的价值观念，进而影响到其实践活动，这反过来进一步对外部环境产生影响。正因如此，媒体在现代社会肩负的责任越来越重。媒体在对事件报道、文化传播中，能够对各种不良价值观起到有效的引领和导向作用，从而引导人们对事件形成正确的认知，以防被各种消极思想、不良价值观与言论所误导。为此，媒体应树立高度的社会责任感，坚持维护公众的正当利益，把社会效益置于首位，发挥媒体的社会服务功能。社会主义核心价值观代表了我国主流价值的发展方向，媒体在价值引领中，应积极发挥社会主义核心价值观的导向作用，杜绝低俗化、娱乐化和快餐化等消极内容的传播，引导人们的生命观念的发展方向，创设大学生生命观教育的良好外部环境，发挥媒体在责任协同中的作用。

二是深化主体责任认识。信息传播是媒体最为基本的功能，媒体肩负着向大众传播先进思想、进行社会事件客观报道的责任。其不仅是党和政府的"耳目喉舌"，也承担着为人民群众所面临的问题进行发声的责任。媒体通过对大学生心理问题和思想问题进行及时关注与报道，引发家庭、学校、社会对大学生生命观的关注与思考，从而反思自身教育实践中的问题与不足，并增强自觉教育的主动性，

---

① 马克思恩格斯选集：第 1 卷 [M]. 北京：人民出版社，2012：172-173.

进而增进不同主体之间合作意愿的达成。同时，媒体通过向学校、家长、社会等教育主体传播正确的教育思想和责任理念，不断深化其对应当承担教育责任的认知，有助于各责任主体转变消极、被动甚至错误的价值理念和思想意识，增强主体责任认识和协同意识，从而自觉形成一致的教育理念与责任理念，进而推动大学生生命观教育责任共同体的构建。当下，媒体的社会责任承担逐渐向教育领域拓展，一些媒体通过真人秀、校园纪实等节目开始关注儿童和青少年的成长以及教育的实施等，来传播正确的教育责任理念，并取得了良好的成效。如湖南卫视推出的系列节目《一年级》《变形记》《爸爸去哪儿》《放学后》等，都反映出媒体教育责任的担当。为此，应当借鉴这类节目的形式，促进媒体对大学生这一群体的生命观予以关注，通过媒体报道引发家庭、学校与社会对大学生生命观问题的重视，并推动其在生命观教育中实现有效合作。

三是构建主体沟通交流平台。随着新媒体的不断更新发展，其所具有的优势越发凸显，因而在人们交往合作中的作用越来越显著，新媒体已成为当今社会人们沟通交流的普遍化手段。从其特征来看，新媒体所具有的快捷性、互动性、多极化传播等特征，满足了人们沟通交流的需要，能够为大学生生命观教育中的多元主体沟通交流搭建平台，以推动主体协同的实现。如借助 QQ、微信、微博等促进不同教育主体之间的多向、及时互动，增进主体间的信息交流、充分共享，以对大学生的思想变动、心理状态等进行充分把握。在此基础上，主体通过相互沟通，探讨大学生生命观问题产生的根源，并通过深化合作以实现主体协同作用的发挥。

## （三）社区支持

社区作为大学生生活与实践的场所，是连接家庭教育与学校教育的重要桥梁。国外发达国家高度重视社区在生命观教育中的重要参与作用，如美国、英国等都鼓励学校与社区之间的积极合作，以推动生命教育的顺利实施。在推动大学生生命观教育的合力形成中，应当利用社区资源优势，以社区作为重要依托，实现大学生生命观教育向社区的延伸，建立起家庭、学校与社会互联互通的桥梁。

第一，加大对大学生生命观教育资源的整合力度。社区是人们日常活动的基本单元，为大学生生命观教育的开展提供物质、文化等资源支撑。因此，在构建大学生生命观教育工作网络中，"要充分发挥社区的基础平台作用，依托各级社区党团组织，整合教学、科研、后勤、服务、管理部门资源"①。可以充分发挥社区内的医院、养老院等机构的生命观教育功能，引导大学生通过参与社区志愿服务如义务导诊、心理健康宣传等来增进其对生命本质、价值和意义的认识和理解，从而在实践层面与学校生命观教育形成有益补充。习近平总书记对志愿服务工作给予了高度肯定，并对广大青年提出了殷切期望，"希望你们弘扬奉献、友爱、互助、进步的志愿精神，坚持与祖国同行、为人民奉献，以青春梦想、用实际行动为实现中国梦作出新的更大贡献"②。在推进社区志愿服务的开展中，要注重形式的多样化。中共中央办公厅印发的《关于培育和践行社会主义核心价值观的意见》明确指出，以城乡社区为重点，以相互关爱、服务社会为主题，围绕扶贫济困、应急救援、大型活动、环境保护等方面，围绕空巢老人、留守妇女儿童、困难职工、残疾人等群体，组织开展各类形式的志愿服务活动，形成我为人人、人人为我的社

---

① 梅萍. 大众文化影响下大学生生命价值观教育研究[M]. 北京：中国社会科学出版社，2016：297.
② 勉励青年志愿者以青春梦想用实际行动 为实现中国梦作出新的更大贡献［N].人民日报，2013-12-06（1).

会风气。① 通过将志愿服务以不同形式融入大学生生命观教育之中，助益于形成家庭—学校—社会一体化的教育体系。同时，在开展社区志愿服务的过程中，注重强化其制度化的建设。党的十九大报告指出，"推进诚信建设和志愿服务制度化，强化社会责任意识、规则意识、奉献意识"②，通过制度层面的落实，实现志愿服务的规范化，使大学生在社会实践中不断增强生命责任意识。

第二，发挥社区的桥梁纽带作用。高校作为大学生生命观教育的专门化场所，其中蕴含着丰富的教育资源，通过发挥社区作用以实现对高校教育资源的充分利用，是社区桥梁纽带作用的重要体现。为此，应当积极引进高校资源，如师资队伍、教学资源等入社区，强化社区的纽带作用发挥，为促进家庭与学校的联系、互动牵线搭桥，发挥高校对家庭生命观教育的指导作用，推动大学生家庭生命观教育合力的提升。同时，通过构建相应的激励机制，促进学校教育资源向社区的积极释放，激发社区大学生生命观教育的活力。此外，发挥社区的动员作用，利用好各种资源，通过广泛联系各级、各类社会组织，增强其社会责任意识，促使其加入社区大学生生命观教育之中，积极推动其在这一教育实践中的作用发挥。

### 三、家庭协作

家庭教育不仅是个体生命观形成的基础，同时也为学校教育的开展奠定了基础，从而对学校教育形成了有益的补充。具体到生命观教育方面，作为生命个体生命观形成的基础所在，大学生生命观

---

① 中共中央研究室. 十八大以来重要文献选编：上册[M]. 北京：中央文献出版社，2014：584.
② 习近平. 决胜全面建成小康社会 夺取新时代中国特色社会主义伟大胜利——在中国共产党第十九次全国代表大会上的报告[M]. 北京：人民出版社，2017：42.

教育合力的形成离不开家庭的积极协作。高校、家庭作为大学生生命观教育中的两大责任主体，各司其职，共同促进大学生的健康成长。正如苏联教育家苏霍姆林斯基所言："家庭是滔滔大海上神奇的浪花，从这一朵朵浪花上能够飞溅出美好。如果家庭没有孕育人世间美好事物的神奇力量，学校所能做的，就永远只能是再教育了。"① 作为家庭教育主体的家长在大学生生命观教育中，需要转变消极、不作为的责任观念，树立与高校协作的意识。

首先，在正确定位家庭教育责任中树立协作意识。生命观教育作为一种特殊教育，其自身的特殊性决定了这种教育职能由家庭承担的必然性和不可转移性。生命观的形成是生命个体自出生起就在家庭环境的影响下开始孕育与萌发的过程，其内在特点决定了生命观教育不同于一般智力教育的特殊性，即生命观教育除了知识性的灌输外，还需通过一定的外界环境对教育对象进行潜移默化的影响，以促进教育对象生命观的形成与塑造。家庭是生命个体首先接触并持续存在的外部环境，因而"教育孩子并非像人们所认为的那样，已经全部交由学校机构去完成，事实上，家庭对孩子的教育影响从未在历史上消失过，相反，随着时代的进步，家庭在培育社会新人方面所具有的特殊功能更为彰显"②。家庭与学校之间是一种相互合作、相互配合、相互支撑的关系，二者共同肩负起在大学生成才、成人中的责任。因此，家长应当对其在大学生生命观教育中的责任形成清晰的认知与定位，并对这一教育实践中的家校关系予以正确理解，从而在观念层面确立家校合作的协同意识。

其次，在合理认识学校责任限度中树立协作意识。当代大学生

---

① 苏霍姆林斯基. 睿智的父母之爱[M]. 罗亦超，译. 石家庄：河北人民出版社，2001：2.

② 鲁洁，吴康宁. 家庭教育社会学[M]. 南京：南京师范大学出版社，1999：189.

生活在物质富足的新时代，求学期间大可不必为基本的经济问题所困扰，但随着社会发展的日益加快，他们面临的生存压力与生活压力等也较从前更大。压力的疏解、心理问题的疏导、生命价值的引导、生命意义的指引，单靠学校教育无法取得良好的成效。诚然，学校在履行大学生教育责任的同时，也必然要对其进行生命观方面的引导，帮助其形成正确的生命认知、生命理解和生命态度等，这是学校育人的基本要求，也是高等教育之于大学生发展乃至社会发展的道德责任所在。高校固然是对大学生进行系统性教育的主要场所，在大学生的生命观塑造中起着至关重要的作用。然而，这并非意味着大学对学生"成人"责任的全盘承担。高校虽然具备了承担大学生生命观教育的责任能力，但是"不管是法律责任能力还是道德责任能力，都涉及承担责任的限度问题"①。学校在承担责任过程中，由于各种主客观因素的影响和条件限制，其并不能把这种责任进行全权承担，而是需要家庭教育的相应补充。家庭生命观教育责任的转移，无形中使学校承担了过多的生命观教育责任，正如瞿葆奎先生所言："当今社会一旦出现问题，人们往往从教育（学校教育）上找原因。"② 这不仅造成了学校教育责任的"不能承受之重"，而且也在一定程度上弱化了家庭生命观教育责任的承担。

因此，家长应当认识到学校责任的限度，并基于孩子健康成长与生命发展的视角，认识到其在大学生生命观教育中的角色以及建立在这种角色基础上的教育之责，并自觉承担起其应有的责任担当，发挥家庭生命观教育对学校生命观教育的有益补充。作为家庭教育主体的父母，应当自觉肩负起在这一过程中的责任。概而言之，作

---

① 谢军. 责任论[M]. 上海：上海人民出版社，2007：196.
② 瞿葆奎，熊川武. 论解读教育——兼论导致我国大陆"零诺贝尔奖"的主要原因不在教育[J]. 北京大学教育评论，2003（1）：13.

为家庭结构稳定支撑的父母，无论哪一方，在大学生生命观的形成与塑造中都扮演重要角色并产生重要影响。这是因为，"孩子是通过家长的双眼来了解大部分成年人世界，失去了一位家长可能会引起这种观察渠道的畸形"①。费孝通先生对父母在孩子成长中的作用予以了充分肯定，指出缺失父母任何一方，"不但日常生活不易维持，而且男孩子不能在母亲那里获得他所需要的全部生活方式，女孩子单跟父亲同样得不到完全的教育，全盘的生活教育只能得之于包含全盘生活的社会单位"②。因此，家长自觉增强对孩子进行生命观教育的责任意识，确保大学生在生命成长的过程中得到完整的父爱、母爱和长久的亲子陪伴，以引导其对生命存在、生命发展、生命价值和意义等形成正确的认知和理解，这是推动大学生生命观教育中家校协同实现的关键所在。

## 第三节　强化个体责任伦理意识，激发大学生生命观教育的内在动力

教育实效性的增强离不开唤醒作为教育对象的责任伦理自觉。只有主体确立了相应的伦理自觉，才能积极主动地践履生命责任。而主体生命责任意识的树立是唤醒个体责任伦理自觉的关键。因为，"即使是最'客观'的责任，也必须在转化为个人的'主观'内在责任，才能得到忠实履行，才真正可以形成主体的自觉自愿行动"③。从心理结构来看，责任意识包括责任认知、责任情感、责任

① 艾什尔曼 . 家庭导论[M]. 潘允康，等译 . 北京：中国社会科学出版社，1991：546.
② 费孝通 . 乡土中国 生育制度[M]. 北京：北京大学出版社，2004：123.
③ 郭金鸿 . 道德责任论[M]. 北京：人民出版社，2008：273.

意志和责任行为四个方面，因而生命责任意识也应该基于这四方面进行探讨。从责任伦理的角度看，对大学生进行生命观教育的过程，就是培养其形成生命责任意识的过程，也就是提升其生命知、情、意、行的过程。

### 一、形成生命责任认知

"责任的认知是指认知者对于特定情境条件下发生的行为、实践以及结果的感知、归因、评估和推断的过程。"① 生命责任认知是生命观形成的基础所在，也是生命个体践行生命责任的基本前提。生命责任认知是对有关生命责任是什么、为什么要对生命负责以及如何负责的基本认知。只有弄清了生命责任是什么、为什么、怎么做的问题，才能形成正确的生命责任观。作为生命观教育主体的大学生，要意识到生命负责的真正内涵，即爱惜生命不仅是对自我负责，同时也是对影响生命形成与发展的一切生命进行负责，这是由生命内在的关系决定的。培养大学生的生命责任意识，必然要引导大学生形成正确的生命责任认知，提升生命责任意识，以高度的责任感对待自我生命和他者生命，在生命的责任实践活动中实现自我价值与社会价值的统一。从责任的生成来看，其既与一定的角色密不可分，也与主体自身的责任能力密切相关。因此，在引导大学生生命责任认知形成的过程中，就必须以此为切入点。

首先，引领大学生对生命角色形成正确认知。角色是责任生成的起点，生命个体作为独立的个体位于一定的社会坐标中，其连带着多重角色关系，并进而衍生出多重责任关系。因此，大学生对生命责任的理性认知必然建立在对角色认知的基础上。通过帮助大学

---

① 况志华，叶浩生．责任心理学[M]．上海：上海教育出版社，2008：115.

生进行角色定位、角色分析等，使其意识到自身所具有的角色和理应承担的责任。如作为自然意义上的生命个体存在，大学生首先应当学会为自我生命负责。同时，作为社会个体，其又必然要对其安身立命的社会负责。而作为整体人类中的一员，大学生又必须要肩负起对未来的责任。在培养责任认识的过程中，要引导大学生对生命责任生成的动态性形成一定认知。作为社会中的特定主体，其角色并非固定不变的，而是随着社会关系的变化而不断调整的。因而，个体所肩负的生命责任也必然随着角色的变动而处于动态发展之中，在某些特殊情况下，由于主体所扮演角色的冲突或者利益的冲突，其所承担的责任往往会发生一定的冲突。

从生命责任冲突的产生来看，其是由生命责任情境中的责任事件诱发的，这些责任事件与责任主体高度相关，在某种层面上挑战了或不符合责任主体已有的责任认知，使得责任主体处于两难困境，考验着他们的责任潜能。[①] 从根本上看，现实中生命责任冲突的产生大多源于主体面临诸多的利益关系但却无法进行有效协调。这既包含了人与自然的利益关系矛盾，也内含了个体与他人、与社会的利益关系矛盾。同时，这些利益关系既牵涉到当下的利益关系，也关涉到人与自然、人与社会的长远的、未来的利益关系。因此，解决生命责任冲突也就意味着正确认识与协调生命个体在实践中面临的各种利益关系。为有效化解责任冲突，一方面，通过创设特定的教育情境，合理设定学生在其中所扮演的生命角色，并通过一定的责任冲突预设，引导不同角色下的大学生进行生命责任的正确认知和理性选择。另一方面，在大学生生命观教育中引入特定案例，分析

---

① 张力，温勇．论高校学生社会责任感生成的内在机制[J]．黑龙江高教研究，2017（8）：151．

其中责任主体所具有的生命角色,并对其生命角色与承担的生命责任进行深入探讨,以引导大学生对生命角色与生命责任之间的关系进行深度思考,在这一过程中逐渐强化大学生的生命角色和生命责任认知。

其次,引导大学生对生命责任能力形成认知。责任能力是责任承担的基础,主体只有在具备一定的责任能力的前提下,才能生成一定的责任。责任能力有大小,因而决定了不同个体所应承担的生命责任也不同。在大学生生命观教育中,既要帮助大学生认识责任能力与生命责任之间的关系,同时又要通过引导使其意识到只有不断提升责任能力才能促进生命责任的实现。而作为主体的人,其责任能力是一定的,这就意味着生命责任是一种有限责任。因此,要引导大学生合理认识自身的责任能力大小,并适度承担相应的生命责任。通过课堂教学、各种隐性教育以及社会实践活动的开展等强化对大学生的生命责任知识灌输,帮助其对责任能力与责任之间的关系形成清晰认知。需要注意的是,要特别注意引导大学生对自身的责任能力进行有效把握,明确建基于其责任能力基础之上的生命责任。

最后,培养大学生的责任认知能力。苏格拉底认为,知识即是美德。一种行为的德行判断,首先必然基于对知识的了解与掌握。大学生只有在思想层面与认知层面对责任形成清晰的认识,才能够在实践中有效践履责任。主体责任认知能力越强,责任动机也越强,就越容易产生责任行为。"责任认知能力是指个体对责任行为的正确感知、判断、理解和评价的能力。"[1] 责任认知能力能够使个体对生命责任的内涵和自身应当肩负的具体责任形成清晰的认知,有助于

---

① 崔欣伟. 学校责任教育论纲[M]. 北京:中国社会科学出版社,2012:212.

增强大学生对行为的后果进行感知和判断，因而是培养主体形成生命责任认知的前提条件。从内容方面看，责任认知能力不仅包括了对主体责任要求的感知和判断能力、对责任境遇的认知与分析能力，还包括了对责任行为后果的预判能力。可见，责任认知能力包含了丰富的内容，需要从多维度对其进行培养。这不仅需要从理论层面通过加强理论知识的灌输以强化这种能力的培养，还需要在实践中，通过丰富活动的开展来促进主体生命责任认知能力的提升。

为此，一方面，应在大学生生命观理论教育中，丰富有关责任认知能力的理论知识，通过课堂教学、专业讲座的开展，使大学生明确自身在生命实践活动中应当承担的责任。同时，通过培养大学生的责任伦理判断能力，强化大学生对行为实践后果的感知和预测，以不断增强行为的预见性，减少由于实践不足所导致的对生命不负责任现象的发生。另一方面，要把大学生生命责任认知能力的培养融入多样化的大学生生命观教育实践之中，通过实践育人机制的构建，不断提升大学生的生命责任认知能力。如通过各种实践活动的开展，使大学生逐步增强对自然的保护意识、对生命的珍惜、对生命精神世界的关注以及对他人的生命责任意识等。

## 二、涵化生命责任情感

情感作为一种非理性因素，是完整性意义上的生命的重要组成，在个体观念形成与行为养成中发挥着重要的作用。列宁指出，"没有'人的情感'，就从来没有也不可能有人对于真理的追求"①。在这里，他深刻揭示了情感因素对行为实践的重要作用。康德认为，积极的情感会使个体对道德律令产生敬畏，从而激发主体内在的责任

① 列宁全集：第25卷[M]．北京：人民出版社，2017：117.

践履自觉性。生命责任情感是个体在对生命进行认知、感悟与践行中形成的内心体验。从内容来看，生命责任情感是由良心、自尊心、义务感、同情心等一系列情感组成的情感集合与体验。这种体验既可能是喜爱等积极性的，也可能是厌恶等消极性的。沙夫茨伯里认为，"凡出自不公正的情感所作的，就是不义、恶行和过失；如果情感公正、健全、良好，并且情感的内容有益于社会，而且还是以有益于社会的方式施行，或有所感动，这就必定在任何行动中构成我们所说的公平与正直"①。因此，只有积极的情感体验才能对行动起到正向推动作用，也才能够激发主体的内在活力，成为行为实践的动力。一个具有道德情感的人，会把社会对其提出的道德义务当作是自己的责任，把履行义务看作是理所当然的，并且在履行义务时使自己的道德需要获得满足，从中享受到快乐和幸福。② 可见，积极的生命责任情感是生命观形成的动力所在。如果不重视情感的培养，其形成的生命责任认知也是苍白乏力的，在实践中也会在外在因素的影响下主动丢弃责任。因此，涵养生命责任情感，是大学生生命观教育的重要维度，其实质就是培养大学生对生命责任认知与践履的积极心理体验，以发挥情感因素在大学生生命观形成中的助推作用。

当下，部分大学生过度沉迷于网络之中，把自我囿于虚拟空间之内，缺少与同学、老师、亲人、朋友之间的直接接触与情感交流，过分关注自我世界，而忽略了对他人的关心，导致人际关系冷漠。因此，冷漠、自私、孤僻、社交恐惧等成了网络时代部分大学生的通病，这些问题在一定程度上映射出当前大学生生命责任情感体验

---

① 周辅成. 西方伦理学名著选辑：上卷[M]. 北京：商务印书馆，1964：760.
② 曾钊新，李建华. 道德心理学[M]. 长沙：中南大学出版社，2002：242.

的缺失。作为一个开放的系统，单个的生命需要通过责任情感与其他生命进行交流和互动以唤醒其内在的生命责任意识，进而促进生命获得发展；反过来，生命互动的增强助益于推动个体生命责任情感的深化，这是一个辩证统一的过程。生命间交流与互动的匮乏，反过来导致生命情感的弱化，影响生命的发展。在大学生生命观教育中，涵养生命责任情感，就是要把生命个体看作是有思想、有情感的理性动物，重视在实践中引导学生对生命进行责任情感的积极体验，不断涵化其生命责任情感，以促进大学生自觉自愿地珍惜生命、热爱生命。

第一，创设特定情境，增进大学生的情感体验。在大学生生命观教育中引用社会热点事件、网络热点等，合理设置相关议题，使大学生产生身临其境的感受，激发大学生的参与度，鼓励学生展开对生命责任问题的探讨，激发其内在的生命责任情感。如"辽宁火车站大学生救人"、大学生"百秒救人""河南大学救人溺亡"等事件以及在抗击新冠肺炎疫情、郑州特大洪水等灾难事件中涌现出的英雄事迹、志愿服务等，都可以引入到生命观教育之中，引发大学生对生命责任问题进行广泛探讨，在这一过程中强化生命责任情感，促进其爱惜生命、关爱生命。

第二，营设良好的教育环境，强化环境对大学生生命责任情感的熏陶。情感作为一种内在的主观因素，其生成于人的意识之中，也受到外界环境潜移默化的影响。因此，应通过环境的创设，不断增进环境对大学生生命责任情感的感化作用。这需要对大学生接触的各个层级的环境进行优化，如宏观层面的社会环境，中观层面的校园文化环境和家庭教育环境，微观层面的班级环境、宿舍环境等，都必须进行彻底优化与建设，以为大学生生命观的形成营设良好的外部环境。

第三，坚持主体间性教育，促进受教双方之间的情感互动。生命责任情感是在教育者与受教育者的互动与交流中产生的，因而必须增进二者之间的互联互通，以增进大学生生命责任情感的萌发与生成。主体间性教育意味着要把大学生作为教育中的主体，并在生命观教育实践中增加对其的有效关注，始终立足于大学生的生命需求满足与生命发展实现，不断丰盈大学生内在的生命责任情感。

第四，综合运用多种教育手段，增加对大学生的情感关注。生命责任情感的产生处于动态发展之中，且具有一定的波动性。因而，涵化大学生的生命责任情感，就需增加对其情感的关注，随时留意其所发生的变化。新媒体技术的迅猛发展，使得利用这一技术手段增进对大学生生命责任情感的关注成为可能。因此，可以借助新媒体，及时关注大学生的生命责任情感动态，并对其不良倾向进行及时干预，以推动大学生生命观的积极形成。

### 三、锤炼生命责任意志

意志作为一种内在的主观性约束，是为达成某种目的所形成的自觉能动性，对个体行为实践具有重要的调控作用。"责任意志是指责任主体为实现责任行为而做出的自觉的、顽强的努力，它包括毅力和自控力，是责任行为顺利完成的重要保证。"[①] 责任意志是在责任认知和责任情感的基础上产生的，一个人只有在对责任形成基本的认知并产生认同和践行的情感后，才能在实践中确立顽强的意志，并自觉克服种种困难，以确保责任的有效践履。一个具有高度意志力的人，往往自律性很强，能够沿着既定的目标指向，自觉抵抗外

---

① 杨绍刚. 道德教育心理学[M]. 上海：上海教育出版社，2007：207.

界的各种诱惑与干扰，严格遵循外在的客观要求与内心信念，推动主体行为持续性地坚持下去，以达成目的。生命责任意志与信念密切相关，一个具有坚定内心信念的人，往往能够确立顽强的责任意志并坚持下去。大学生生命观的践行需要树立崇高的生命责任意志，尤其是在缺少外界监督的情况下，就更需要发挥这种责任意志对行为实践的约束性，以保证个体生命责任实践的规范性。因此，生命责任意志是推动个体生命责任意识实现外化的关键环节。

生命责任意志的形成不是一蹴而就的，是在实践中经过反复磨炼与锻造而逐渐形成的。习近平总书记指出，"做人做事，最怕的就是只说不做，眼高手低。不论学习还是工作，都要面向实际、深入实践，实践出真知"①。因此，要深入社会实践，在实践中淬炼大学生的生命责任意志品格。需要注意的是，实践为人的生命责任意志锻造提供了渠道，但同时，实践中错综复杂的环境也使人面临着瓦解意志的各种诱惑。在物欲横流的社会背景下，林林总总的错误价值观大肆流行，时刻威胁着社会中主导价值观的中心地位，并考验着主体的生命责任意志力。在物质利益的驱使下，一些大学生误以为物质幸福才是真正的幸福，对物质的追求就是生命应有的根本价值追求，因而转向了对物质的过分追求。这容易使部分大学生为了满足不断膨胀的物质需要，过分执着于对物质的追求，而忽略了个体精神生命世界的意义建构。事实上，这种虚假的需求并非真正意义上的需求，而只是所谓的"欲求"，其明显表征在于这种"欲求"并非属于人的普遍意义上的合理需要，而是部分人的"特殊需要"。因此，这种利益驱逐下的生命实践，不仅不能使生命得到充盈与发展，反而会使生命陷入荒芜的境地。

---

① 习近平. 在北京大学师生座谈会上的讲话[M]. 北京：人民出版社，2018：14.

因此，生命责任意志的淬炼，既需要通过理论教育的实施，使主体在意识层面对其作用形成正确认知，帮助大学生明辨各种不良诱惑，从理念上坚定树立生命责任意志的决心。同时，也需要通过创设具体的教育情境，模拟具有挑战、充满诱惑的现实环境，增进学生的意志锻炼。此外，需拓展实践活动的开展形式，以不断强化生命的意志力锻造，注重增强大学生对各种外界诱惑的抵制力和克制力，使生命意志成为主体生命行为的有效约束，规范着主体有所为有所不为，从而为大学生生命观的形成与塑造保驾护航。

### 四、践行生命责任行为

当代社会，物质繁荣与社会隐患在某种程度上作为社会发展中的悖论呈现出来。经济繁荣的表象之下，也滋生了经济环境异化、生态环境恶化等问题，这些都需要人类比以往任何时候都担当起更多的责任。然而这些责任的客观要求并没有促使人们承担责任，反而加剧了人们逃避责任的倾向。① 这就需要加强对生命个体的责任教育，强化其生命责任行为的践行。作为社会未来发展重要支撑力量的大学生，应当树立高度的生命责任意识，自觉进行责任担当，在实践中积极践行生命责任行为，把自我生命价值的实现融入国家、民族、社会的发展之中。这里所说的行为（behavior），是指人在主客观因素影响之下而产生的有意识的或者无意识的外部活动。② 而任何观念，如果只是停留在思想理论层面而不付诸实践，不外化于行，都是没有意义的。因此，思想观念的行为实践，是决定其意义生成

---

① 梁明月．家校德育责任关系研究[M]．北京：人民出版社，2014：1.
② 朱智贤．心理学大词典[M]．北京：北京师范大学出版社，1989：786.

的根本所在。观念只有由思想层面落实到具体的实践中,才算完成了实践层面的真正转化。对于大学生生命责任行为的践行而言,亦是如此。生命责任行为,是生命责任认知、生命责任情感、生命责任意志的外在体现,其本身具有一定的稳定性,是生命责任意识形成的重要标志。生命责任行为的实践,是生命责任意识形成的最后一环,也是最为重要的环节。把大学生内在的生命责任认知转化为外在的生命责任实践,是大学生生命观教育的最终目的所在。对大学生进行生命观教育,就是使其认识到自身所肩负的生命责任,并在这种观念的指导下,自觉实现生命责任观念的外化。强调大学生生命责任的行为实践,就是使作为主体的大学生在实践中按照生命观的正确导向,严格规范自身的行为,自觉履行对自我、对自然、对社会、对未来的生命责任。

从内容上来看,生命责任行为包括生命实践选择行为、生命实践操作行为和生命实践评价行为。选择行为是指在生命实践活动前对生命责任的内容与方法进行自觉选择的行动,操作行为是在生命实践过程中对责任行为进行观察、分析的行动,评价行为是在生命实践后对责任行为进行总结、反思的行动。生命责任行为的生成经历了由低级到高级的发展阶段,处于较低层次的行为体现出一定的强制性,需要外在制度规范的约束;处于较高层级的行为则具有较强的自律性,是主体在自觉自愿的基础上进行积极、主动的实践的行为,因而不需要发挥外在规范的约束作用。生命责任行为践行的最高目的就是实现低级行为向高级行为的发展,通过发挥主体内在的自律对生命行为实践起到有效的约束。

生命责任行为的养成是生命责任认知外化的过程,这一行为的养成意味着个体生命责任的真正实现。可以说,生命责任行为是对生命责任感进行最终检验的有力凭证。事实上,许多大学生即便是掌握了正确的生命责任认知，在实践中也不一定会自觉践行生命责任行为。甚至，在某些特殊情况下，出现背离生命责任要求的行为现象。因而，生命责任行为的养成仅仅依靠知识的灌输是无法真正实现的，而是需要通过生命实践活动的开展逐步培养学生的行为习惯，并使这种行为逐渐成为一种无意识的自觉行为。可见，生命责任行为是一个循序渐进的养成过程，是一个需要反复实践、反复检验、反复矫正的过程。因而，应通过强化大学生的生命责任实践，如积极开展各种志愿服务、生命体验等社会实践活动，为大学生的生命责任实践提供更多的机会与条件。同时，要提升大学生实践活动参与的能动性和意愿性，通过其内在主动性的发挥提升生命责任实践活动的实效性，使其自觉把理论性的生命责任知识转化成实实在在的行为实践。

## 第四节　推进责任伦理实践，实现大学生生命观教育的良性运行

大学生生命观教育的顺利推进，需要教育主体在责任实践中进行责任的承担与践履。因而，需要将责任作为一条主线，使其有效贯穿于整个行为实践之中，确保主体责任在教育全程中的有效落实。为此，应当通过在行为前加大责任伦理风险防范、行为中健全责任过程行为规范、行为后完善责任伦理评价机制，以推进教育主体的责任伦理实践进程，实现大学生生命观教育的良性运行。其责任伦理实践规范如图 5-2 所示。

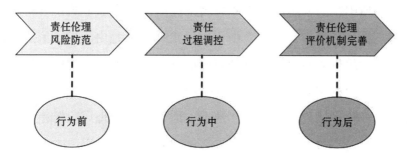

图 5-2　责任伦理实践规范过程图

## 一、注重责任伦理风险防范

在大学生生命观教育中，主体责任伦理实践的不足引发了责任伦理风险的产生。为此，在规范主体责任伦理实践之中，应增强风险防范意识，加大责任伦理风险的防范，有效预防和处理大学生生命观教育中的问题，以促进教育实效性的提升。在理解责任伦理风险之前，必然先要明确何为伦理风险。《伦理学小辞典》中对"道德风险"进行了诠释：某些道德原则和规范在现实生活中的推行、践行有可能导致不理想效果或负面影响，亦指可能的道德行为在实际过程中的不确定性，这种道德行为的不确定性既可以指行为主体本身的道德行为的不确定性，也可以指一种行为措施所可能引起的社会可能道德后果的不确定性，并且这种不确定性主要是立足于其可能的结果及其潜在的危机或风险而言。① 可见，伦理风险与行为主体的伦理选择与行为实践相关，体现为动机—手段—结果之间的不对等性。责任伦理风险是伦理风险在主体责任实践过程中的反映，是指主体在这一过程中由于对行为后果缺乏一定的预见性所引发的伦理后果。需要指出的是，责任伦理风险的产生不仅是由于主体行

① 朱贻庭．伦理学小辞典[M]．上海：上海辞书出版社，2004：47.

为失当所引起的，还源于主体应当采取行动但实际上却没有行动的结果。在大学生生命观教育中，责任伦理风险是由学校、家庭、社会以及大学生等教育主体责任行为的失范所引发的。为增强大学生生命观教育的实效性，需要增强对大学生生命观问题发现的敏锐性，增强责任伦理风险防范意识。那么，何为责任伦理风险防范？简而言之，就是通过采取一定的干预措施，对主体责任实践中的伦理风险进行有效预防和控制。为此，应当完善大学生生命观教育实践，促进教育主体对责任的积极承担，以有效防控责任伦理风险。

首先，把握责任风险防控的重心。所谓责任风险防控重心，就是要在对责任风险本质进行认识的基础上，掌握造成责任风险发生的关键问题所在，并通过采取一定的措施对其进行有效控制，以从根源上实现责任风险防控，实现塑造大学生生命观的目的。这是责任风险防控中的核心问题，并直接关系到责任风险防控的成效和最终目的能否达成。因此，找准责任风险形成的根源，就成为责任风险防控中的重心问题。责任风险防控的目的不仅仅在于对大学生生命安全问题的有效预防，更在于通过对教育主体责任实践的规范，对行为事件背后所折射的大学生的生命观进行矫正与塑造。因为，"健康人格塑造的最核心、最本质的问题就是如何引导他们形成一个与文化环境相协调的价值观念体系，使他们在面对现实生活冲突的时候，能够对自己的所作所为、所思所想有一个自评、自控的价值坐标"①。可见，如果深层次的问题无法解决，那么责任风险防控是不能算作成功的，一次责任风险防控的成功也无法保证后续类似伤害事件的不再发生。这就是说，要把人的思想、心理等问题的真正

---

① 吴远，姚飞. 文化价值观视野下的心理危机解读[J]. 马克思主义与现实，2005（6）：137.

解决作为责任风险防控的核心内容来抓，注重抓住责任风险防控的关键契机，发现问题的实质所在。同时，通过生命观教育的有效引导，重塑大学生对生命价值的理解和生命意义世界的建构，矫正其偏颇的生命价值认识，从而实现责任风险的真正防控。

其次，强化责任伦理风险防控主体联动机制建设。责任风险防控作为一项综合工程，应当多维度、全方位进行责任风险防范力量的整合。首先，深化主体责任认识。大学生生命观教育中的责任伦理风险防范不是某一个部门或某一教育主体的单独责任，而是整个教育系统内的共同责任。《教育部 卫生部 共青团中央关于进一步加强和改进大学生心理健康教育的意见》（教社政〔2005〕1号）中指出："要建立咨询教师值班制、异常情况及时报告制，建立从学生骨干、辅导员、班主任到院系、部门、学校的快速危机反应机制，建立从心理健康教育机构到校医院、专业精神卫生机构的快速危机干预通道。"① 因此，应强化各教育主体对这一过程的责任认知，增强其责任感和主体联动意识。其次，增进主体信息沟通和交流。这需要通过建立信息交流平台、构建信息反馈机制等增进主体之间的信息共享，促进信息的对称。一方面，促进高校内部主体间的沟通和交流，强化纵向沟通与横向联络。一是通过疏通信息沟通渠道，实现自上而下的信息传导和自下而上的信息反馈，确保教育决策的科学性和决策执行的准确性。二是通过强化不同部门之间的横向联络，确保教育目标的一致性和教育效果的补充性，推动主体联动的实现。另一方面，促进校内外主体间的沟通和交流。发挥辅导员、社区在学校与家庭沟通中的作用，帮助家长增强责任伦理风险防范意识，

---

① 教育部，卫生部，共青团中央. 教育部 卫生部 共青团中央关于进一步加强和改进大学生心理健康教育的意见：教社政〔2005〕1号［A/OL］. 中华人民共和国教育部网站，2010-01-13.

及时把学生的心理状况、思想状态以及行为动态等向学校反馈。学校也应对学生的日常表现及时向家长反映，促进家校合作的形成，从而及早发现和处理学生的不良心理和思想倾向。

最后，创新责任风险防控的手段运用。在大学生生命观教育中，责任伦理风险防范即是重视大学生生命观教育中的问题，并提前采取有效的干预措施，以及时发现和处理各种风险。风险发现是危机处理的前提，只有对风险及时发现，才能及早地采取应对措施，将伤害最低化。为此，作为高校教师、辅导员以及其他行政管理人员应当增加对学生的关注度，拓展多种途径和方式对学生进行动态观察和思想跟踪，及时发现不良思想倾向的苗头和心理问题的萌芽。随着互联网向日常生活的逐渐渗透，网络已成为大学生生活与实践的重要场域。网络的匿名性、交互性等特点不仅契合了大学生的内在需求，而且扩大了其交往空间，赋予了其现实世界所不能给予的更多的话语表达权。因此，在虚拟的网络世界里，往往更能捕捉到学生的更多真实想法和心理状态，从而还原出一个更加真实的生命个体。

大数据等技术手段的应用，使得对生命个体虚拟世界的现实还原更加具备了可行性。因为，大数据把样本扩大到了全体，并能实现数据信息的关联分析，从而使得利用数据进行全景式呈现成为可能。许多看似毫不相关的信息，在经由数据的关联后，便会成为新的有价值的信息源。大学生作为网络世界的活跃者，经常出没于各大论坛、网站之中，并通过微博、微信等网络社交平台以跟帖、转发、评论等方式表达自己的观点和进行情绪宣泄。因而，通过利用大数据技术，可以对大学生的大量信息进行搜集和整合，经过数据关联分析和处理后，对其心理状态和思想状况进行预测，对大学生的生命观形成基本研判，以及时发现其心理危机。如在2013年4月发生的某大学投毒事件中，犯罪嫌疑人曾经在自己的微博以及大学

BBS 中表露过过激言论，如果采用大数据预测对其进行及时的教育与帮助，就有可能阻止悲剧的发生。① 2017 年 12 月，习近平总书记在中共中央政治局第二次集体学习时强调，要"用好大数据，增强利用数据推进各项工作的本领，不断提高对大数据发展规律的把握能力，使大数据在各项工作中发挥更大作用"②。在大学生生命观教育责任伦理风险防范中，应当融入数据整合、数据分析、数据预测等大数据思维，构建一套具有可操作性、具体化的责任伦理风险防范机制，以强化教育主体在实践中的责任承担和落实。如通过运用大数据技术对大学生微博、微信、抖音等社交平台以及一卡通消费等信息进行全面搜集、整合与分析，通过数学运算等方式的运用将大学生的思想状态进行全景式、可视化呈现，从而有助于及时发现大学生的生命观问题与心理危机所在，实现责任风险的有效防范。

### 二、加大责任落实过程调控力度

在责任伦理实践过程中，责任主体需要将责任有效贯穿于整个责任行为过程之中。加大对教育主体的行为规范，是责任实践推进的重要保障。因此，在推进大学生生命观教育主体的责任伦理实践过程中，应强化对责任过程的调控力度，以保证主体责任的有效落实。为此，应当注重政策导向，强调制度规范，强化环境调节，以规范主体的责任实践，推动大学生生命观教育的实践进程。

### （一）注重政策导向

政府宏观层面的政策制定，能够为教育的具体实施提供有效的

---

① 代浩云，王瑜. 大数据预测在思想政治教育中的应用探新［J］. 重庆邮电大学学报（社会科学版），2017（2）：89.

② 审时度势精心谋划超前布局力争主动 实施国家大数据战略加快建设数字中国［N］. 人民日报，2017-12-10（1）.

指导和政策依循，从而有效规范大学生生命观教育主体的责任实践过程。因此，大学生生命观教育的推进需要政府基于大学生生命观的实际特点以及教育规律，制定出科学合理的教育政策，为教育的具体实施提供政策依循，以在宏观层面发挥指导作用。具体说来，这些教育政策涵盖了人才支持、资金投入、教育管理等多维度的内容，从而形成完备的政策体系。政府应当深化责任认识，针对当前大学生生命观教育中的规范化不足等问题及时制定、颁布有针对性的教育政策，促进教育主体责任的积极承担。

为此，应当在借鉴国内外经验的基础上，制定符合当下大学生生命观教育实践特点的政策，构建完备的教育体系，有效规范教育主体责任过程的实践。我们应借鉴其他国家和地区的成功经验做法，加快大学生生命观教育政策的制定、颁布，为这一教育实践的推进提供政策层面的保障。同时，在教育目标、教育理念、教育内容等方面制定具体政策，以推动大学生生命观教育体系的构建，有效规范大学生生命观教育主体的责任行为过程。

（二）强调制度规范

制度是对主体行为进行约束的准则，对人的行为实践起到有效规范作用，"制度问题更带有根本性、全局性、稳定性、长期性"[①]，制度是人们行为实践的长期遵循，一旦制定便不能随意更改。制度建设作为一种外在他律，能够对个体自律起到有益的补充。制度的强制性能够使责任主体产生一定的心理畏惧，从而严格规范与约束自身的责任行为，"制度之所以必要，是因为它能使实践主体避免实

---

① 完善和发展中国特色社会主义制度 推进国家治理体系和治理能力现代化 ［N］.人民日报，2014-02-18（1）.

践的随意性、盲目性和实践结果的不可预测性"①。可见，制度为责任伦理的实现提供行为保障，必须要通过一定的制度规范，来确保主体责任实践的善。

一是强调法律制度规范。法律规范作为一种外部保障，从法律层面规定了主体应该做什么与不该做什么。法律规范作为一种底线要求，其对主体的规范往往基于最基本的要求，一旦违反或没有履行相关责任要求，必须要接受一定的惩罚。因此，法律规范具有一定的外在强制力，是确保责任实现的基础保障。法律规范的目的不是限制主体的责任落实，而是有效保障主体的责任践履。表面来看，法律规范的制定，在一定程度上对主体的行为进行了限制，妨碍了主体自由的实现。而事实上，主体的行为必须建立在一定的限定之上，真正意义上的自由也必然是一种有限的自由。这是因为，主体行为的发生建基于一定的利益之上，而人与人之间由于利益不同难免会发生一定的冲突。这样，如果每个人都只考虑自身利益而行动，必然会出现一些人为了实现自身利益而不惜采取牺牲他人利益的行动。那么，每个人对其行为负责，也只能是对自身负责，并非真正意义上的道德尽责，其实现的自由也只能是以牺牲他人自由为代价的。法律法规保障社会公共利益和自由，进而对人的行为进行合理规范，推动道德责任的实现。"道德责任的实现问题其实就是正确处理对自我责任（个人利益）和对社会的责任（社会利益、公众利益）的关系问题。"② 而法律的功能，就在于协调具有意志自由的主体之间的矛盾和冲突。由此可见，法律法规作用发挥的关键，就在于其本身是公正的，能够体现社会的公平正义。"法律的基本特征之

---

① 杨清荣. 从制度与伦理的互动看当前中国的制度创新[J]. 道德与文明，2010
（1）：85.

② 郭金鸿. 道德责任论[M]. 北京：人民出版社，2008：216.

一就是公平和正义，法律只有做到一视同仁、不偏不倚才能体现和实现法律自身的合法性。"① 正是由于法律的这种表面上限制、实则保障人的自由的这种特点，才使得法律规范成为主体责任实现的基础保障。

大学生生命观教育中的法律法规约束功能主要体现为法律法规对于教育主体的有效规范和约束。一方面，它从肯定意义上明确了教育主体应当做什么，即必须履行不得不承担的义务。另一方面，它从消极意义上限制了教育主体不应当做什么，即基于底线层面严令禁止的行为。比如，对于学校主体而言，其有义务对大学生的生命安全予以保障，因而必须要为学生的安全做好防护措施。学生一旦发生校园意外，且与学校存在密切关联时，学校应当承担一定的法律责任。再比如，在一些情况下，媒体为了谋取私人利益，而进行消极价值思想的传播，以误导公众的生命价值取向，甚而影响到社会稳定时，必然要承担相应的法律后果。因此，政府应加大相关立法进程，把大学生生命观教育纳入法制化进程，从法律和制度层面对各教育主体应当履行的责任作出确切规定，加强对主体行为的约束与规范，确保教育主体在实践中做到有法可依、有规可循。而对违法、违规行为也要进行必要的惩罚，以形成警示效应。同时，进一步强化主体对法律规范的认同意识，从观念层面转变消极被动的思想认识，自觉、主动地遵循法律的相关规定，在教育实践中严格约束自身行为。此外，强化法律规范在大学生生命观教育环境优化中的作用发挥，对行为主体的实践规范从法律、制度等层面作出确切规定。其中，尤其要加大网络社会的立法建设进程，严格过滤各种信息，防止各种弱化生命责任意识、消解生命责任承担的负面

---

① 谢军. 责任论[M]. 上海：上海人民出版社，2007：210.

信息的扩散，加大对行为主体的约束与惩罚力度，强化主体生命责任实践的网络秩序建设和网络环境营设。

二是强调责任制度规范。责任制意味着某种活动的正当化，意味着通过最有效的方式证明某些结果的绩效责任。[①] 责任制度化不仅可以明确主体的各自责任，尤其是在责任权限不分的情况下，能够推动责任主体对相关责任的有效落实，实现责任的具体化和权责利的统一，增强人们的责任感。同时，作为一种外在的具有强制性的制度，责任制在一定程度上还可以克服单纯性的责任教育的内在局限性，"可以通过制度本身具有的奖惩机制来诱导和迫使行为者履行责任要求，并通过责任追究制度来对已发生的行为结果评价，以对后继者起到预警作用"[②]。因此，责任制体现了责任追究的前瞻性和追溯性的统一，既能防止失责行为的发生，也能对已发生的行为后果进行责任追究，从而对主体的行为实践起到规范作用。

大学生生命观教育需要多组织、多部门的参与。由于责任缺少明晰化，在问题发生时，不同主体间往往会发生责任推诿，从而导致责任的落空。为此，应当推动教育责任制的落实。完善的制度，包括主体实践过程中的各种规范的集合。"一个'善'的制度，是一个系统、完整、自洽的制度体系。"[③] 因而，这需要基于责任伦理的整体性视角构建贯穿于教育主体责任行为实践始终的一体化的责任制度。首先，明确责任分配制度。参与大学生生命观教育实践的具体责任主体，应该履行何种义务和承担哪种责任，都取决于其在教育中的角色与地位。因此，责任制度应当对教育主体的责任承担作出明确规定。一种合理的责任制，必然要对主体的义务与权利作

①　蒋凯. 全球化背景下的高等教育责任制[J]. 教育研究，2008（3）：50.
②　郭金鸿. 道德责任论[M]. 北京：人民出版社，2008：279.
③　高兆明. 制度伦理研究[M]. 北京：商务印书馆，2011：53.

出明确规定，这决定着主体责任的践履程度。为避免大学生生命观教育中的责任推诿现象，亟需根据不同教育主体的角色属性、责任能力等进行责任承担的评估，从制度层面对其各自应当承担的责任、承担责任的大小作出规定。其次，强化责任监督制度。对于特定的主体而言，单纯性的自律机制在主体责任行为中的约束作用是有限的，必须通过一定的责任监督制度予以保障。就责任监督制度的实现形式而言，既可以进行自上而下（如各级教育管理部门）的监督，也可以发挥不同教育主体间的相互监督，确保各责任主体在大学生生命观教育实践中的责任行为规范。最后，健全责任奖惩制度。从心理学角度来看，责任行为的发生是在一定的动机驱动下实现的，而动机既可以是基于主体的内在需要，也可以受外部奖惩机制的驱动。"依据一定的价值准则对责任主体的道德行为进行评价，并在此基础上建立明确的奖励和惩罚机制，是较分配和监督机制更为积极有效的责任保障制度。"[①] 就其实现的形式与手段而言，则具有多样性。责任奖惩既可以是物质层面的，也可以是精神层面的，奖惩的手段既可以是强制性的，也可以通过引导性的方式得以实现。

（三）强化环境调节

行为主体践履责任是在一定环境下进行的，责任过程的环境调控机制主要关注的是主体责任行为实践中的环境问题。良好的外部环境有利于推动行为主体责任的落实，并有效推进大学生生命观教育的实践进程；不良的外部环境则不利于教育主体责任的承担，制约着大学生生命观教育的顺利推进。因此，在教育主体责任过程调控中，应当健全社会赏罚机制，发挥社会舆论的导向作用，以营设

---

① 钟媛媛. 传媒责任伦理研究[M]. 北京：首都经济贸易大学出版社，2018：144.

有助于教育主体责任承担的外部环境。

第一，健全社会赏罚机制。社会赏罚作为一种利益调节机制，通过对人们利益关系的调整，促进行为主体进行责任的积极实践。因而，在健全社会赏罚机制中，就应特别注重对行为主体利益关系的调节。在大学生生命观教育中，强调运用一定的物质奖励手段以对教育主体的责任行为进行调节，但这并不意味着对这一手段盲目运用。因为，任何外部调控手段，其作用的有效发挥都需要通过激发行为主体内在的责任动机和责任感得以实现。为此，必须要进行物质激励手段的合理运用。一是注重物质激励对责任行为动机的保护。行为动机是行为善的出发点，只有在保证行为动机善的情况下，才能推动行为善在真正意义上得以实现。因此，要通过物质激励手段的运用，对大学生生命观教育主体的善的动机予以保护。这种善既体现为教育者对大学生生命的负责，也体现为大学生对自身生命责任的承担。二是注重物质激励对行为主体责任感的激发。责任感"是个体在社会生活中强烈希望履行自己应尽责任的一种情感态度"①。责任感不是简单的责任情感，而是带有一定的理性认知。责任感能够对主体的行为起到调节、约束的作用，从而促进行为主体对责任的自觉承担。因而，在物质激励的运用中，就应注重激发行为主体内在的责任感，即通过一定的物质激励，促进教育主体在大学生生命观教育中的责任自觉践履。三是注重必要的利益惩罚。社会赏罚不仅通过物质激励告诉人们何种行为是符合责任伦理要求的，同时也可以通过必要的利益惩罚，以减少不合乎责任伦理要求的行为。在大学生生命观教育中，可以通过利益惩罚，对教育主体的利益追求进行合理调节，防止各种不负责任行为的发生。

---

① 谢军. 责任论[M]. 上海：上海人民出版社，2007：199.

　　第二，强化舆论引导。社会舆论引导不仅是一种事实引导，更体现为一种价值引导。也就是说，舆论引导不仅仅局限于事实层面的引导，更要深入挖掘舆论背后蕴含的思想观念、价值倾向等。社会舆论导向的弱化，反映出主流价值在舆论导向中的作用发挥不足。社会主义核心价值观作为社会主流价值思想，应注重做好宣传与引导，确保舆论引导的方向性。媒体在舆论导向中坚持实事求是的原则，及时还原事实真相，并注重将生命责任渗透进舆论导向之中，在舆论引导中强化生命责任意识的宣传。这就意味着，在舆论导向中，应当凸显对生命责任的强调，引导人们认识到哪些行为所折射出的是对生命的极度不负责，因而应当严格禁止；哪些行为蕴含着对生命的责任，应当积极鼓励，并以此来促进大学生生命责任意识的提升。同时，通过舆论的积极引导，帮助人们认识到生命责任的重要意义，以及如何在生命实践中做到对生命的负责，推动大学生在生命责任实践中自觉承担生命的责任。此外，把握舆论发展规律，提高舆论引导的科学性。通过认识舆论的生成特点、传播张力性、发展多极性和运动持续性，采取适当的引导方式方法。要注意报道的人文性、建设性以及理性化，彰显其人文价值关怀，赋予受众以价值启迪，引导大学生在舆论环境中不断强化生命责任意识。值得注意的是，公信力作为媒体内在的品质，与其舆论引导的权威性直接相关，是媒体践履这一责任的重要前提和保证。通过增强媒体的公信力，提高其在舆论引导中的权威性，这就要求其要提高报道的真实性、客观性、思想性与深度，为受众提供更多有意义的信息参考。

### 三、完善责任伦理评价机制

　　大学生生命观教育的有效开展，需要教育主体在这一实践中实现责任的持续推进。而这一过程的实现，应当不断对主体责任行为进行评价，并把评价结果及时向责任主体反馈，以促进主体不断改进责任行为实践，确保责任的有效落实。为此，需要构建科学、合理的责任伦理评价机制。评价，即是对价值的认知与判断，"是人类把握客体对人的意义、价值的一种观念性活动"①。责任伦理评价，即是根据一定的责任标准对责任主体的行为进行道德判断，即有关其行为是否尽责、尽责程度以及责任实践后果的伦理判断。简而言之，即是对一个人责任行为道德归属的分析与判断。在大学生生命观教育中，对主体进行责任评价，就是对教育主体的责任践履情况予以道德判断。综合来看，完善责任伦理评价机制，需要在评价前制定一定的评价标准，在评价中严格遵循一定的评价原则，并通过采取一定的方式促使责任伦理评价的实现。

第一，合理制定责任伦理评价标准。评价标准，关系到以什么进行评价的问题。制定大学生生命观教育责任评价标准是构建主体责任伦理评价机制的前提和基础。责任伦理评价标准是依据大学生生命观教育的目的与主体实践构建的评价指标以及信息搜集与划分的相关说明及方法制定的，是评价教育主体责任伦理实践的依据与尺度。主体行为责任关涉到行为的内在（动机）与外在（结果）两个方面，因此，"要正确科学地评价一个道德行为的责任，就必须注意行为内在和外在两个方面以及各类复杂的条件"②。历史地看，有关责任伦理的评价方式，主要有基于目的论的动机评价和基于效果论的结果评价两种方式。动机评价主要侧重于责任行为的动机，如责任行为的目的、出发点等内在价值与精神等，结果评价则主要基于责任行为的实际效果。在实践中，动机评价与效果评价二者有时

---

① 冯平．评价论[M]．北京：东方出版社，1995：1.
② 崔欣伟．学校责任教育论纲[M]．北京：中国社会科学出版社，2012：109.

是统一的，即教育的动机与教育的效果是一致的。但在很多情况下，在内外部众多因素的影响下，二者并非完全统一，这就出现了动机与效果的分离。这时，如果单纯地基于动机论或者是效果论进行责任伦理评价，都不是客观的，也非科学的。因此，对责任伦理评价的正确方式应当是动机论和效果论的结合，防止单纯任意一种评价方式的片面化和非理性化。为此，在责任评价标准制定中，既要考虑到主体行为的动机，同时也要将其行为实践的结果考虑在内，以形成合理的教育评价标准。

首先，制定科学的责任伦理评价标准。所谓科学性，是指既要结合主体的责任实践特点，又要遵循评价过程的一般规律，以确保评价标准的科学性。其次，制定全面的责任伦理评价标准。全面性，是为防止评价的片面性而言的。"天地无全功，圣人无全能，万物无全用"①，这意味着，要把与评价相关的指标都纳入进来，以保证责任伦理评价的公正性。最后，制定具有可操作性的责任伦理评价标准。可操作性，反映了评价标准的应用性。责任伦理标准制定的目的在于发挥其对责任主体行为实践的指导作用，因此在制定标准过程中，应充分结合实际情况，使理论研究与实地调研相结合，促进责任伦理标准的可操作化。

在大学生生命观教育中，制定科学、全面、具有可操作性的责任伦理评价标准，就是围绕大学生生命观教育实践的具体展开，制定一系列的评价指标，确保评价指标对教育主体的责任实践内容进行客观、充分的反映。长期以来，信念伦理在教育伦理体系中一直居于核心地位，"为学生好"成为一切教育行动的出发点，也成为判断教育善恶的伦理评价标准。然而，这种所谓的"好心主义"并未

---

① 王力波. 列子译注[M]. 哈尔滨：黑龙江人民出版社，2003：16.

关注教育的实际效果如何，很多时候反而会出现"好心办坏事"的结果。脱离结果而只关心动机的行为，实质上是不负责任。"信念伦理已经不能单独构成指导教育行为的伦理基础，它亟需得到'责任伦理'的弥补和重构。"① 这就要求，在责任伦理评价标准的制定中，既要基于教育主体的行为动机——教育的出发点，又要把行为结果——大学生生命观教育的成效考虑在内。同时，根据责任伦理评价标准，对家庭、学校、社会等主体的责任实践行为进行考核，通过采用适当的奖惩措施，发挥责任伦理评价标准对各教育主体行为的规范、约束作用，确保主体责任的有效落实，以推动大学生生命观教育的顺利实施。

第二，科学厘定责任伦理评价原则。在对主体责任伦理实践进行评价的过程中，需要遵循一定的原则，以对责任伦理评价进行有效的指导，确保评价的顺利推进。在厘定责任伦理评价原则中，既要保证做到对主体责任行为实践进行全面评价，同时又要综合运用多种方式方法，确保评价结果的真实可靠。

一是过程评价与结果评价相统一。责任伦理评价既要立足于行为的实际结果，又要关注责任实践的过程。结果评价着眼于责任主体的实际结果，具有直观性，但由于忽略了对行为实践中的多种因素的综合考量，因而存在一定的片面性。过程评价内含了对行为主体的行为实施、行为调控等多方面的考量，往往更能反映出主体的责任实践。同时，在某些情况下，责任结果具有一定的滞后性，即主体的责任行为实践有可能不会立即产生相应的结果，需要根据行为的开展予以长远衡量。因此，责任伦理评价，应当坚持过程评价与结果评价相结合的原则。在大学生生命观教育中，坚持过程评价

---

① 梁明月. 论教育中的信念伦理和责任伦理[J]. 当代教育科学，2010（19）：3.

与结果评价相统一的原则，是要把家庭、学校、社会等教育主体的具体的责任实践过程与行为结果进行统筹考量，以作出全面、综合的客观性评价。

具体来说，一方面，要对大学生生命观教育取得的实际成效进行评价，通过教育实施前与实施后的对比，把握教育成效的取得，并将之与预期目标进行比较分析，判断教育期望值与实际结果之间的落差。在对落差分析的基础上，进一步反思落差形成的具体原因，通过在实践中对大学生生命观教育的不断改进、调整，以促进其实效性的提升。另一方面，对大学生生命观教育过程展开评价。教育主体责任实践的过程性体现在教育目标的制定、教育内容的实施、教育方法的运用、教育路径的选择等方面，通过多维度地对教育过程进行综合评价，判断责任主体在具体实践中的责任行为道德性，明确其中的问题所在。过程性评价与结果性评价作为责任伦理评价的两方面，缺一不可。过程性评价有助于家庭、学校、社会等责任主体不断改进行为实践，推动大学生生命观取得良好的成效。因此，反馈是过程性评价的一个重要方面。反馈作为控制理论中的重要概念，是指把施控系统的信号（又称给定信息）作用（输入）于被控系统后产生的结果（输出的真实信息）再返送回来，并对信息的再输出发生影响的过程。① 就其实质而言，大学生生命观教育中的责任伦理反馈是把整个责任主体实践过程中的输出信息，重新返回到信息输入端，通过影响主体的行为调整，影响信息的再次输出效果。主体责任伦理实践信息的有效反馈，可以使主体对实践效果予以及时掌握，并在此基础上进行实践改进。反馈体现客体信息到主体的

---

① 吕振华. 试论建立高校思想政治教育信息反馈机制[J]. 学校党建与思想教育，2005（5）：43.

传播过程，反馈时间越短，责任主体越能够得到及时反馈，就越能够进行责任实践改进，从而助推大学生生命观教育的实践运行。因此，在进行信息反馈过程中，应注意反馈的准确性和及时性。结果评价使责任主体对责任行为结果形成整体性认识，深化了责任主体对行为结果的反思，助益于不断对行为加以改进，以提升大学生生命观教育的实效性。

二是质性评价与量性评价相统一。质性评价，又称定性评价，是通过采取归纳演绎、分析综合、抽象与概括、经验判断与观察的方法，侧重从主体责任实践的性质方面对主体的责任行为进行综合判断，以对教育主体的责任实践效果进行科学评价。量性评价，就是通过数据运用来对实践效果进行评价的方式。数据的有效运用，能够从量化层面对主体责任实践的效果进行准确反映，进而能够更为客观地对行为结果形成正确认知和合理判定，有助于提升责任伦理评价的实效性。坚持质性评价与量性评价相统一，体现了主体责任伦理实践中评价的全面性，能够对主体的责任实践情况进行整体把握，从而作出科学性的评价。定性评价与定量评价虽侧重点不同，但都在责任伦理评价中发挥重要作用，二者缺一不可。

在大学生生命观教育责任伦理评价中，定性评价注重"质"的判断，是对教育主体责任实践性质的鉴别与确定；定量评价注重"量"的方面，是通过运用数字等量化指标来表示责任主体责任实践的特点与水平。就定量评价与定性评价的关系而言，前者是后者进行的基础，离开定量评价，定性评价由于缺少客观的外在支撑而有可能面临判断不足的困境。但是，这并非说明定量评价的意义大于定性评价。事实上，定量评价仅是一种手段，目的在于推动定性评价更为有效地实施。因此，定性分析是大学生生命观教育主体责任伦理实践评价的出发点与落脚点，其实现有赖于以定量分析作为基本前提和依据。在此基础上，经过分析综合、抽象概括等方法的运用，以实现更高层面的定性评价，完成定性与定量相结合的评价方式，进而提升大学生生命观教育主体责任伦理评价的科学性、高效性。

第三，促进责任伦理评价实现。对主体的责任伦理实践进行评价，目的在于发挥评价在责任实践中的导向、激励、约束等功能。为此，应当在实践中积极促进责任伦理评价的实现。一是强调多元主体的参与。大学生生命观教育涉及多元主体，动员不同主体参与到这一教育评价中，既有助于实现自上而下的教育评价，也助益于多元主体间的互评，从而促进主体对自身行为进行全面反思，以不断改进教育责任实践。二是注重不同评价方式的综合运用。不同的评价方式的侧重点不一样，其所起到的评价作用也大为不同。通过对多种评价方式的有效运用，能对责任主体的不同实践维度进行全面评价，从而客观、准确地反映出家庭、学校、社会以及大学生在生命观教育实践中的不足。同时，多种评价方式还包含了外部评价与内部评价的结合。外部评价作为一种规范性评价，往往通过一定的外部指标对责任主体的行为进行评价，其特点在于直观明显。内部评价则是通过责任主体的自我反思，以对自身的责任实践进行评价。两种评价方式实施主体不同，方式也有差别，分别从他律与自律两方面对主体的行为进行有效约束，从而助推教育主体更好地履行其在大学生生命观教育中的责任。三是构建有效的外部保障。责任伦理评价作为规范主体责任伦理实践的重要环节，涉及评价的主体、客体、标准以及内容等方方面面，这些方面的有效统筹，需要一定的人才、资金、技术等外部保障。一方面，应提高对大学生生命观教育主体责任伦理评价的重视，合理引入相关的人才、资金予以充分保障。另一方面，要积极吸纳新技术，不断创新评价的方式方法，提升责任伦理评价在大学生生命观教育中的作用。

# 参考文献

**一、经典文献**

马克思恩格斯全集：第 1 卷[M]．北京：人民出版社，1995．

马克思恩格斯全集：第 3 卷[M]．北京：人民出版社，2002．

马克思恩格斯全集：第 26 卷[M]．北京：人民出版社，2014．

马克思恩格斯选集：第 1 卷[M]．北京：人民出版社，2012．

马克思恩格斯选集：第 2 卷[M]．北京：人民出版社，2012．

马克思恩格斯选集：第 3 卷[M]．北京：人民出版社，2012．

马克思恩格斯选集：第 4 卷[M]．北京：人民出版社，2012．

马克思恩格斯文集：第 1 卷[M]．北京：人民出版社，2009．

列宁全集：第 25 卷[M]．北京：人民出版社，2017．

毛泽东文集：第 7 卷[M]．北京：人民出版社，1999．

邓小平文选：第 2 卷[M]．北京：人民出版社，1994．

习近平．习近平谈治国理政[M]．北京：外文出版社，2014．

习近平．习近平谈治国理政：第 2 卷[M]．北京：外文出版社，2017．

习近平．干在实处 走在前列——推进浙江新发展的思考与实践

［M］．北京：中共中央党校出版社，2016．

习近平．携手建设更加美好的世界——在中国共产党与世界政党高层对话会上的主旨讲话［M］．北京：人民出版社，2017．

习近平．在北京大学师生座谈会上的讲话［M］．北京：人民出版社，2018．

习近平．决胜全面建成小康社会 夺取新时代中国特色社会主义伟大胜利——在中国共产党第十九次全国代表大会上的报告［M］．北京：人民出版社，2017．

中共中央宣传部．习近平总书记系列重要讲话读本［M］．北京：人民出版社，2016．

中共中央文献研究室．十六大以来重要文献选编：中册［M］．北京：中央文献出版社，2006．


二、古典文献

陈鼓应．老子注释及评价［M］．北京：中华书局，1984．

董京泉．老子道德经新编［M］．北京：中国社会科学出版社，2008．

胡生平．孝经译注［M］．北京：中华书局，2009．

王力波．列子译注［M］．哈尔滨：黑龙江人民出版社，2003．

荀子［M］．杨倞，注．上海：上海古籍出版社，2010．

杨伯峻．论语译注［M］．北京：中华书局，2012．

杨伯峻．孟子译注［M］．北京：中华书局，2012．

曾国藩全集［M］．长沙：岳麓书社，1995．

张松辉．庄子译注与解析［M］．北京：中华书局，2011．

朱熹．四书集注［M］．南京：凤凰出版社，2008．

庄子［M］．孙通海，译注．北京：中华书局，2007．

### 三、研究专著

北京大学哲学系外国哲学史教研室. 古希腊罗马哲学［M］. 北京：商务印书馆，1982.

陈兵. 生与死——佛教轮回说［M］. 呼和浩特：内蒙古人民出版社，1998. 242

陈力丹. 舆论学——舆论导向研究［M］. 北京：中国广播电视出版社，1999.

陈少华，张燚. 新媒体与传统媒体［M］. 成都：电子科技大学出版社，2015.

陈元伦. 人的优势［M］. 北京：中国医药科技出版社，1997.

褚惠萍. 大学生生命教育的理论与实践［M］. 南京：南京师范大学出版社，2015.

邓晓芒. 灵之舞［M］. 北京：东方出版社，1995.

樊浩. 教育伦理［M］. 南京：南京大学出版社，2000.

方立天. 中国佛教哲学要义［M］. 北京：中国人民大学出版社，2002.

方秋明. 为天地立心，为万世开太平——汉斯·约纳斯责任伦理学研究［M］. 北京：光明日报出版社，2009.

冯建军. 生命与教育［M］. 北京：教育科学出版社，2004.

冯建军. 现代教育原理［M］. 南京：南京师范大学出版社，2001.

冯契. 人的自由和真善美［M］. 上海：华东师范大学出版社，1996.

甘绍平. 应用伦理学前沿问题研究［M］. 南昌：江西人民出版社，2002.

高清海. 高清海哲学文存[M]. 长春：吉林人民出版社，1997.

高清海. 人就是"人"[M]. 沈阳：辽宁人民出版社，2001.

高湘泽. 一种可能作为比较纯正的规范伦理的原义"责任伦理"纲要[M]. 武汉：武汉大学出版社，2015.

顾明远. 教育大辞典[M]. 上海：上海教育出版社，1998.

郭金鸿. 道德责任论[M]. 北京：人民出版社，2008.

何仁富，肖国飞，汪丽华. 大学生命教育的理论与实践[M]. 北京：中国广播电视出版社，2012.

胡定荣. 课程改革的文化研究[M]. 北京：教育科学出版社，2005.

黄复彩. 佛教的故事[M]. 北京：中国书籍出版社，2004.

黄建中. 比较伦理学[M]. 济南：山东人民出版社，1998.

黄应全. 死亡与解脱[M]. 北京：作家出版社，1997.

慧广法师. 生命的真相[M]. 广州：花城出版社，1995.

况志华，叶浩生. 责任心理学[M]. 上海：上海教育出版社，2008.

李芳. 大学生生命观教育研究[M]. 北京：光明日报出版社，2013.

李谧. 风险社会的伦理责任[M]. 北京：中国社会科学出版社，2015.

李伟. 批判与重建[M]. 武汉：华中科技大学出版社，2013.

李霞. 生死智慧——道家生命观研究[M]. 北京：人民出版社，2004.

联合国教科文组织国际教育发展委员会. 教育——财富蕴藏其中[M]. 北京：教育科学出版社，1996.

梁明月. 家校德育责任关系研究[M]. 北京：人民出版社，

2014.

刘恩允. 大学生生命教育研究[M]. 北京：中国社会科学出版社，2012.

刘济良. 生命教育论[M]. 北京：中国社会科学出版社，2004.

刘铁芳. 生命与教化——现代性道德教化问题审理[M]. 长沙：湖南大学出版社，2004.

鲁洁，吴康宁. 家庭教育社会学[M]. 南京：南京师范大学出版社，1999.

路杨. 当代大学生生命教育[M]. 武汉：武汉大学出版社，2014.

梅萍. 当代大学生生命价值观教育研究[M]. 北京：中国社会科学出版社，2009.

欧巧云. 当代大学生生命教育研究[M]. 北京：知识产权出版社，2009.

孙正聿. 人的精神家园[M]. 南京：江苏人民出版社，2014.

王成栋. 政府责任论[M]. 北京：中国政法大学出版社，1999.

王雷. 社会教育原理[M]. 北京：中国社会科学出版社，2015.

王其和. 大科学时代科技主体责任伦理研究[M]. 南京：南京大学出版社，2013.

王向华. 大学的道德责任[M]. 北京：北京师范大学出版社，2017.

王晓虹. 生命教育论纲[M]. 北京：知识产权出版社，2009.

王志强. 当代中国家庭道德教育研究[M]. 杭州：浙江大学出版社，2013.

肖前. 实践唯物主义研究[M]. 北京：中国人民大学出版社，1996.

谢军. 责任论[M]. 上海：上海人民出版社，2007.

杨绍刚. 道德教育心理学[M]. 上海：上海教育出版社，2007.

叶华松. 大学生生命教育[M]. 杭州：浙江大学出版社，2011.

叶澜，郑金洲，卜玉华. 教育理论与学校实践[M]. 北京：高等教育出版社，2000.

叶中海. 社区教育学[M]. 北京：高等教育出版社，2009.

曾钊新，李建华. 道德心理学[M]. 长沙：中南大学出版社，2002.

张怀承. 无我与涅槃[M]. 长沙：湖南大学出版社，1999.

张焕庭. 西方资产阶级教育论著选[M]. 北京：人民出版社，1993.

张庆熊. 道、生命与责任[M]. 上海：上海三联书店，2009.

张汝伦. 人文主义的大学理念与现代社会[M]. 上海：上海三联书店，1999.

张曙光. 生存哲学——走向本真的存在[M]. 昆明：云南人民出版社，2001.

赵克平. 社会转型期教育伦理探索[M]. 北京：人民出版社，2010.

赵琴. 学校教育与家庭、社会教育[M]. 广州：广东高等教育出版社，2000.

郑杭生. 社会学概论新修[M]. 北京：中国人民大学出版社，2003.

钟媛媛. 传媒责任伦理研究[M]. 北京：中国传媒大学出版社，2018.

周辅成. 西方伦理学名著选辑[M]. 北京：商务印书馆，1964.

周辅成. 西方著名伦理学家评传[M]. 上海：上海人民出版

社，1987.

朱贻庭. 伦理学大辞典[M]. 上海：上海辞书出版社，2002.

朱智贤. 心理学大词典[M]. 北京：北京师范大学出版社，1989.

[古希腊]色诺芬. 回忆苏格拉底[M]. 吴永泉，译. 北京：商务印书馆，1984.

[古希腊]亚里士多德. 尼各马可伦理学[M]. 包利民，译. 北京：东方出版社，1996.

[德]奥伊肯. 生活的意义与价值[M]. 万以，译. 上海：上海译文出版社，2005.

[德]贝克. 风险社会[M]. 何博闻，译. 南京：译林出版社，2004.

[德]狄尔泰. 历史中的意义[M]. 艾彦，等译. 北京：中国城市出版社，2002.

[德]费尔巴哈. 费尔巴哈哲学著作选集[M]. 荣震华，等译. 北京：商务印书馆，1984.

[德]费尔巴哈. 基督教的本质[M]. 荣震华，译. 北京：商务印书馆，1995.

[德]黑格尔. 法哲学原理[M]. 范扬，张企泰，译. 北京：商务印书馆，1961.

[德]康德. 道德形上学探本[M]. 唐钺，译. 北京：商务印书馆，1957.

[德]康德. 道德形而上学原理[M]. 苗力田，译. 上海：上海人民出版社，2002.

[德]康德. 法的形而上学原理[M]. 沈叔平，译. 北京：商务印书馆，1991.

[德]米切姆. 技术哲学概论[M]. 殷登祥，等译. 天津：天津

科学技术出版社，1999.

[德] 舍勒. 人在宇宙中的地位[M]. 陈泽环，沈国庆，译. 贵阳：贵州人民出版社，1989.

[德] 韦伯. 儒教与道教[M]. 洪天富，译. 南京：江苏人民出版社，1993.

[德] 韦伯. 学术与政治[M]. 冯克利，译. 北京：生活·读书·新知三联书店，1998.

[德] 约纳斯. 奥斯维辛之后的上帝观念[M]. 张荣，译. 北京：华夏出版社，2002.

[法] 卢梭. 社会契约论[M]. 何兆武，译. 北京：商务印书馆，2003.

[法] 卢梭. 社会契约论[M]. 徐强，译. 北京：商务印书馆，1980.

[法] 帕斯卡尔. 思想录[M]. 何兆武，译. 北京：商务印刷馆，1985.

[法] 萨特. 存在与虚无[M]. 陈宣良，译. 上海：上海译文出版社，1987.

[法] 萨特. 萨特哲学论文集[M]. 潘培庆，译. 合肥：安徽文艺出版社，1998.

[法] 史怀泽. 敬畏生命[M]. 陈泽环，译. 上海：上海社会科学院出版社，1992.

[法] 涂尔干. 道德教育[M]. 陈光金，沈杰，朱谐汉，译. 上海：上海人民出版社，2006.

[美] 艾什尔曼. 家庭导论[M]. 潘允康，等译. 北京：中国社会科学出版社，1991.

[美] 杜威教育论著选[M]. 赵祥麟，王承绪，编译. 上海：华

东师范大学出版社，1981.

[美] 弗兰克纳. 伦理学[M]. 关键，译. 北京：生活·读书·新知三联书店，1987.

[美] 弗罗姆. 对自由的恐惧[M]. 许合平，朱士群，译. 北京：国际文化出版公司，1988.

[美] 弗洛姆. 健全的社会[M]. 欧阳谦，译. 北京：中国文联出版公司，1988.

[美] 加德纳，戴维斯. APP 一代：网络化科学的新时代[M]. 李一飞，金阳，译. 北京：电子工业出版社，2015.

[美] 罗德斯. 创造未来：美国大学的作用[M]. 王晓阳，译. 北京：清华大学出版社，2017.

[美] 罗尔斯. 正义论[M]. 何怀宏，等译. 北京：中国社会科学出版社，1988.

[美] 麦金太尔. 伦理学简史[M]. 龚群，译. 北京：商务印书馆，2003.

[美] 梯利. 伦理学导论[M]. 何意，译. 桂林：广西师范大学出版社，2002.

[瑞] 皮亚杰. 儿童的道德判断[M]. 傅统先，等译. 济南：山东教育出版社，1984.

[苏] 苏霍姆林斯基. 帕夫雷什中学[M]. 赵玮，等译. 北京：教育科学出版社，1983.

[苏] 苏霍姆林斯基. 睿智的父母之爱[M]. 罗亦超，译. 石家庄：河北人民出版社，2001.

[苏] 瓦西留克. 体验心理学[M]. 黄明，译. 北京：中国人民大学出版社，1989.

[英] 鲍曼. 后现代伦理学[M]. 张成岗，译. 南京：江苏人民

出版社，2003.

［英］洛克. 人类理解论［M］. 关文运，译. 北京：商务印书馆，1958.

［英］麦基. 思想家——当代哲学的创造者们［M］. 周穗明，译. 北京：生活·读书·新知三联书店，1992.

JONAS H. The imperative of responsibility：in search of an ethics for the technological age［M］. Chicago：University of Chicago Press，1985.


**四、期刊论文**

陈建平. 试论政府角色定位之理论范式的变迁及启示［J］. 云南行政学院学报，2005（5）.

陈静静. 中国堕胎女性群体特征的系统回顾分析［J］. 医学与哲学（A），2015（11）.

代浩云，王瑜. 大数据预测在思想政治教育中的应用探新［J］. 重庆邮电大学学报（社会科学版），2017（2）.

方秋明. 为什么要对大自然和遥远的后代负责——汉斯·约纳斯的目的论解释［J］. 科学技术与辩证法，2007（6）.

冯建军. 从实践的观点看教育的超越性［J］. 教育学术月刊，1999（4）.

甘绍平. 代际义务的论证问题［J］. 中国社会科学，2019（1）.

甘绍平. 忧那思等人的新伦理究竟新在哪里？［J］. 哲学研究，2000（12）.

高艳青. 人文关怀：高校思想政治教育的核心价值［J］. 国家教育行政学院学报，2009（4）.

黄俊龙，沈兴华，马骞，等. 大学生道德健康教育的必要性［J］. 医学教育探索，2010（5）.

黄瑞英. 高校生命教育的伦理维度[J]. 南京邮电大学学报（社会科学版），2013（2）.

贾英健. 论虚拟生存[J]. 哲学动态，2006（7）.

金家新. 全国普通高校在校大学生自杀情况调查研究（2005—2015）[J]. 前沿，2016（11）.

金生. 生命教育：使教育成为善业[J]. 思想理论教育，2006（11）.

景云. 新时代家校合作存在的问题及对策探析[J]. 思想政治课研究，2019（4）.

康玲玲，周建超. 生态文明视阈下生命教育的转向及其实践路径[J]. 中国青年社会科学，2018（4）.

黎群武. 古今生命观的哲学审视[J]. 医学与哲学（A），2014（6）.

李芳. 大学生生命观教育的历史与现状综述[J]. 北京教育（德育），2010（11）.

李桂梅. 现代中国的社会伦理与家庭伦理[J]. 湖南师范大学社会科学学报，2004（2）.

李瑞全，金美华. 生命神圣、敬畏生命与尊重生命：中、西生命伦理学共论[J]. 科学与社会，2017（4）.

李毅弘，戴歆馨. 习近平新时代"好家风"论述：内涵、价值与建构[J]. 思想理论教育导刊，2019（6）.

刘铁芳. 学生社会责任感的建构与培养[J]. 教育研究与实验，2001（2）.

卢凌云，陆树程. 对生命神圣思想的辨证思考[J]. 卫生软科学，2006（6）.

逯改. 传媒社会责任的伦理审视[J]. 兰州学刊，2007（9）.

吕振华. 试论建立高校思想政治教育信息反馈机制[J]. 学校党建与思想教育，2005（5）.

毛勒堂. 公平地对待未来人的经济权益——论代际经济正义[J]. 马克思主义与现实，2008（5）.

孟建，赵元珂. 媒介融合：粘聚并造就新型的媒介化社会[J]. 国际新闻界，2006（7）.

苗瑞丹，吴文霞. 习近平关于青年社会责任重要论述的基本要义[J]. 思想教育研究，2021（4）.

潘明芸，吴新平. 大学生生命观调查及对高校大学生生命教育的思考[J]. 思想政治教育研究，2010（2）.

沈兴华，杨健荣，范顺良. 品德健康是健康的基本要求[J]. 中国医学伦理学，2000（5）.

孙玉祥. "网络时代"与人的存在方式变革[J]. 求是学刊，2001（1）.

唐爱军. 现代政治的道德困境及其出路[J]. 人文杂志，2017（5）.

王本陆. 教育伦理哲学刍议[J]. 高教探索，2002（4）.

王丹丹，张晓琴. 大学生生态文明意识的调查分析——基于南京市部分高校调研数据[J]. 南京林业大学学报（人文社会科学版），2018（3）.

王淑梅. 消费社会与人的生命符号化[J]. 北方论丛，2007（2）.

王亚非. 新时代高校全员全过程全方位育人格局形成的基本遵循[J]. 国家教育行政学院学报，2019（4）.

王玉明. 责任政府的责任伦理[J]. 理论与现代化，2011（5）.

吴仁英. 台湾地区大学生命教育课程的实施特色及启示[J]. 山东师范大学学报（社会科学版），2011（3）.

吴小兰. 构建大学生心理疾病预防与危机干预体系[J]. 华中农业大学学报（社会科学版），2009（1）.

夏东民，陆树程. 敬畏生命观与生态哲学[J]. 江苏社会科学，

2008（6）.

　　谢钢，钟雨含. 积极心理学视野下高校生命教育途径研究［J］. 吉林师范大学学报（人文社会科学版），2014（3）.

　　许慎. 家庭的思想政治教育作用及其基本形态［J］. 社会主义核心价值观研究，2018（5）.

　　杨清荣. 从制度与伦理的互动看当前中国的制度创新［J］. 道德与文明，2010（1）.

　　于伟. 终极关怀性教育与现代人"单向度"性精神危机的拯救［J］. 东北师大学报（哲学社会科学版），2001（1）.

　　余谋昌. 走出人类中心主义［J］. 自然辩证法研究，1994（7）.

　　张力，温勇. 论高校学生社会责任感生成的内在机制［J］. 黑龙江高教研究，2017（8）.

　　张良才. 中国家庭教育的传统、现实与对策［J］. 中国教育学刊，2006（6）.

　　张萌，黄莹. 大学生生命观现状及其教育［J］. 黑龙江高教研究，2018（9）.

　　张懿，夏文斌. 论马克思的生命观对西方生命哲学的三重超越［J］. 广东社会科学，2018（2）.

　　赵立周，程文. 推动生命教育：台湾在行动——台湾地区《生命教育推动方案（2014—2017）》解读［J］. 世界教育信息，2015（22）.

　　赵素锦. 面向文明风险的责任伦理省思［J］. 华中科技大学学报（社会科学版），2009（4）.

　　郑晓江. 从生命教育兴起的背景看中国生命教育的特色［J］. 思想理论教育，2007（20）.

　　郑晓江. 论生命的本真与意义［J］. 南昌大学学报（人文社会科学版），2007（1）.

朱葆伟. 科学技术伦理：公正和责任[J]. 哲学动态，2000（10）.

朱虹，杨向东，吴冉. 缓冲与催化：希望在大学生自杀行为中的调节作用[J]. 华东师范大学学报（教育科学版），2019（4）.

COHEN-ALMAGOR R. Autonomy, life as an intrinsic value, and the right to die indignity[J]. Science and engineering ethics, 1995 (3).

CORDNER C. Life and death matters：losing a sense of the value of human beings[J]. Theoretical medicine&bioethics, 2005 (3).

DAHL N O. Obligation and moral worth：reflections on Prichard and Kant[J]. Philosophical studies an international journal for philosophy in the analytic tradition, 1986 (3).

GREENE T M. Life, value, happiness[J]. Journal of philosophy, 1956 (10).

IRELAND T R, GILBERT R. Supramonetary values, the value of life, and the utility theory meanings of tort recovery [J]. Journal of forensic economics, 1998 (3).

MECHANIC D. Social policy, technology, and the rationing of health care[J]. Medical care review, 1989 (2).

ROBINSON J C. Philosophical origins of the economic valuation of life[J]. Milbank quarterly, 1986 (1).

# 后 记

时光荏苒，白驹过隙。回首来时路的点点滴滴，有众里寻她千百度的困顿，也有蓦然回首看到灯火阑珊的喜悦。回想一路上遇到的所有师长、同学、朋友，一路上遇到的困难与波折，一路上遇到的清风与明月，心中充满无限感激，是你们的帮助、磨炼与馈赠，让我获得了新的成长，也经历了不一样的生命体验。

本书在研究中虽然进行了大胆探索，也尝试了一些新的理论构建，提出了一些新的观念，但是，仍存在很多不足之处。例如，受制于研究时间、研究能力等因素，本书对大学生生命观教育问题的研究缺乏实证方面的一手材料的支撑。尽管书中尽量引用了一些直接相关的二手实证材料，并进行了部分案例的分析，但仍旧略显不足。同时，本书在理论建构与深度拓展方面，仍有待于进一步提升。

这些不足，也必将推动该课题研究的拓展与提升。首先，在马克思主义伦理思想的指导下，根据中国特色社会主义实践，在借鉴西方责任伦理思想和中国传统责任伦理思想的基础上，积极构建具有中国特色的责任伦理。其次，沿着责任伦理的逻辑理路，进一步探讨当下推进大学生生命观教育中应当着重把握的着力点和关键点。最后，在科技发展背景下，探索如何运用新技术手段强化责任伦理风险的防控，以有效预防大学生生命问题的产生，减少伤害生命事件的发生。

总之，这些研究的不足既反映出本人当下研究能力的有限，也为本研究的继续深入开展和笔者能力的提升提供了更加广阔的空间。笔者今后将会沿着这一方面开展更为深入、更为细化的研究，以弥补上述不足，积极推动责任伦理体系构建以及对大学生生命观教育责任实践的探索。

杨利利

2021 年 11 月 1 日